더 스토리

슌 글래딩 지음 | 신현정 옮김

죠이선교회는 예수님을 첫째로(Jesus First)
이웃을 둘째로(Others Second)
나 자신을 마지막으로(You Third) 둘 때
참 기쁨(JOY)이 있다는 죠이정신(JOY Spirit)을 토대로
하나님 나라의 확장을 위해 지역교회와 협력, 보완하는
선교단체로서 지상명령을 성취한다는 사명으로 일합니다.

죠이선교회출판부는 그리스도를 대신한 사신으로
문서를 통한 지상명령 성취와 하나님 나라 확장을 위해 노력합니다.

Originally published by InterVarsity Press as ***The Story of God, The Story of Us*** by Sean Gladding
ⓒ 2010 by Sean Gladding, Translated and printed by permission of InterVarsity Press,
P.O.Box 1400, Downers Grove, IL 60515, USA
through rMaeng2, Seoul, Republic of Korea.

All rights reserved.

This Korean Edition Copyright ⓒ 2012 by JOY Mission, Seoul, Republic of Korea

이 한국어판의 저작권은 알맹2 에이전시를 통하여 InterVarsity Press USA와 독점 계약한 죠이선교회에 있습니다. 신 저작권법에 의하여 한국 내에서 보호받는 저작물이므로 무단 전재와 무단 복제를 금합니다.

* 본서에 인용된 「메시지」 한국어판 저작권은 도서출판 복있는사람의 소유로 허락을 받고 사용하였습니다.

The Story of God, The Story of Us

GETTING LOST AND FOUND IN THE BIBLE

Sean Gladding

「더 스토리」에 대한 찬사

　성경은 이야기다. 이야기는 본래 재미있다. 누구나 좋아한다. 이야기는 이야기로 읽어야 제맛이다. 그러나 요즘 성경을 재미있어 하거나 좋아하는 사람을 찾기 쉽지 않다. 그 재미있는 이야기를 재미없는 추상적 명제나 형이상학적 논문, 신학적 주장이 잔뜩 담긴 책으로 만들면서부터 그렇다. 겁부터 난다. 조심해야 하니까. 어려우니까. 어떤 신학자는 성경이 교회와 성도에게서 침묵하고 있다는 한탄을 하는 두꺼운 책을 쓸 정도다. 그런데 숀 글래딩이 해냈다. 성경 이야기를 멋들어지게 풀어냈다. 어렵지도 딱딱하지도 않게 그러나 깊이 있는 신학적 안목을 살살 녹여내서 술술 잘 넘어간다. 생각보다 분량이 긴데도 불구하고 시간이 뚝딱 지날 정도다.
　성경은 하나님의 이야기다. 그 이야기는 하나님이 세상을 창조하신 것에서 시작한다. 그 세상이 어느 날 악과 고통으로 뒤틀리게 되었다. 그 잘못을 고치기 위해 한 사람, 한 공동체를 그 세상으로부터 구별하여 불러내서 종내는 세상을 구원하는 거대한 내러티브가 박진감 넘치는 드라마로 읽힌다. 그 재미를 제대로 맛보려면 스토리라인을 따라 읽을 필요가 있다. 굵은 흐름과 줄기를 파악하는 데 이 책, 「더 스토리」는 안성맞춤이다. 성경의 맥을 짚는데 제격인 이야기책이다.

성경은 우리의 이야기다. 우리는 어떤 이야기를 살고 있다. 내 삶의 이야기를 어떻게 써야 할지, 그 이야기 속의 나는 어떤 캐릭터의 배우인지를 통 분간하지 못하고 그냥 사는 성도들이 허다하다. 그리고 그 이야기가 장차 어떻게 흘러갈지 모르는 경우도 부지기수다. 성경은 내가 어떻게 살아야 하는지를 일러 주고, 어떤 삶을 살게 될지를 알려 준다. 그러니까 성경은 내 이야기를 가늠하는 표준 이야기인 것이다. 하나님 이야기의 일부가 되라는 초대장이다. 아무 이야기나 읽고 아무렇게나 살지 말고 하나님의 이야기를 읽고 하나님의 이야기를 살아 내라고 초청한다. 하나님께서 당신의 대본을 우리에게 잘 전달해 준 이 책을 보고 흐뭇해 하실 것이다. 당신도 읽으면 왜 하나님이 즐거워하셨는지를 알게 될 것이다. 그리고 그 즐거움에 동참하게 될 것이다.

김기현(로고스서원 대표, 「내 안의 야곱DNA」 저자)

오늘날 교회는 모든 세대가 함께 공유할 '더 스토리'를 갖고서도 그 이야기에 집중하고 전해 주기보다 자기의 이야기를 하다가 그만 공동체성을 상실하고 표류하고 있다. 선배들로부터 그분의 이야기를 듣던 시절은 지나갔다. 찬송가 가사처럼 "엄마의 무릎을 베고 듣던 해진 성경"은커녕 우리의 입에서 함께 부르던 찬송마저 개별적인 취향으로 사라지고 가정에서 그 이야기가 사라지고 있다.

이 책을 읽으며 가장 부러웠던 것은 할아버지(랍비)로부터 듣는 언약 이야기다. 호기심으로 가득 찬 어린아이가 질문을 하고, 패기 넘치는 청년들도 질문을 하며 스스럼없이 언약을 다시 맺어 가는 진지함을 보며 부러웠다. 진실을 찾는 진지함보다는 당장 필요한 문제에 답을 요구하는 문제 풀이가 되어 버린 진리에 익숙한 우리 시대가 오늘 듣지 못한 궁금증을 가지고 내일을 기다리고, 내일에 들은 말씀으로 모레를 기다리는 삶의 연속성, 곧 언약의 연속성을 보며 부러웠다. 정말 부러웠다. 예수를 만난 한 여자가 오직 시이저만이 황제로 인정받는 로마에서 장사하는 한 상인에게 예수 그리스도를 전하는 담대함이 부럽다. 그 상인이 '더 스토리'를 듣고 의문을 갖고 결국에는 그 공동체, 교회로 들어오는 그 과정을, 이야기가 있는 삶의 위력을 보았다.

이 책은 참 독특하다. 요즘 사람들이 잘 사용하지 않는 언약을 중심으로 이야기를 시작하지만 멀리 있는 아브라함 언약이 아니라 바벨론 포로기에 부른 시편의 노래에서 출발한다. 노래는 시대를 넘어서 모든 세대를 통일시키는 언약을 현재화하는 능력을 갖고 있기 때문이다. 노래가 들려지는 한 과거는 현재가 된다. 노래가 들려지는 한 미래가 현재로 와서 듣는 이들의 상상력을 키우고 믿음으로 소망을 갖게 한다. 언약을 노래하는 공동체, 그곳이 바로 증인들의 공동체인 교회다.

'더 스토리'가 시작되는 순간 그분은 과거의 하나님이 아니라 지금 나의 하나님으로 우리를 찾아온다. '더 스토리'는 이야기로 읽으면 쉽지만 자신이 말로 이야기를 하기 시작하면 표현에 큰 어려움을 느낄 것이다. 왜냐하면 '더 스토리'를 나의 이야기로 만들지 못한 우리의 불성실함 때문에. '더 스토리'를 읽는 자는 삶을 먹을 것이다. 생명을 얻을 것이다. '더 스토리'를 듣고 들려주라. 그것이 이 시대에 당신이 할 일이다.

김병년(다드림교회 담임목사, 「난 당신이 좋아」 저자)

이야기 속에 신앙과 이성이 맛깔나게 버무려진 여행을 함께 떠나자. 이 책은 혼자서 읽고, 사랑 안에서 진리를 갈급해 하는 사람과 함께 읽고 또 읽을 만한 책이다.

존 스미스(하나님의 군대 CMC 대표, 컨선 오스트레일리아 설립자)

숀 글래딩은 이 책을 읽는 독자가 성경을 통해 상상력 넘치고 산뜻한 이야기를 거닐게 해 준다. 우리에게는 낯선, 신학적이고 역사적인 관념들을 끌어올려 성경 전부를 친숙하고 읽기 쉽게 만들어 놓았다. 글래딩은 이해하기 쉬운 말투로 성경 이야기를 실제적으로 풀어내면서 매혹적인 이야기, 눈을 뗄 수 없는 대화, 세심한 묘사 속에 성경적인 전통을 잘 녹여냈다.

크리스토퍼 L. 휴어츠("육신이 되신 말씀" 국제 총재, 「Simple Spirituality」 저자, 「약한 자의 친구」 공동 저자)

나는 우리가 잃어버릴 수 있는 이야기, 그렇지만 우리 상상력에 불을 지피고 단편적 사실에서 결론을 이끌어 내는 이야기를 듣는 순간이 좋다. 숀 글래딩은 탁월한 이야기꾼이다. 그가 들려주는 이야기를 듣고 있자면 우리는 그 속으로 빨려 들어간다. 한번쯤 들어 본 적 있는 이야기인데도 말이다. 이야기가 펼쳐질 때, 우리는 그 이야기가 우리 이야기, 바로 당신과 나의 이야기임을 깨닫는다. 우리는 우리 자신보다 더 큰 무언가에 속해 있는 것이다. 그 이야기는 아직 끝나지 않았다. 그리고 그것은 결코 단순한 이야기가 아니다.

스티븐 G. W. 무어(M. J. 머독 위탁 자선 재단 전무 이사)

"성경에 관한 또 다른 책이 왜 필요한가?" 우리는 '그냥 또 다른 책'은 필요 없다. 그러나 이 책은 다르다. 숀 글래딩은 효과적인 소통 기술인 대화와 '이야기'를 통해 '원대한 이야기'로 우리를 인도한다. 숀이 사용하는 형식과 언어는 그가 전하려는 메시지에 더 쉽게 다가가도록 해 주며, 우리로 원대한 이야기의 가장 장엄한 순간을 경험케 해 준다. 바로 구원의 능력이 펼쳐지는 순간을! 나는 탁월한 작가 한 명을 알게 되었다. 그는 이야기를 살아 내는 사람이다. 이 책을 읽는 독자들에게, 이야기는 실제가 된다.

맥시 던냄(애즈베리 신학교 총장)

글래딩은 성경 안에서 우리 자신을 발견하도록 초청한다. 그는 우리에게 성경의 뒷이야기를 들려준다. 그 이야기는 새로운 이야기가 아니다. 사실 그 이야기는 인류 역사만큼이나 오래되었다. 그러나 그 이야기는 여전히 우리 이야기이며, 우리가 이미 알고 느낀 것을 우리에게 보여 준다. 즉 우리는 이스라엘 백성처럼 약속의 땅을 찾아 광야에서 방황하고 있는 자들이며, 모든 창조물처럼 구속을 갈망하는 자들이다. 글래딩은 이 이야기, 하나님의 이야기가 바로 우리 이야기라는 사실을 깨우쳐 준다.

트래비스 리드("하나님 백성의 사역"(www.theworkofthepeople.com) 설립자)

오랫동안 성경을 연구해 온 사람, 성경 속에서 하나님을 사색한 사람, 성경을 새롭게 경험하는 능력을 성령께 부여받은 것처럼 보이는 사람, 그래서 말씀과 그 말씀 사이의 공간을 더 밝게 비출 줄 아는 사람이 있다. 그 사람이 바로 숀 글래딩이라면, 그는 독자들이 같은 성경 본문에서 얼마나 많은 것을 놓쳤는지를 깨닫고 깜짝 놀라게 할 만한 글을 썼을 것이다. 성경을 읽어 나가는 데 '감각을 활용하는' 고전적이고 영적인 오랜 방식을 통해 글래딩은 성경의 각 장면을 보고, 듣고, 냄새 맡고, 만지는 방법이 얼마나 새로울 수 있는지를 우리에게 보여 준다.

릭 간츠(오리건 주 매릴허스트 대학 예수회 신부)

이 책을 만들어 낸 두 공동체,
텍사스 주 휴스턴에 있는
채플우드 연합 감리교회의 머시스트리트$^{\text{Mercy Street}}$와
켄터키 주 렉싱턴에 있는
코뮤낼러티^{Communality},
그리고 **이야기**를 가르쳐 주고 살아 낸 내 멘토이자 친구,
매리 피셔에게
이 책을 바칩니다.

차례 contents

서문 _____ 12
감사의 말 _____ 19

1장 창조 _____ 25
2장 대재앙 _____ 47
3장 언약 _____ 71
4장 공동체 1부 : 출애굽 _____ 99
5장 공동체 2부 : 시내 산 _____ 127
6장 정복 _____ 159
7장 왕권 _____ 181
8장 자만 _____ 211

막간 _____ 243

9장 그리스도 _____ 245
10장 십자가 _____ 283
11장 교회 _____ 319
12장 완성 _____ 351

당신에게 덧붙이는 말 _____ 378
참고 자료 _____ 379
성경 읽기에 대한 제안 _____ 388
선별한 참고 문헌 _____ 391

서문

이미 성경을 다룬 수많은 책이 넘쳐 나는 지금, 왜 또 성경에 관한 책인가? 게다가 대담하게도 "하나님의 이야기, 우리의 이야기" The Story of God, the Story of Us 이 책의 원제 라는 제목을 단 이유는 무엇인가? 두 질문에 간단하게 답하자면, 지난 2000년에 가장 가까운 친구가 내게 내준 숙제 때문이다. 당시 나는 그 친구가 목회하는 공동체에서 사역 실습을 하고 있었다. "숀, 한 번도 성경을 읽어 보지 않은 사람들에게 적합한 성경 교재를 써 보면 어때? 그 교재로 직접 가르치기도 하고 말이지. 그 사람들이 '큰 그림'을 알 수 있을 만한 교재를 만들어 보는 거야."

실습 기간은 8주였고, 따라서 성경 공부도 8주 동안 해야 했다. 기간은 이미 정해져 있었고, 교재의 핵심은 성경의 "큰 줄기"였다. 그것은 당시 대학원에서 교수님과 토론하던 주제이기도 했다.

수년 동안 나는 성경을 읽고 연구했다. 주로 신약 이곳저곳에서 작은 단락들을 골라 읽었다. 교회 예배당에 앉아 있으면서 그 단

락만 읽을 때에는 이치에 맞는, 하나님에 관한 신학적인 관념을 듣고 그대로 믿었다. 그러나 가끔은 단락들을 서로 연결하려고 애써야 하는 때도 있었다. 가장 흔한 예가 바로 "하나님은 변하지 않으신다"라는 주장과 "구약의 하나님은 율법의 하나님인 반면 신약의 하나님은 은혜의 하나님이다"(또는 내 친구 매트의 말처럼 "신약의 하나님은 분명 화를 다스리신다")라는 주장일 것이다.

우리는 흔히 성경 66권을 똑같은 방식으로 읽는다. 장르가 다르고, 다양한 저자가 저마다 다른 목소리를 내는데도 거의 그것에 귀 기울이지 않는다. 그리고 종종 성경을 이해하는 데 영향을 주는 또 다른 목소리, 즉 가족이나 교회, 문화와 같은 것도 의식하지 않는다. 우리는 보통 성경에 대한 선입견에 사로잡힌 채 성경을 읽으며 여러 가지를 추측한다. 당신이 나와 같다면, 주로 내가 이미 생각하고 믿는 것을 지지하는 것처럼 보이는 본문에서 특히 그런 유혹이 강할 것이다. 그리고 내 믿음이나 지금 살아가고 있는 삶의 방식에 도전을 주는 본문은 건너뛸 것이다.

그런데 표지 말고도 성경 66권 각 권을 하나로 묶어 주는 것이 있다면 어떻겠는가? 처음과 중간, 그리고 마지막을 향해 나아가는 "큰 이야기"가 있다면? 이 모든 것을 아우르는 굉장한 **하나님의 이야기**가 있다면, 그것은 아마도 성경을 연구하는 첫 시작점이 될 것이며(또한 그래야 한다) 성경을 읽으며 우리가 그토록 쉽게 넘어지는 유혹과 위험을 피할 수 있도록 도와줄 것이다.

처음에는 매주 "하나님의 이야기"를 써서 강의 형식으로 전달했다. 수업이 끝난 뒤 대화를 나누는 시간이 되면, 성경 공부를 꽤 여러 번 해 본 사람뿐 아니라 이전에 한 번도 성경을 읽어 본 적이 없는 사람들까지 함께 어울려 풍성하게 토론하는 모습을 볼 수 있었다. 사역 실습 기간을 마친 지 얼마 되지 않아서, 나는 지금의 아내인 레베카를 만났다. 그리고 그 얼마 뒤, 우리는 시내에 있는 어느 선교 공동체에서 그 이야기에 대해 강의를 해 달라는 초청을 받았다. 우리는 그 수업을 조금 더 창의적으로 할 수 있는 방법을 찾기 위해 머리를 맞대고 고심하기 시작했다. 그리고 고심 끝에 강의 내용을 서사적으로 다시 쓰자는 결론을 내렸다. 이야기에 대해 강의하는 것이 아니라, 그냥 이야기를 들려주는 것이다!

우선 이야기를 들려줄 목소리를 찾아야 했다. 우리는 기원전 6세기, 바빌론에 포로로 잡혀간 사람들이 구약 성경 이야기를 들려주는 것으로 결정했다. 아마 6세기의 그들도 지금을 살아가는 우리가 궁금해하는 것과 비슷하게 삶과 하나님에 대해 물어볼 것이라고 생각했다. 매주 우리는 "모닥불" _{방 중앙에 놓인 양초}을 피우고 "별" _{천장을 가로질러 길게 이어진 크리스마스 조명} 아래에 앉아 이야기를 들었다. 옛날 우리 조상들도, 이 시대를 살아가는 세계 곳곳의 형제자매들도 아마 우리와 같지 않았을까.

그날부터 이야기를 여러 번 들려주었다. 그때마다 우리는 이야기를 말하고, 듣고, 소통하는 새로운 방법을 배워 나갔다. 예수님 시대까지 이르는 이스라엘 역사를 알려면 시간이 조금 더 필요했기 때문에 기간을 12주로 늘렸다. 처음 강의안에는 성경의 마지막

책인 요한계시록이 들어 있지 않았다. 그러나 시간이 지날수록 사람들이 그 흥미로운 책에 많은 궁금증을 가지고 있다는 사실을 깨달았다. 결국 요한계시록이 들려준다고 생각하는 이야기를 마지막 장에 추가했다.

수년 동안 우리는 원하는 사람이 있다면 **이야기**를 자유롭게 활용할 수 있게 해 주었다. 요청하는 사람에게는 전자 우편으로 문서를 첨부하여 전송했다. 가정에서, 교회에서, 커피숍에서, 대중음식점에서, 빨래방에서, 대학 교정에서, 그리고 가장 최근에는 애팔래치아 산책로에서 **이야기**를 들을 수 있었다. 아시아, 유럽, 아프리카, 오세아니아, 아메리카에서 **이야기**를 들을 수 있었다. 우리는 다른 사람에게 **이야기**를 들려주었다는 사람들의 경험담을 듣는 것이 좋았다. 그러다가 언제부턴가 "책으로는 언제 나오나요?"라는 질문을 받기 시작했다. 이제 그 질문에 "자, 여기 있습니다"라고 대답할 수 있어서 기쁘다.

거의 10년 동안 나를 도와 **이야기**를 준비하고 들려준 내 동역자 레베카와 나는 성경을 이루고 있는 모든 이야기와 시, 예언, 편지 안에는 하나의 커다란 **이야기**가 있을 것이라는 가능성을 탐색하고 싶어하는 사람들에게 이 책을 추천한다. 물론 이 이야기가 바로 그 성경의 대서사 metanarrative라고 주장하는 것은 아니다. 단지 이 이야기가 지금까지 우리가 이해해 온 "거대 이야기" grand story라는 것이다. 함께 성경을 여행하면서 우리가 만난 수많은 친구들처럼 아마 당신도 이 이야기를 읽으면서 동의하지 못하는 부분을 만날 것이다. 그러나 바라건대 내 친구들에게 그랬듯이 당신에게도 이 책이 생각지 못한 놀라움과 즐거움, 그리고 무엇보다 혼자든 다른 누군가와 함께든 성경을 읽고 싶은 마음을 불러일으킨다면 좋겠다.

(우리에게도 줄곧 그랬던 것처럼) **이야기**가 당신에게 의문을 던질 때마다 해답을 찾으려고 애쓰기 전에 잠시 긴장하는 마음으로 앉아 보길 바란다. 우리는 가끔 무언가가 함께 어우러지기 시작할 때까지 한참을 수수께끼 속에 머물러 있어야 한다는 사실을 깨달았다. 그리고 때로 이전에 어우러진 그 무언가가 제각기 풀어지면, 우리는 다시 그 수수께끼로 되돌아간다.

나는 당신이 이 책을 함께 읽을 만한 다른 사람들, 더 욕심을 내자면 이 책을 크게 소리 내어 함께 읽을 사람들을 찾을 수 있길 바란다. 대대로 많은 사람에게 성경은 홀로 읽는 말씀이기보다는 함께 듣는 말씀이었다. 다른 사람들과 함께 **이야기**를 소리 내어 읽다 보면 우리가 예전부터 찾고 있던 무언가를 성경에서 찾으려는 유혹에 빠지지 않게 해 줘서 **이야기**가 이끄는 대로 순순히 따라가게 된다. 또한 지금 하고 있는 방식대로 계속 살아가게 내버려 두는 식으로 해석하려는 경향을 억누르고 유일하신 분의 **이야기**를 닮아가도록 우리를 초대하는 목소리에 귀를 열게 해 준다.

어떤 면에서 나와 레베카는 이 책을 출간하는 일을 주저했다. 사람들이 이 값진 경험을 잃을까 봐 염려했기 때문이다. 그러나 우리는 혼자서든 여러 명이 모여서든, 침묵으로든 소리를 내서든 어떤 식으로든 읽을 수 있도록 이 책을 썼다. 우리는 당신이 다른 사람들과 함께 모여서, 되도록 함께 식사하면서 (해설자의 목소리를 포함하여) 각각 다양한 역할을 나눠 맡아 보길 바란다. 방 안에 양초를 켜 놓고 한 번에 한 역할씩 읽어 보면 좋을 것이다. 단, 한 가지를 유념하라. 이 책을 소리 내어 읽으면 (그 자체도 나쁘지는 않지만) 그냥 읽을 때보다 시간이 세 배는 더 걸릴 것이다. 본문에 달린 각주는 이해를 돕는 설명으로 읽어도 좋고 그냥 넘어가도 좋다. 어느 쪽이든 모임에 유익한 방법을 택하면 된다.

이 책을 혼자 읽든 누군가와 함께 읽든 간에 이 책 끝에 수록된 두 장은 꼭 읽어 보길 바란다. "성경 읽기에 대한 제안"은 당신이 각 장에 있는 이야기에 귀 기울일 수 있도록 준비시켜 줄 것이다. 그리고 시간을 내어 참고 문헌도 살펴보길 바란다. 이 **이야기**를 들려주기까지 나는 많은 사람에게 도움을 입었다. 당신도 그들의 책을 읽는 데 시간을 낼 수 있길 바란다.

이야기를 들려주면서 나는 구약 성경에 NASB^{New American Standard Bible}를 사용했다(한국어는 시편은 개역개정을, 다른 성경은 새번역을 중심으로 하되 문맥에 따라 쉬운성경을 사용했다). 이 역본이 가장 탁월해서라기보다는 이 책과 가장 어울리기 때문이다. 같은 이유로 신약 성경에는 **이야기**를 현대어로 제대로 즐길 수 있도록 「The Message」를 사용했다(한국어 역시 「메시지」^{복있는사람}을 사용했다). 때때로 이야기를 자연스럽게 하기 위해서 성경 본문을 변형하기도 했다. 예를 들면, 히브리어를 직접 사용한 경우다. 그렇게 하면 이미 몇몇 사람에게 친숙한 이야기를 새롭게 들려주는 데 도움이 되기 때문이다. 구약 성경 이야기는 기원전 6세기 바빌론에 포로로 잡혀간 하나님 백성 가운데 속한 어느 노인의 목소리로 들려줄 것이다. 신약 성경에서는 주후 1세기에 일어난 사건들을 직접 목격한 한 여인이 이야기를 풀어 나간다. 그리고 요한계시록을 다룬 장에서는 그 여인에게 이야기를 들은 제자가 여인의 뒤를 이어 이야기를 들려준다.

지난 10여 년 동안, **이야기**를 더 깊이 이해하게 해 주는 글이나 어떤 통찰을 유용한 방식으로 표현하는 글을 읽을 때마다 나는 이 내러티브에 그 글들을 접목시켰다. 출간을 준비하면서 나는 어디에서 그 글을 얻었는지 확인하고 저자를 신뢰하려고 애썼다. 틀림없이 여기저기에 내가 빠뜨린 문장이나 개념이 있을 것이다. 그러한 실수들은 다음 개정판에서 바로잡을 수 있기를 간절히 바란다.

성경을 훑어보는 데 도움을 주는 훌륭한 책이 몇 권 있다. 그러나 지금까지 우리는 이야기 형식으로 "큰 이야기"를 들려주는 책은 한 권도 보지 못했다. 이 책을 시작으로, 활용할 수 있는 다른 자료가 풍성해지길 바란다. 혼자서든 다른 사람과 함께든 당신이 이 책을 읽을 때 내러티브 속으로 빨려 들어가길, 깨어진 세상 속에 그리고 이 세상을 향한 하나님의 사명에 함께하는 삶이라는 신비와 경이로움 속에 당신 자신이 사로잡혀 **이야기**가 당신의 삶을 다시 다듬어 주길 기도한다.

손 글래딩과 레베카 글래딩

감사의 말

십 대일 때, 나는 수많은 시간을 내 방에서 음악을 들으며 보냈다. 앨범을 골라 앨범 재킷에서 레코드판을 꺼내 턴테이블 위에 올려놓고 하나의 거룩한 의식처럼 조심스럽게 홈 위에 축음기 바늘을 내려놓던 순간이 지금도 그립다.

새로운 LP판을 들을 때 가장 중요한 부분은 음반 제작자, 엔지니어, 현장 요원과 같은 사람들에 대한 설명과 그들에게 전하는 감사의 말이다. 이 가수에게 영향을 끼친 사람이 누구인지, 이 가수를 신뢰해 준 사람이 누구인지, 이 가수가 고마워하는 사람이 누구인지 알 수 있기 때문이다. 그래서 나는 앨범 재킷에 있는 슬리브 노트 sleeve notes, 앨범 재킷에 있는 해설를 좋아한다.

이 글은 바로 내 슬리브 노트다.

부모님

일생 동안 소외된 사람들을 사랑하고 돌보신 분들, **이야기를 알**

기 전부터 **이야기**대로 살아오신 분들, 그리고 당신들처럼 살라고 어린 글래딩에게 가르쳐 주신 분들, 고맙습니다.

존 휴즈

어린 시절을 함께하며 우정을 나눈 존, 30여 년 전 "숀, 요한계시록이 마지막에 있는 데에는 이유가 있어"라고 알려 줘서 고마워.

피터 존스

믿음직스럽게 **이야기**와 씨름하고, 나 역시 그렇게 하도록 도와 줘서 고마워요.

로이 머튼과 래이 휴즈

내가 성경을 사랑할 수 있게 가르쳐 준 두 분, 고맙습니다.

마크 헤이본

나와 함께 질풍노도의 시기를 비행하고, 함께 음악을 듣고, 이분법으로만 보던 내게 회색 지대를 알려 준 친구, 고맙네.

그린벨트 페스티벌

음악과 존 스미스, 토니 캄폴로는 물론, 내가 여태껏 들어 보지 못한 **이야기**를 내게 소개해 준 고마운 축제.

카펀워리 성서 학교

내 삶에서 최고의 시간을 보낸 곳. 매트 러셀과 같은 방에서 지낼 수 있었던 곳.

C.M.A. 노퍽 – 징글즈, 린, 조이, 벅스, 자넷, 빌……

누군가가 필요할 때, 나를 무리에 끼워 줘서 고마워.

조이 맥콜

당신의 사랑에 감사합니다.

텍사스 테크 웨슬리 재단

베풀어 준 은혜에 감사합니다.

칼 앤더슨 박사

박사님의 수업을 듣게 해 주시고 가족처럼 대해 주셔서 고맙습니다.

짐 잭슨 박사

이전에는 몰랐던, 내 안에 있는 더 많은 것을 볼 수 있게 해 주시고 나를 믿고 두 번이나 내게 일자리를 제공해 주신 박사님, 고맙습니다.

스탠과 수잔 메티

나를 받아 주고, 먹여 주고, 길 위에 있던 내 애마 아이언헤드를 지켜 줘서 고마워요.

메리 피셔

메타내러티브를 알게 해 주고, 늘 당신의 사무실을 열어 준 메리, 고맙습니다.

조엘 B. 그린

왼쪽에서 오른쪽으로 읽도록 가르쳐 주고 본문을 더 깊이 있게 읽도록 깨우쳐 주셔서 감사합니다.

조프 매독, 빌 케니, 그렉 레플

좋은 친구가 되어 줘서 고마워.

커뮤낼러티

공동체 안에서 **이야기**를 실행해 볼 기회를 마련해 주고 12년 동안 충실하게 사역하도록 해 줘서 고맙습니다.

머시스트리트

엉망이던 내 영성을 7년 동안 아름답게 바꿔 주셨어요. 고맙습니다.

U2, 마틴 조세프, 브루스 코크번

당신들의 사운드 트랙은 정말 멋져요.

데이브 짐머맨

지난 5년 동안 나를 전심으로 격려해 준 탁월한 편집자, 고마워요.

매트 러셀

25년 동안 내게 제2의 엄마이자 형제가 되어 준 친구, 고마워.

레베카

나를 선택해 줘서 고마워. 매기와 세스를 낳아 준 것도. 그리고 9년 동안 함께 **이야기**를 들려주고 그대로 살아 내도록 노력해 줘서 고마워.

이 이야기를 듣게 될 당신

나를 당신의 이야기 안에 초대해 줘서 고맙습니다.

제 1 장

창조

이야기의 시작, 그리고 정체성과 부르심

안식일 무렵이면 늘 그러듯이 노인은 천천히 강을 따라 걷고 있었다. 노인을 따르는 사람들은 한 주의 노동을 모두 마무리하고, 불가에 모여 앉아 함께 음식을 먹으며 담소를 나누었다. 분위기가 밝아지자 노인은 버드나무에 기댄 채 가만히 눈을 감았다. 잠시, 아주 잠시 동안 노인은 자신이 버드나무가 아니라 감람나무에 기대고 있다고 상상했다. 노인이 아끼는 정원, 그의 가족이 수세기 동안 가꾸어 온 그 땅에 심겨져 있는 바로 그 감람나무에 말이다. 노인의 마음이 다른 시간, 다른 장소를 여행하는 동안 그의 얼굴에는 서서히 미소가 피어올랐다.

그때 어디선가 서툰 솜씨로 하프를 연주하는 소리가 들려왔다. 그 소리에 평화롭던 분위기는 순식간에 사라졌다. 하프를 퉁기는 사람이 누구인지 보려고 모두 고개를 돌려 찾아보았다. 노인과 함께 지내는 사람들은 이제 노래를 부르는 일이 드물었기 때문이다. 하프를 연주한 사람은 그 무리에 있는 어느 유명한 음악가의 제자인 한 청년이었다. 노인도 자신이 마지막으로 악기를 연주한 게 언제인지 기억나지 않았다. 그 무리가 부르던 찬양의 노래* 가운데 청년이 어느 곡을 부를지, 그리고 왜 그 곡을 부르는지 궁금해진 노인은 몸을 앞으로 세워 앉았다.

그러나 어두운 밤하늘에 청년의 목소리가 높이 울릴수록, 그의 입술에서는 낯선 단어만 흘러나왔다. 곧 노인은 그가 새로운 노래를 부르고 있다는 것을 알아차렸다. 그 무리가 가슴 깊이 느끼고 있는 감정이 담긴 노래, 그들이 처한 상황을 아파하는 마음을 그대로 표현한 "포로의 노래" song of exile 였다.

우리가 바빌론의 여러 강변 거기에 앉아서 시온을 기억하며 울었도다.

청년은 잠시 멈추었다가 그 소절을 반복했다. 청년이 반복할수록 선율에 익숙해진 몇몇 사람은 청년이 부르는 노래를 따라하기 시작했다. 사람들이 부르는 노랫소리에 몇몇은 눈물을 흘렸다. 청년은 노래를 이어나갔다.

그 중의 버드나무에 우리가 연주하지 않는 우리의 수금을 걸었나니
이는 우리를 사로잡은 자가 거기서 우리에게 노래를 청하며
우리를 황폐하게 한 자가 기쁨을 청하고
자기들을 위하여 시온의 노래 중 하나를 노래하라 함이로다.

---

* 이 책에서 말하는 찬양의 노래(songs of praise)는 시편을 뜻한다.

청년은 또 한 번 노래를 그쳤다. 그러고는 그를 둘러싼 사람들을 매섭게 노려보더니 큰 소리로 노래했다.

그러나 우리가 이방 땅에서 어찌 여호와의 노래를 부를까.

이 노래를 듣고 있던 사람들이 하나둘 목 놓아 울기 시작했다. 청년이 조용하지만 단호한 음성으로 노래를 계속할수록 이 통곡 소리는 청년에게 합창곡처럼 들렸다.

예루살렘아 내가 너를 잊을진대

내 손가락이 그의 재주를 잊을지로다.

내가 예루살렘을 기억하지 아니하거나

내가 다른 무엇보다 더 찬미하지 아니할진대

내 혀가 내 입천장에 붙을지로다.

하프 켜는 소리가 전투적일 정도로 점점 거칠어지자 그곳에 있는 모든 사람은 물론 노인 역시 이 노래가 어떻게 끝날지 궁금해졌다.

여호와여 예루살렘이 멸망하던 날을 기억하시고 에돔 자손을 치소서.

그들의 말이 헐어 버리라 헐어 버리라 그 기초까지 헐어 버리라 하였나이다.

슬퍼하던 분위기가 분노로 바뀌면서 노래를 듣고 있던 사람들의 얼굴에서 눈물이 마르기 시작했다. 격하고 단호한 어조로 청년은 그 노래를 마무리 지었다.

멸망할 딸 바빌론아 네가 우리에게 행한 대로 네게 갚는 자가 복이 있으리로다.
네 어린 것들을 바위에 메어치는 자는 복이 있으리로다.

하프가 마지막 음을 켜고 난 뒤 침묵이 이어졌다. 그 침묵 속에서 노인은 사람들 안에 쌓인 무력한 분노를 느낄 수 있었다. 겉으로 드러나지 않은 채 늘 저 깊숙한 곳에서만 부글부글 끓어오르는 분노였다. 이제 사람들은 이 노래에 뭐라고 대답할지 기대하며 무리를 이끄는 어른인 노인을 쳐다보았다.
"어떻습니까, 어르신. 여호와께서 언제 우리의 대적자에게 앙갚음해 주실까요?"
"언제쯤 하나님이 그분의 종 이스라엘의 고통을 신원해 주시겠습니까?"
"하나님이 그분의 나라를 회복하실 때가 언제입니까?"
포로 생활에 처한 그들에게 하나님이 유일하신 참 하나님이라는 사실은 믿기 어려운 것이었다. 만약 그것이 사실이라면 어떻게 그들이 바빌론에 이토록 무참히 패할 수 있단 말인가? 고향에서 이렇게나 멀리 떨어진 이방 땅으로 잡혀가도록 어떻게 내버려 두실 수 있단 말인가? 고향 땅은 하나님이 그들에게 약속한 땅이지 않은가?

어떻게 그들이 이곳에서 이런 처지에 있단 말인가?

노인은 그곳에 모인 사람들이 여전히 아무것도 이해하지 못한다는 사실을, 아니 이해하고 싶어하지 않는다는 것을 다시 한 번 인정해야만 했다. 그 무리는 그들의 이야기를 잊었다. 어째서 그들이 바빌론에서 포로 생활을 하고 있는지 까맣게 잊은 것이다.

그러나 그들이 잊었다면, 다시 기억하도록 돕는 것이 바로 노인이 해야 할 일이었다. 그들의 이야기, 바로 **하나님의 이야기**를 다시 들려줌으로써. 노인은 무리 한가운데로 자리를 옮겨 앉아 몸에 두른 망토를 단단히 여미고는 사람들에게 다시 한 번 이야기를 들려주기로 했다. 이번에는 이들이 진심으로 이 이야기에 귀 기울이길 간절히 바라면서. 노인은 결연한 자세로 일어서서 천천히 입을 열었다.

"지금 이 자리에 모인 여러분은 제가 들려드릴 이야기에 귀를 기울이길 바랍니다. 우리가 어디서 왔는지, 특히 지금처럼 포로*의 고통이라는 특별한 환경에 처해 있을 때에는 우리가 어디서 왔는지를 더 쉽게 잊어버린다는 것을 저도 잘 압니다. 또한 세상은 다른 이야기를 들려주고 다른 노래를 부르고 있다는 것도요. 그렇지만 바로 그렇기 때문에 우리는 우리 이야기를 들려주고 우리 노래를 불러야 하는 것입니다. 그래서 다시 한 번 이 자리에서 토라의 처

---

* 포로(exile): 고통스런 단어이자 고통스런 경험이다. 하나님의 백성이 기원전 6세기에 바빌론에 사로잡힌 경험이든, 오늘날 고향을 떠나 머나먼 곳에서 유배자로 살아가는 경험이든, 가족과 관계가 소원해져서 정서적인 포로 상태를 느끼는 사람이든, 심지어 자신이 속한 공동체에서 편안함을 느끼지 못하는 사람이든, 포로 상태는 참으로 고통스러운 상황이다. 그러나 포로라는 상황은 우리에게 "우리가 어떻게 이런 상황에 처하게 되었는가?"라는 질문을 던짐으로써 하나님의 이야기에 귀 기울이고, 그것이 또한 우리 이야기라는 사실을 발견하도록 이끌어 준다.

음 이야기이자 성경의 첫 이야기, 바로 이야기의 시작을 들려드리려고 합니다. '태초에 하나님이 천지를…….'"

막 이야기를 시작하려는 노인의 말에 젊은 음악가는 벌떡 일어서더니 노인이 들려주려는 토라 이야기를 방해하며 끼어들었다. "'태초에'라뇨?! 누가 태초 따위를 물어봤습니까? 우리가 궁금한 건 하나님이 지금 뭘 하고 계시냐는 겁니다. 여호와는 우리를 버리셨습니다. 그분은 우리를 잊으셨다고요. 그 전능하신 하나님이란 분은 대체 어디 계신다는 말입니까?"

많은 사람이 청년의 무례한 태도에 깜짝 놀랐지만, 그 중에는 그의 감정에 공감하며 고개를 끄덕이는 사람도 몇몇 있었다. 그들 역시 이야기가 아닌 대답을 듣고 싶었던 것이다.

노인은 그 청년이 터뜨리는 좌절을 이해한다는 듯 너그러운 미소를 띠었다. 마음속에 다른 말씀이 떠오른 노인은 부드러운 손짓으로 청년에게 앉아 달라고 청했다.

"우리를 잊으셨다고 했나? '여인이 어찌 그 젖 먹는 자식을 잊겠으며 자기 태에서 난 아들을 긍휼히 여기지 않겠느냐. 그들은 혹시 잊을지라도 나는 너를 잊지 아니할 것이라. 내가 너를 내 손바닥에 새겼느니라.'

자네가 왜 하나님이 우리를 버리셨다고 믿는지 나도 이해하네. 그렇지만 우리는 여전히 하나님의 백성이라네. 이야기에 속한 사람들이란 말일세. 그 이야기는 포로 상태나 바빌론에서 시작하지 않아. 우리는 고향에서 멀리 떨어져 있다네. 정말이지, 에덴에서 동쪽으로 아주 멀리 떨어진 곳에 말이야. 이야기는 바로 그 에덴에서 시작한다네. 대답을 빨리 듣고 싶어하는 자네 심정, 충분히 이해하네. 그렇지만 우리에게 있는 것은 이야기라네. 내가 들려줄 이야기, 자네가 오래전부터 들어 온 이야기 말일세."*

청년은 낮은 소리로 중얼거리며 자리에 앉았다. 사람들은 제대로 이야기에 집중하기 위해 저마다 듣기 편한 자세로 고쳐 앉았다. 노인이 다시 **이야기**를 시작했다.

"태초에 하나님이 하늘과 땅을 창조하셨습니다. 그런데 그 땅은 지금처럼 짜임새 있는 모습이 아니었고, 생물 하나 없이 텅 비어 있었습니다. 어둠이 깊은 바다를 덮고 있었고, 하나님의 영은 물 위에서 움직이고 계셨습니다.

그때에 하나님이 말씀하셨습니다. '빛이 생겨라!' 그러자 빛이 생겼습니다. 그 빛이 하나님이 보시기에 좋았습니다. 하나님이 빛과 어둠을 나누셨습니다. 하나님은 빛을 '낮'이라 부르시고, 어둠을 '밤'이라 부르셨습니다. 이 날이 첫째 날이었습니다.

하나님이 또 말씀하시자 거대한 파도가 굉음을 내며 부딪치더니 곧 서서히 커져 바다와 대양이 생겼습니다. 하나님은 다채롭고 아름다운 색을 지닌 둥근 공간, 즉 하늘을 만드셨습니다. 이 날이 둘째 날이었습니다.

---

* 우리는 보통 필요를 느낄 때, 하나님에 대해 질문하기 시작한다. 이것이 신학이다. 우리는 질문에 대한 대답을 듣고 싶어하고, 문제에 대한 해결책을 얻고 싶어한다. 그러나 성경은 대부분 우리에게 이야기를 들려준다. 바로 하나님의 이야기를 말이다. 이야기는 (어떤 사람은 "타락"이라고 부르는) 문제가 아닌 창조세계의 선함에서 시작한다. 우리가 창조세계를 엉망으로 만들었다는 사실과 씨름하기 전에 먼저 인간을 포함한 창조세계에 대한 하나님의 목적에서 출발하는 것이 중요하다.

하나님은 말씀으로 땅과 그 안에서 자라는 모든 식물을 만드셨습니다. 지금 우리가 보고 있는 버드나무는 물론 그리운 고향에 있는 감람나무와 같은 온갖 나무를 창조하셨습니다. 양배추, 당근, 콩, 브로콜리, 사과, 고추도 만드셨습니다. 하나님은 숲과 들판에 눈부시게 아름다운 꽃을 만드셨습니다. 이 모든 것이 하나님이 보시기에 좋았습니다. 이 날이 셋째 날이었습니다.

하나님은 말씀으로 하늘에 거대한 빛들을 창조하셨습니다. 그 빛들은 낮과 밤을 비추었습니다. 하나님은 별들도 만드셨습니다. 이 또한 하나님이 보시기에 좋았습니다. 이 날이 넷째 날이었습니다.

하나님이 말씀하시자 물은 움직이는 생물들로, 하늘은 새들로 가득해졌습니다. 하나님은 고래와 새우, 바다소, 피라미를 만드셨습니다. 독수리와 부엉이, 백조와 참새도 창조하셨습니다. 하나님이 보시기에 좋았습니다. 하나님은 그 모든 것을 축복하셨습니다. 이 날이 다섯째 날이었습니다.

하나님은 말씀으로 땅에 사는 동물을 만드셨습니다. 사자와 양, 고양이와 소, 개미와 코끼리를 창조하셨습니다.

그때 하나님이 말씀하셨습니다. '우리가 우리의 모습과 형상대로 사람을 만들자.' 그래서 하나님이 첫 사람 하-아담$^{ha\text{-}adam}$을 창조하셨습니다. 그분은 하나님의 형상대로 사람을 창조하시되, 남자와 여자를 만드셨습니다.

하나님이 사람에게 복을 주시며 말씀하셨습니다. '자녀를 많이

낳고 번성하여 땅을 채워라. 내가 만든 창조물을 보살피고 맡아 관리하여라.'*

하나님이 손수 만드신 모든 것을 보시니, 보시기에 매우 좋았습니다. 이 날이 여섯째 날이었습니다. 그리하여 하늘과 땅이 다 지어졌습니다.

일곱째 되는 날에 하나님은 하시던 일을 마치시고 쉬시며 그 날을 안식일로 축복하셨습니다."

노인은 무릎 위에 두 손을 모은 채 가만히 눈을 떴다. "이렇게 **하나님의 이야기**는 시작합니다. 그리고 이것이 바로 우리 이야기의 처음이기도 하지요.

이 이야기가 그동안 우리가 들어 온 이야기들과 다르다는 것을 저도 이제 알겠습니다. 바빌론이 우리에게 들려준 이야기는 '에누마 엘리쉬'Enuma Elish라는 그들의 창조 신화입니다. 그 이야기는 매우 기묘하고 난폭하며 무섭기까지 합니다. 그 신화에 따르면 거대한 바다 괴물 아프수Apsu와 혼돈의 물인 티아마트Tiamat가 신들을 낳았습니다. 그 신들 사이에 싸움이 일어나면 패한 신은 승리한 신을 섬겨야 했지요. 신들의 왕인 마르두크Marduk가 신들의 종으로 인간을 만들기 전까지 말입니다. 그 신들은 변덕스러운 데다 믿을 만하지도 못했습니다. 인간은 그들을 위해서라면 이해할 수 없는 일도

---

* 많은 성경이 이 구절을 창조세계를 "정복하라"(rule over)라거나 "다스리라"(take dominion)라고 번역한다. 이 단어들 때문에 꽤 지속적으로 하나님의 창조세계를 "착취"하는 일이 일어났다. 그것은 우리가 이 이야기에서 읽을 수 있는 창조세계의 질서와 평화로운 조화와는 반대되는 행위다. 창조주 하나님과 동역한다는 것은 창조세계를 착취하라는 뜻이 아니다. 그분이 만드신 창조세계에 책임을 갖고 그것을 돌보며 함께하라는 뜻이다.

해야 했지요. 때로는 그들을 즐겁게 해주기 위해 악한 일을 해야 했고, 또 때로는 신들이 그들을 해치지 못하게 막아야 했습니다.

그런 신들을 대해야 한다면 우리는 안전하지 못할 뿐더러 아무 소망도 없을 것입니다. 아마 우리 고향에 대해 다른 이야기를 들은 사람도 있을 것입니다. 그러나 그 이야기는 '우리' 이야기가 아닙니다. 친구 여러분, 기억하십시오. 우리는 하나님의 형상대로 창조되었습니다. 우리는 그분의 종이 아닙니다. 창조세계의 사역에서 우리는 하나님의 동역자입니다. 하나님의 친구로 창조된 자들이지요. 그렇기에 우리는 하나님을 신뢰할 수 있습니다. 예, 그렇습니다. 우리는 그분을 믿을 수 있습니다. 우리 하나님은 앞서 말한 기이한 신들과 다르십니다. 그 신들은 멀리 떨어져 있습니다. 바빌론 사람들은 신들을 위해 탑을 세우고, 그들의 관심을 끌기 위해 소리 지르고 춤추며 심지어 자기 몸을 해치기도 합니다. 그러나 우리 하나님은 혼돈의 하나님이 아니십니다. 질서의 하나님이십니다. 바로 이 창조 이야기가 우리에게 그 사실을 보여 주지 않습니까! 사흘씩 묶어 보면 서로 짝을 이루고 있는 이 아름답고 짜임새 있는 창조세계를 보십시오.

첫째 날, 하나님은 빛을 창조하셨습니다. 그리고 넷째 날, 하늘에 거대한 빛들을 만드셨지요.

둘째 날, 하나님은 바다와 하늘을 만드셨습니다. 그리고 다섯째 날이 되자 바다에는 물고기가, 하늘에는 새들이 살게 하셨습니다.

셋째 날, 하나님은 땅과 나무, 풀들을 만드셨습니다. 여섯째 날에는 동물을 만드시고 드디어 하나님의 형상대로 인간을 창조하셔서 복을 주셨습니다.

어떻습니까? 균형 잡힌 모습을 상상할 수 있겠습니까? 우리 하나님은 후한 분이셔서 인간이 살 곳, 모든 생명체가 번성할 수 있는 곳을 마련해 놓으셨습니다. 우리 하나님은 질서의 하나님입니다. 우리는 태초와 마찬가지로 지금도 하나님이 우리를 돌보신다는 것을 신뢰할 수 있습니다.

물론 저도 압니다. 지금 이렇게 이방 땅에 유배된 우리에게는 그렇게 보이지 않겠지요. 삶은 고달픕니다. 우리 모두 그 사실을 알고 있습니다. 그러나 그렇기 때문에 우리는 다른 사람들에게 **이야기**를 들려주고, 들려주고, 또 들려주어서 하나님이 끊임없이 우리에게 명하시는 바로 그 일을 행해야 하는 것입니다. 하나님은 우리에게 이렇게 명하셨습니다. '기억하라, 기억하라, 기억하라.'"*

이야기를 듣고 있던 무리 속에서 한 소녀가 큰 소리로 말했다. "아바^{abba}, 우리는 하나님이 한 분이시라고 믿어요. **이야기가** 말하는 것처럼 하나님이 '**우리가 우리** 형상대로 인간을 만들자'라고 말씀하신 것도요. 그런데 하나님은 왜 '**내** 형상대로'라고 말씀하지 않으신 거죠? 잘 이해가 안 가요."

노인은 대견하다는 얼굴로 미소를 지어 보였다. 친숙한 나머지 때때로 놓치기 쉬울 만한 말도 소녀는 귀담아 들은 것이다.

---

* 이야기가 펼쳐지면서 하나님은 계속해서 우리에게 이야기를 기억하라고 말씀하신다. 힘든 시절뿐 아니라, (아마 이때가 더 중요할 텐데) 우리가 누구인지, 누구의 소유인지를 쉽게 잊는 좋은 시절에도 말이다. 다른 이야기를 선택할 때, 우리는 이 이야기를 잊어버린다.

"좋은 질문이구나. 하나님의 형상대로 만들어졌다는 것이 뜻하는 바를 이야기할 때 우리가 알아 둬야 할 것이 하나 있단다. 네 말처럼 우리는 하나님이 한 분이라고 믿지. 아주 오래전부터 하나님의 백성이 단언하는 신조가 있는데 들어보겠니?

> 쉐마 이스라엘, 아도나이 엘로헤이누, 아도나이 에카드.
> 이스라엘아 들으라, 우리 하나님 여호와는 오직 유일한 여호와이시다.

여기서도 하나님은 우리라고 말씀하신단다. 이 말은 마치 우리를 사로잡은 왕이 연설하면서 자신의 우월함과 통치권을 내세우려고 스스로 '우리'라고 선언하는 것처럼 들리기도 하지. 그렇지만 **이야기**를 듣다 보면 다른 부분에서도 가끔 하나님이 '우리'라고 말씀하시는 것을 들을 수 있단다. 그렇다면 하나님은 왜 '우리가 우리 형상대로 인간을 만들자'라고 말씀하신 걸까? 창조 이야기에서 우리는 관계의 중요성을 알 수 있단다. 우리는 창조세계의 사역에서 하나님과 동역하는 자로 창조되었지. 남자와 여자 둘 다 창조세계와 관계를 맺으며 함께 돌보는 자로 말이야. 아마도 하나님이 '우리'라고 말씀하신 건 그만큼 관계가 매우 중요하기 때문이 아닐까? 어쩌면 관계란 하나님 자신이 다른 피조물과 함께하기 위해서 만들어 낼 수밖에 없을 만큼 놀랍고 신비한 것일지도 모르지. 아니 어쩌면, 어쩌면 말이다, 다른 이유가 있을지도 모르겠구나. 그렇지만 **이야기**는 우리에게 그 이유를 말해 주지 않는단다."*

노인은 사람들을 바라보았다. "창조 이야기는 우리에게 인간이 된다는 의미에 대해 다른 무언가를 알려 줍니다. 일곱째 날에 이르러서야 하나님은 창조 사역을 완성하시고 안식하셨습니다. 하나님은 그 날을 안식일로 축복하시고 다른 날과 구별된 거룩한 날로 선포하셨지요.

존재하는 모든 것을 창조하신 뒤에 하나님은 쉬셨습니다. 그런데 이 말은 바빌론 이야기에 나오는 신들처럼 하나님이 창조 사역을 하시느라 기진맥진하신 채로 일곱째 날을 보내셨다는 말이 아닙니다. 하나님은 그분의 세계에 매우 흡족하시어 평화롭게 샬롬shalom 가운데 보내셨지요. 그리고 우리 역시 그렇게 안식하라고 부르셨습니다.

그래서 안식일이 되면 하나님의 백성이 '샤밧 샬롬'Shabbat shalom, 즉 '안식일의 평화가 당신과 함께하기를'이라고 인사하는 거죠. 안식일은 나 자신을 보호하려는 과열된 행위들을 그치라는 초청이기도 하고, 삶이란 우리 노력이 아닌 순전히 선물로 주어진 것임을 깨우쳐 주는 날이기도 합니다. 우리에게 쉼 없는 노동을 요구하는 노예 감독자들에게 저항하는 뜻으로 우리가 일주일에 하루를 쉰다고 해서 삶이 다 어그러져 버리지는 않는다는 것을 알려 주는 초대이기도 하고요.

---

* 이야기 후반부에서 우리는 살아 계신 하나님의 형상이라고 믿으며 사람들이 따르는 한 사람을 보게 될 것이다. 이야기를 살아 내면서 이 추종자들은 이스라엘의 쉐마(Shema)에 등장하는 한 분 하나님이 세 위격(성부, 성자, 성령)을 지닌 공동체로 존재한다는 사실을 이해하기 시작한다. 그들이 따르는 그 사람은 이것을 완전하게 이해하셨다. 그분은 하나님의 모습을 지니셨으나, 하나님과 동등함을 당연하게 생각하지 않으시고, 오히려 자기를 비워서 종의 모습을 취하시고, 사람과 같이 되셨다. 만약 이 사람이 바로 하나님의 형상이라면, 그리고 우리가 그 형상대로 창조되었다면, 이 사실은 우리의 관계에 어떤 의미를 지니겠는가?

하루를 쉬는 것은 우리가 하는 활동을 통해 스스로를 내세우도록 몰아붙이는 내부의 힘에 저항하는 것입니다. 우리가 처한, 제대로 쉬지 못하는 문화에 따르기를 거절하는 것이기도 하고, 우리 자신의 형상 안에 있는 세계를 재구성하기 위해서 부단하게 노력하는 것을 내려놓는 것이기도 하지요. 우리는 안식을 누릴 만큼 충분히 자신이 있으신 하나님을 믿는다고 선언합니다. 삶에 필요한 것을 채워 주시는 하나님을 신뢰하는 것입니다. 우리에게 샬롬을 주시는 하나님, 우리가 삶에서 그토록 갈망하는 평안을 주시는 그분을 신뢰하지요.

하나님이 주신 안식일은 **모두를 위한** 선물입니다. 부유한 사람이든 가난한 사람이든, 사회에서 지위가 높은 사람이든 낮은 사람이든 상관없이 모두에게 말이죠. 그렇기 때문에 안식일은 오랜 시간 동안 비인간적으로 노동을 착취당한 사람들에게 노동을 끝내게 해 주는 것이기도 합니다. 그리 많은 보상은 아니기 때문에 유익을 누리는 사람은 많지 않을지도 모릅니다. 우리는 책임질 각오로 공동체적으로 안식일 휴일을 실천하지는 않으니까요."

이 말을 하고 노인은 기지개를 켜듯 일어서면서 음악가 청년을 곁눈질로 살짝 엿보았다. 청년의 얼굴은 무언가를 골똘히 생각하는 표정이었다. "여러분은 안식일을 지키는 것이 저항하는 행위라고 생각해 본 적이 있습니까?" 갑자기 청년의 얼굴이 활짝 펴졌다. 그는 바로 그 점을 생각하고 있었던 것이다. 그 생각에 그는 기뻐하는 것 같았다. "바빌론 사람들은 날마다 우리에게 일을 시킵니다. 그들은 우리가 일주일에 하루 안식하는 것조차 경멸합니다. 시간 낭비에다 생산적이지도 못하며 심지어는 반역적인 행위라고 생각하죠. 그러나 이렇게 포로로 잡혀 있는 상황에서 우리의 인성을 주장하고 확인하는 것은 중요합니다. 그것이야말로 하나님이 우리에게 주신 값진 선물이니까요."

처음 미소가 번질 때처럼 청년의 얼굴이 순식간에 어두워졌다. "그래서 우리는 안식일을 지킵니다. 그래요, 좋습니다. 그렇지만 하나님은 우리를 지켜주시나요? 우리 고통을 보고 계시냐고요. 만약 그러시다면, 왜 하나님은 오셔서 우리를 구해 주시지 않는 거죠? 어째서 저 멀리 하늘에만 계시냐고요!"

노인이 미소를 지었다. "하늘에만 계신다? 그렇다면 오늘밤 들려줄 나머지 이야기가 자네에게 꽤 흥미로울 것 같네." 노인은 불에 손을 쬐면서 말을 이었다. "난 여러분에게 창조 이야기를 들려주었습니다. 그런데 어떤 사람들은 그 이야기가 훨씬 오래되었다고 말한다는 걸 알고 있나요? 그 이야기는 이렇게 시작합니다.

'이것은 창조 이야기이니 여호와 하나님이 땅과 하늘을 만드시던 날에……'

앞서 내가 들려준 이야기에서 여러분은 전능하신 하나님께 집중했을 것입니다. **하늘과 땅**, 만물을 만드신 창조주 하나님 말입니다. 그렇지만 두 번째 창조 이야기는 우리 가까이에 계신 하나님, **땅과 하늘**을 만드신 여호와에 초점이 있습니다. 하나님은 초월적이고 편재하는 분이기 때문이죠. 하나님은 완전히 다른 곳에 계시지만, 바로 지금 이곳에도 계십니다. 그분이 바로 여호와십니다. 불타는 떨기나무 가운데 모세에게 나타나신 그 하나님 말입니다. 그리고 이야기는 이렇게 이어집니다.

여호와 하나님이 땅의 흙^{하-아다마, *ha-adamah*}으로 하-아담, 즉 '흙으로 만든 생명체'를 지으시고 생기를 그 코에 불어넣으셨습니다. 여호와 하나님은 동방의 에덴에 동산을 창설하시고 그 지으신 하-아담을 거기 두셨지요. 그분이 창조하신 땅을 경작하고 그 땅에서 나는 것들을 보살피게 하시려고요. 그리고 여호와 하나님은 하-아담에게 말씀하셨습니다. '동산 각종 나무의 열매는 네가 임의로 먹되 선악을 알게 하는 나무의 열매는 먹지 말라. 네가 먹는 날에는 반드시 죽으리라.'

또 여호와 하나님은 '하-아담이 혼자 사는 것이 좋지 아니하니 내가 하-아담을 위하여 돕는 배필을 지으리라'라고 하셨지요.

방금 하나님이 '좋지 아니하다'라고 하셨습니다. 들으셨나요? 하나님이 만드신 창조물 가운데 좋지 않은 것이 있다니요! 그것은 바로 사람이 홀로 있는 것입니다. 그렇기 때문에 우리는 관계를 맺으며 공동체로 살아가도록 창조되었습니다. 하-아담이 경험한 하나님뿐 아니라 다른 사람과도 관계를 맺으며 말입니다. 이것이 바로 우리가 지닌 정체성의 핵심입니다. 인간이 되는 것, 하나님의 형상대로 창조된 인간이 된다는 것은 '홀로 있지 않는 것'을 뜻합니다. 그렇다면 하나님은 어떻게 홀로 있는 인간, 즉 좋지 않은 것을 취하셔서 좋은 것으로 바꾸셨을까요? 자, 이제 그 이야기를 들려드리지요.

여호와 하나님이 흙으로 각종 들짐승과 공중의 각종 새를 지으시고 하-아담이 무엇이라고 부르나 보시려고 그것들을 그에게로 이끌어 가셨습니다. 하-아담이 각 생물을 부르는 것이 곧 그 이름이 되었지요. 하-아담이 모든 가축과 공중의 새와 들의 모든 짐승에게 이름을 주었지만 정작 아담은 에젤 크네그도$^{ezer\ kenegdo}$, 돕는 배필을 찾지 못했습니다. 그래서 여호와 하나님이 하-아담을 깊이 잠들게 하시고는 그가 잠들자 그 갈빗대 하나를 취하셔서 여자를 만드시고 그를 하-아담에게로 이끌어 오셨습니다.

하-아담은 여자를 보고 이렇게 말했습니다. '이는 내 뼈 중의 뼈요 살 중의 살이라. 이것을 이쉬$^{ish,\ 남자}$에게서 취하였으니 이쉬-샤$^{ish\text{-}shah,\ 여자}$라 부르리라.' 이렇게 해서 이쉬가 부모를 떠나 그의 이쉬-샤와 합하여 둘이 한 몸을 이루게 되었습니다.

이쉬와 이쉬-샤는 벌거벗었으나 부끄러워하지 않았습니다."

장작불이 희미해질 무렵 노인은 그곳에 모인 사람들의 얼굴을 찬찬히 살펴보았다. 노인은 이야기를 듣는 많은 사람이 그 이야기를 통해 들어야 하는 것을 잘 받아들이지 못하리라는 것을 이미 알고 있었다. 그러나 사람들이 듣고 싶어하든 말든 간에 그가 이해한 대로 진실을 말하는 것이 노인이 할 일이었다.

"이 결혼으로 인류의 첫 공동체가 탄생했습니다. 결혼은 우리 이야기에서 가장 중요한 주제입니다. 우리 이스라엘과 하나님의 관계를 묘사할 때마다 우리는 계속해서 결혼이라는 말을 들을 것입니다. 그러나 우리는 이 이야기를 제대로 기억하지 못했지요. 태초에 남자와 여자는 동등하게 창조되었습니다. 둘 다 하나님의 형상대로 만들어졌고, 남자와 여자 모두 창조세계에서 하나님과 동역하는 임무를 맡았습니다. 하나님은 둘 모두를 축복하셨고, 그들의 관계가 선하다고 선포하셨습니다.

여자는 남자를 돕는 배필, 에젤 크네그도이긴 하지만, 이것은 단순히 여자가 남자보다 열등하다는 뜻이 아닙니다. 우리가 이야기에서 에젤 크네그도를 듣게 되는 다른 경우는 대부분 이스라엘을 돕는 하나님을 언급할 때입니다. 그렇습니다. 우리는 이쉬와 이쉬-샤가 공유한 평등과 관련해서 우리 이야기를 제대로 기억하지 못했습니다. 그런데 이 이야기의 저자는 우리가 제대로 기억하지 못하리라는 것을 알고 있었습니다! 이 말이 기억나십니까? '이렇게 해서 이쉬가 부모를 떠나 그의 이쉬-샤와 합하여 둘이 한 몸을 이룰 것이다.' 결혼에 대한 첫 설명은 우리 문화에서 결혼을 행하는 관습과 정반대입니다. 우리 문화에서는 여자가 집을 떠나 남편과 합하게 되니까요."

노인은 무리 사이에서 중얼거리는 소리와 소곤대는 소리를 들으며 미소를 지었다. 그가 말한 사상은 논란이 될 만했다. 전혀 과장이 아니다. 전통적으로 하나님의 백성은 이쉬와 이쉬-샤가 동등하게 창조되었으며 똑같이 하나님의 형상을 담고 있다는 개념을 받아들이지 않았다. 그러나 사회 주변부인 포로로 지내는 동안, 이들은 때때로 이야기를 다른 방식으로도 들을 줄 알게 되었다. 노인이 다시 이야기를 이어가자 사람들은 조금은 불편해진 침묵 속에서 귀를 기울였다.

"**이야기**에서 하나님은 첫 사람들에게 세 가지 선물을 허락하셨습니다. 그 선물은 인간이 된다는 것이 무엇인지를 우리에게 알려 주기도 하지요. 바로 부르심, 허락, 금기입니다. 그들이 받은 부르심은 동산을 가꾸고 창조세계를 돌보면서 하나님과 동역하고, 자녀를 낳아 하나님의 창조 행위에 동참하는 것입니다. 하나님은 땅이 내는 자비로운 식물과 음식을 누리도록 그들에게 허락하셨을 뿐 아니라 중요한 선택을 할 수 있는 자유의지도 허락하셨습니다. 그리고 하나님은 한 가지 금기 사항을 선언하셨습니다. 바로 선과 악을 알게 하는 나무의 열매를 먹어서는 안 된다는 것입니다.

문제는 우리가 세상을 창조하신 하나님을 기억할 때 가장 먼저 이 금기를 떠올린다는 것입니다. 우리는 우리가 받은 부르심과 자유는 거의 주목하지 않습니다. 그러나 금기는 자유라는 맥락에서만 의미가 있습니다. 우리가 '아니요'라고 말할 수 있을 때에만 '예'라는 대답이 의미 있기 때문입니다. 하나님은 삶에 필요한 모든 것을 우리에게 주셨습니다. 그러니까 하나님의 자비를 누리는 자유가 의미를 가지려면, 우리에게는 하나님께 불순종할 수 있는 가능성이 있어야 합니다.

이쉬와 이쉬-샤가 불순종할 자유를 택했을 때 어떤 일이 일어났는지에 대해서는 다음에 들려드리도록 하지요. 일단 오늘은 에덴동산에서 누리던 아름다운 삶을 묘사하는 것으로 끝맺는 것이 좋겠습니다. '남자와 여자가 벌거벗었으나 부끄러워하지 아니하니라.' 두 사람은 서로에게 그리고 하나님께 순전히 드러난 관계였고, 서로는 물론 하나님과도 친구였습니다. 다음에 모일 때에는 그들에게 닥친 대재앙을 들려드리겠습니다. 그 대재앙 때문에 그들은 벌거벗었으나 부끄러워하지 않던 관계에서 하나님을 두려워하는 관계가 될 것입니다. 왜인지는 모르겠지만 그들은 그 일로 벌거벗은 것이 부끄러워 하나님을 피해 나무 뒤로 숨었습니다. 그들이 누리도록 하나님이 창조하신 그 나무 뒤에 말이죠. 어쨌든 오늘은 그들이 태초에 하나님과, 그리고 서로가 공동체를 이루어 즐거워했다는 것만 기억합시다."

불 속에 있는 석탄은 부드럽게 빛을 내며 반짝였지만 따뜻하진 않았다. 노인은 사람들에게 작별 인사를 하기 위해 자리에서 일어섰다.

"시간이 많이 늦었네요. 내일은 안식하는 날입니다. 바라기는 이야기대로 할 수 있는 시간이 되면 좋겠군요." 노인은 느슨하게 하프를 들고 있는 청년에게로 몸을 돌렸다. "친구, 우리는 자네의 노래를 쉽게 잊지 못할 걸세. 우리는 늘 우리가 겪은 일들을 노래한다네. 우리를 사로잡은 자들이 우리가 그들을 위해 부르길 바라는 그런 흥겨운 노래는 아니지. 그렇지만 우리, 이 노래들을, 우리 이야기를 잊지 마세나. 적어도 이 바빌론처럼 되지는 않도록 말일세. 그리고 하나님을 신뢰하세. 그분의 형상대로 우리를 만드신 분, 우리를 위해 이곳에서도 예비하시는 그분을 신뢰하세나."

제 2 장

대재앙

정체성과 부르심을 거절한 첫 사람들,
그들의 죄가 창조세계에 가져온 재앙

다시 돌아온 안식일. 노인은 불 가에 앉아 있었다. 기나긴 한 주였지만 사람들과 이런저런 대화를 나눈 덕인지 몸은 덜 고단했다. 지난주 불 가에 둘러앉아 함께 창조 이야기를 듣고 난 뒤, 사람들은 궁금한 게 많아졌다.

자리를 잡고 앉은 무리를 둘러보던 노인의 눈길이 청년에게 머물렀다. 하프를 들고 있는 모습을 보고 노인은 반가운 마음에 청년에게 손짓했다. "이보게, 친구. 지난주에는 노래를 들려줘서 고마웠네. 오늘밤에도 우리에게 찬양의 노래를 불러 주지 않겠나?"

청년은 장난기가 가득한 표정으로 대답했다. "또 다른 포로의 노래를 한 곡 연습했는데, 어떠세요? 들려드릴까요?"

노인은 대답 대신 미소를 띠었다. "그 노래는 다음에 듣도록 하세나. 그보다는 우리가 행복하게 지내던 시절을 떠올리게 해 줄 곡을 듣는 게 더 좋을 것 같네만. 성전을 올라가는 노래가 어떻겠나?"

청년의 얼굴에서 미소가 사라졌다. "예루살렘은 폐허가 되었습니다. 그런데 저보고 순례자의 노래를 부르라는 말씀입니까?"

"나를 위해, 그리고 여기 모인 사람들을 위해 한 곡 부탁하겠네."

청년은 한숨을 쉬더니 어쩔 수 없다는 듯 자리에서 일어섰다. 청년이 하프 줄을 맞추기 시작하자 주위는 조용해졌다. 한 주 동안 일하는 내내 많은 사람이 노랫말을 음미하며 저항의 노래를 불렀다. 청년이 줄을 뜯으며 귀에 거슬리는 소리를 내자 긴장감이 맴돌았다. '오늘밤 저 청년은 어떤 노래를 부르려는 걸까?'

청년의 얼굴에 무언가 결심한 듯한 표정이 보이자 노인도 노래를 듣기 위해 다른 사람들처럼 몸을 앞으로 기울였다. 청년은 밤하늘을 향해 목청을 돋우었다. 드디어 노래가 시작되었다.

내가 산을 향하여 눈을 들리라. 나의 도움이 어디서 올까.

노래가 들리자 노인은 미소를 지으며 편안한 듯 등을 기댔다. 청년이 고른 곡에 조금은 안도한 듯했다. 청년은 잠시 숨을 고른 뒤, 찬양의 노래 첫 소절을 반복했다. 반복할 때에는 사람들에게 같이 부르자고 요청했다. 노래를 계속하면서 청년은 노인을 바라보았다. 그 둘 사이에 서로 이해했다는 듯한 눈빛이 스쳐 지나갔다.

나의 도움은 천지를 지으신 여호와에게서로다.
여호와께서 너를 실족하지 아니하게 하시며
너를 지키시는 하나님이 졸지 아니하시리로다.

이스라엘을 지키시는 하나님은

졸지도 아니하시고 주무시지도 아니하시리로다.

　사람들의 목소리가 커지면서 이 노래는 예루살렘으로 향하는 순례의 기억을 떠올려 주고, 오랫동안 지키지 못한 속죄일의 기쁨을 다시 맛보게 해 주었다. 노인은 눈을 감고 다른 사람들처럼 노래를 흥얼거렸다.

여호와는 너를 지키시는 이시라.

여호와께서 네 오른쪽에서 네 그늘이 되시나니

낮의 해가 너를 상하게 하지 아니하며

밤의 달도 너를 해치지 아니하리로다.

여호와께서 너를 지켜 모든 환난을 면하게 하시며

또 네 영혼을 지키시리로다.

여호와께서 너의 출입을 지금부터 영원까지 지키시리로다.

　마지막 음이 서서히 사라지면서 청년은 노인을 살짝 쳐다보았다. 노인은 눈을 뜨고 그가 있는 쪽으로 머리를 떨구더니 이 소망의 노래에 고마워했다. "고맙네, 친구." 노래를 부른 청년은 빙 둘러앉은 무리 속으로 들어가 자리를 잡고 앉았다. 잠시 동안 노인은 생각을 모으는 듯 지그시 불을 바라보았다. 마침내 노인이 사람들을 향해 입을 열었다.

"지난주에는 함께 모여 하나님의 이야기가 시작되는 부분을 나누었습니다. 세상이 창조되던 날의 이야기를 듣고, 하나님과 그분이 만드신 피조물의 선함을 보았지요. 인간은 그 피조물의 절정으로, 하나님은 남자와 여자, 그러니까 이쉬와 이쉬-샤, 우리를 축복하셨습니다. 우리는 하나님의 계속적인 창조 사역에 참여하도록 동등하게 창조되었습니다. 하나님이 우리에게 허락하신 세상을 돌보고 양육하며, 하나님의 형상을 담은 자녀를 이 땅에 번성시키면서 말이죠.

바로 그것이 우리의 부르심입니다. 또한 우리는 하나님이 이쉬와 이쉬-샤에게 그분이 만드신 모든 것을 누릴 자유를 허락하신 것을 보았습니다. 단, 한 가지 금기 사항이 있었지요. 그들은 선악을 알게 하는 나무에 맺히는 열매를 절대 먹어서는 안 됩니다. 지난주, 장작이 거의 다 타들어 갈 때 즈음 우리는 동산에 이쉬와 이쉬-샤를 남겨 둔 채 자리에서 일어났지요. 그들은 편재하는 하나님, 가까이에 계시는 하나님과 함께, 그리고 서로가 공동체를 이루어 지냈습니다. '벌거벗었으나 부끄러워하지 않고' 말이죠. 오늘밤에는 그 동산으로 다시 돌아가 보려고 합니다. 하나님 이야기, 우리 이야기가 어떻게 이어지는지 들려드리도록 하지요.

여호와 하나님이 만드신 들짐승 가운데 뱀, 하-나하쉬$^{ha\text{-}nahash}$가 가장 간사하고 교활했습니다. 어느 날, 하-나하쉬가 이쉬-샤에게 와서 말했습니다. '하나님이 정말로 동산 안의 어떤 나무의 열매도 먹지 말라고 하시더냐?' 이쉬-샤가 하-나하쉬에게 대답했습니다. '우리는 동산 안에 있는 나무의 열매를 먹을 수 있어. 하지만 하나님은 "동산 한가운데 있는 나무의 열매는 먹지도 말고 만지지도 마라. 그렇지 않으면 너희가 죽을지도 모른다"라고 말씀하셨어.'"

"아니에요. 하나님은 그렇게 말씀하지 않으셨어요."

노인은 당황한 표정으로 입을 가린 채 소리치는 소녀를 쳐다보았다. 지난주에 꽤 통찰력 있는 질문을 던진 바로 그 소녀였다.

"계속해 보렴." 노인이 소녀를 재촉했다.

"이야기를 끊어서 죄송해요." 소녀가 말을 이었다. "하나님이 이쉬에게 그 열매를 **먹지 말라**고 하신 건 맞아요. 그렇지만 만지지도 말라고는 하지 않으셨어요." 소녀는 잠시 머뭇거리더니 이렇게 말했다. "이쉬-샤는 왜 그렇게 말한 거죠?"

노인이 빙그레 웃어 보였다. 이야기를 잘 듣고 있는 이 꼬마 숙녀가 기특해서였다. "좋은 질문이구나. 그러게 말이다, 왜 이쉬-샤는 그렇게 말했을까?" 소녀는 노인을 바라보았지만 노인은 아무 말 없이 앉아 있었다. 사람들의 눈이 일제히 소녀 쪽을 향하자, 소녀의 뺨이 빨개졌다. 소녀는 노인이 자신의 대답을 기다리고 있다는 걸 깨닫고는 이마에 주름이 잡힐 정도로 골똘히 생각했다. "음, 그 사람들이 이미 하나님의 선하심을 의심하기 시작한 건 아닐까요? 어쩌면 그들은 열매를 먹는 것만으로 죽을 수 있다면 만지지도 않는 것이 더 낫겠다고 생각한 걸지도 몰라요."

"좋은 대답이구나." 노인은 이렇게 말하고 무리를 향해 돌아섰다. "이쉬-샤가 열매를 가리키면서 그 열매가 있는 곳, 즉 '동산 중앙'이라고 말할 때, 분명히 그들은 그 나무를 살펴보았습니다. 상황이 어찌되었든 간에, 의심의 씨앗은 뿌려졌습니다. 이쉬-샤는 **하나님께** 이야기한 것이 아니라 **하나님에 대해** 이야기하고 있는 것이지요.

하-나하쉬는 이쉬-샤에게 말했습니다. '너희는 죽지 않아. 하나님은 너희가 그 나무 열매를 먹고 너희 눈이 밝아지면, 선과 악을 알게 되어 너희가 하나님과 같이 될까 봐 그렇게 말씀하신 거야.'

'너희는 하나님과 같이 될 거야.' 간교한 뱀은 인간이 지닌 깊은 열망을 교묘하게 이용했습니다. 아무리 좋은 것일지라도 내게 있는 것만으로는 충분하지 않다는 두려움 말입니다. 다른 누군가가 나보다 더 나은 것을 가지고 있다는 의혹은 쉽게 지울 수가 없는 법이지요. 우리는 다른 사람이 나보다 더 **낫다**고 여깁니다. 내가 충분히 가지고 있지 않다고 여기던 생각이 결국 나는 충분하지 않다는 생각으로 번지게 됩니다. 나는 남들보다 못하다고 말이죠.

이쉬-샤가 보니, 그 나무의 열매는 먹음직스러웠으며, 보기에도 아름다웠습니다. 게다가 그 열매는 사람을 지혜롭게 해 줄 것처럼 보였습니다. 그래서 여자는 그 열매를 따서 먹고, 옆에 있는 이쉬에게도 주었으며, 남자도 그것을 먹었습니다. 그러자 두 사람의 눈이 모두 밝아졌습니다. 그들은 자기들이 벌거벗고 있다는 것을 깨닫고, 재빨리 무화과나무 잎을 엮어서 옷을 만들어 몸을 가렸습니다.

대재앙이 시작된 것입니다! 그들은 하나님이 허락하신 자유를 행사하여 하나님이 금지하신 것을 어겼습니다. 이때까지 그들은 벌거벗었으나 부끄러워하지 않고 지냈습니다. 서로와 하나님 앞에서 완전하게 드러난 채였지요. 그러나 이제 그 취약함은 위협이 되었고, 그들은 즉시 그들의 몸을 가렸습니다."

"왜 그랬을까요?" 무리 속에 있던 누군가가 물었다. "그 나무 하나뿐이었는데. 그들은 다른 나무에서 나는 열매는 모두 먹을 수 있었어요! 그런데 왜죠?"

노인은 무리를 둘러보았다. "그래요, 이쉬-샤가 한 말은 옳습니다. 그들은 동산에 있는 모든 나무 열매를 먹을 수 있었습니다. 단 하나만 빼고 말이죠. 그런데 정말 어떻게 그들은 금지한 열매를 먹은 걸까요? 그들이 자유롭게 얼마든지 먹을 수 있는 나무가 지천에 깔려 있었는데요." 노인은 잠시 말을 멈추었다. "여러분이나 제가 하-나하쉬의 교묘한 속임수를 맞대고 있다면 다르게 행동했을까요? 스스로 충분히 가지고 있지 않다고 생각할 때, 그래서 우리가 충분하지 않다고 여겨질 때, 우리는 어떻게 행동할까요?"

노인은 씁쓸한 표정을 지었다. "아마도 여러분은 그들이 뱀의 유혹에 넘어갔다는 사실이 믿기 힘들 겁니다. 이쉬-샤가 가리킨 나무는 그냥 오래된 나무가 아닙니다. 단순히 동산 중앙에 있는 나무가 아닌 것입니다. 그 나무는 선악을 알게 하는 나무입니다. 창조주께서는 경계선을 그으셨습니다. 우리가 창조 이야기에서 들었듯이 하나님은 선하다고, 보기 좋다고 선포하셨습니다. 그렇지만 이제 뱀의 유혹에 넘어간 이쉬-샤는 하나님만이 하실 수 있는 영역으로 들어가서 권력을 움켜잡았습니다. 여자는 도덕적으로 옳은 결정을 내렸습니다. 하나님과 관계없이 자신에게 선하다고 생각하는 대로 스스로에게 유리한 결정을 내린 것입니다.

기억나십니까? '이쉬-샤가 보니, 그 나무의 열매는 먹음직스러웠으며, 보기에도 아름다웠습니다. 게다가 그 열매는 사람을 지혜롭게 해 줄 것처럼 보였습니다. 그래서 여자는 그 열매를 따서 먹고, 옆에 있는 이쉬에게도 주었으며, 남자도 그것을 먹었습니다.' 이쉬-샤가 내린 도덕적인 추론은 먹음직스럽고 보기에 아름답다는 것에 근거합니다. 어쩌면 '좋게 느껴지는' 것일지도 모르겠습니다. 아마 그것이 여자가 하나님께 불순종하기로 선택한 타당한 이유일 겁니다.

유혹당했을 때 이쉬-샤가 가장 먼저 생각한 것은 무언가가 하나님과 상관없이 그 자체로 선할 수 있다는 가능성이었습니다. 이쉬-샤는 자신이 할 수 있는 것과 할 수 없는 것을 스스로 결정하면서 하나님과는 독립적으로 행동했습니다. 선악과를 먹기 이전부터 여자는 이미 창조주 하나님만이 지니신 권력을 움켜쥐려고 한 것입니다. 여자는 자신이 피조물이라는 사실을 잊은 것이죠.

그런데 선악과를 먹은 순간, 여자는 자신이 누구인지를 깨달았습니다. 그때, 그들은 여호와 하나님이 동산을 거니시는 소리를 들었습니다. 그때는 하루 중 서늘한 저녁이었습니다. 이쉬와 이쉬-샤는 여호와 하나님을 피해, 동산 나무 사이에 숨었습니다. 여호와 하나님이 부르시며 말씀하셨습니다. '네가 어디에 있느냐?'

이쉬가 대답했습니다. '제가 하나님이 거니시는 소리를 들었지만 벌거벗었기 때문에 두려워서 숨었습니다.'

하나님이 말씀하셨습니다. '네가 벌거벗었다고 누가 말해 주었느냐? 내가 먹지 말라고 한 나무 열매를 먹었느냐?'

이쉬가 대답했습니다. '하나님이 저에게 주신 이쉬-샤가 그 나무 열매를 줘서 먹었습니다.'

여호와 하나님이 이쉬-샤에게 말씀하셨습니다. '도대체 네가 무슨 일을 저지른 것이냐?'

이쉬-샤가 대답했습니다. '뱀이 저를 속였습니다. 그래서 제가 그 열매를 먹었습니다.'"

고개를 가로젓는 노인의 어깨가 축 늘어졌다. 그는 이 이야기가 들려주는 대재앙의 무게에 짓눌린 듯했다. "우리 이야기가 시작되는 바로 그 지점, 사람들이 자신의 행동에 책임을 지는 대신 죄악에 사로잡힌 바로 그때부터 우리는 다른 사람을 비난하는 데 주력합니다. 이미 공동체는 깨지고 있었습니다. 인류는 우리가 서로에게 해를 끼칠 수 있다는 것을 발견한 겁니다. 자기방어야말로 그들의 우선적인 관심사였죠. 신뢰는 사라져 버렸습니다."

무리 속에서 한 남자가 외치는 소리가 들렸다. "아담은 옳습니다. 그건 여자가 저지른 잘못이지 않습니까? 여자가 아담에게 열매를 주었으니까요!" 남자가 주장하는 내용을 곁에서 듣고 있던 한 여자가 남자 뒤통수를 철썩 하고 후려쳤다. 무리 사이에서 잠시 둔탁한 소리가 울리고, 모두가 웃음을 터뜨렸다.

노인은 그 같은 경솔함을 오히려 고마워하며 그 순간을 즐겁게 여겼다. 웃음소리가 잦아들자 그는 그 남자를 쳐다보았다. "이쉬-샤가 이쉬에게 열매를 주었으므로 마땅히 비난받아야 한다고 말한 사람이 당신이 처음은 아닙니다. 수세기 동안 우리는 이쉬가 죄에 빠지도록 이쉬-샤가 유혹했다고 여겨 왔습니다. 그렇지만 기억하십시오. 이쉬는 그곳에 있었습니다. 그러나 뱀이 그들에게 거짓말을 할 때, 그는 아무 말도 하지 않았습니다. 그도 스스로 그 열매를 먹은 것입니다.

죄는 내가 행한 무언가가 아닙니다. 죄는 사회적인 것입니다. 늘 공동체 전체에 영향을 끼치지요. 죄가 끼치는 영향은 온 우주에 이릅니다." 그가 느낀 잠깐의 가벼움은 사라지고, 다시 한 번 대재앙의 무게가 노인을 덮쳐 왔다. "그 결과, 하나님은 신음하셨습니다. 땅도 신음했습니다. 첫 인간이 내린 선택으로 창조의 조화가 깨져버리면서 모든 생명체가 신음했습니다.

그들의 행동이 끼친 영향은 인간이 된다는 의미가 지닌 모든 영역으로 퍼져 나갔습니다.

오직 한 나무의 열매만은 먹지 말라던 금기를 깨뜨렸습니다.

땅이 내는 음식과 식물, 그리고 자유의지를 선물로 주신 허락이 왜곡되었습니다.

하나님과 함께 창조세계를 돌보는 동역자로서의 부르심을 잊어 버렸습니다.

하나님과, 서로와 이룬 공동체가 흩어져 버렸습니다.

그때부터 그들은 다른 창조세계가 아닌 그들 자신에 대해서만 염려하였습니다. 하나님이 이쉬에게 '네가 어디 있느냐?'라고 물으실 때, 그가 한 대답은 얼마나 측은한지요. '내가 …… 듣고 내가 벗었으므로 두려워하여 숨었나이다.' 하나님과 인간 사이에 친밀하던 공동체가 파괴되는 순간입니다. 이쉬는 자신에게만 몰두하게 된 것입니다. 인간은 더 이상 벌거벗었으나 부끄러워하지 않는 자가 아닙니다. 이제 그들은 하나님과 서로를 피해 숨는 자가 되었습니다."

노인은 이야기를 계속하기 전에 잠시 동안 각 사람의 눈을 바라보며 가까이에 있는 사람들의 얼굴을 들여다보았다. "이것이 우리 이야기입니다. 우리는 모두 이쉬와 이쉬-샤처럼 하나님과 상관없이 행했습니다. 우리는 우리가 잘못한 것을 아는 순간 그것을 정당화하려고 하거나 다른 사람을 비난합니다. 우리는 첫 사람들을 가리켜 '어떻게 그럴 수가 있지?'라고 물을 수 있습니다. 어쩌면 우리는 그 질문에 대한 대답을 매우 잘 알고 있을지도 모릅니다. 우리도 그 첫 사람들과 그다지 다르지 않으니까요."

노인은 그를 둘러싼 사람들의 얼굴을 보며 자신의 확신을 굳힐 수 있었다. 찡그리는 사람, 슬퍼하는 사람, 그와 마주친 시선을 피하는 눈들을 볼 수 있었다. 그러나 그는 미소를 지었다. 이 이야기의 무게를 느끼는 그들에게 몇 가지 좋은 소식이 있기 때문이다.

"하나님은 그들을 부르신 것처럼 지금도 우리를 부르십니다. '네가 어디 있느냐?' 그들처럼 우리도 숨어버리거나 스스로 고립되거나 죄와 수치를 안은 채 홀로 남아 있을 수 있습니다. 그러나 하나님은 쉬지 않고 잃은 자를 찾으시는 분입니다. '네가 어디 있느냐?'라고 물으시는 하나님은 화가 나신 것이 아니라 다시 한 번 우리가 하나님 앞에, 그리고 서로 앞에, 있는 모습 그대로 나아오도록 자비롭게 초청하는 것일지도 모릅니다. 아마 그것은 우리 죄에 대해 진실을 말하라는 초청, 나아오라는 초청일 것입니다."

불길이 점차 사그라지자 누군가가 장작더미에서 장작을 꺼내 넣었다. 새 장작에 불이 붙자 탁탁 소리를 내다가 퍽 하고 터졌다. 노인은 기회를 엿보아 일어서서 어깨와 등을 쭉 펴며 기지개를 켰다. 그가 다시 자리를 잡고 앉자 소녀가 또 다른 질문을 던졌다.

"아바, 하나님은 그들에게 열매를 먹으면 죽을 거라고 말씀하셨잖아요. 그런데 그들은 죽지 않았어요. 뱀이 말한 것처럼 말이에요. 하나님이 그들에게 거짓말을 하신 건가요?"

"그것 역시 좋은 질문이구나." 노인이 대답했다. 그는 이 소녀가 갈수록 사랑스러웠다. "나도 종종 이쉬-샤가 열매를 깨물기 전에 잠시 멈춘 건 아닐까 궁금하단다. 그러다 결국 깨물고 만 것은 아닐까 하고 말이다. 그렇지만 열매를 한 입 먹었는데도 여자는 여전히 살아 있었어. 네가 말한 대로 말이야. 그들은 그 자리에서 바로 죽지는 않았단다. 그럼, 그들이 열매를 먹었을 때 정말로 죽은 건 무엇일까, 나는 여전히 궁금하구나.

그때까지도 이쉬와 이쉬-샤는 '한 몸'으로 살아 있었단다. 그 순간에 그들은 한 몸으로서는 죽고 두 몸으로 다시 태어난 건 아닐까? 그들은 하나님의 방식대로 하나님 나라에서 살아가는 것을 거절한 결과를 알기 위해 살아 있는 거지. 결코 개인적이지 않은 결과를 말이야.

하나님이 이쉬-샤에게 말씀하셨단다. '이제부터 내가 너에게 아기를 가지는 고통을 크게 하여 너는 고통 중에 아기를 낳게 될 것이다. 너는 네 남편을 지배하려 할 것이고, 남편은 너를 다스릴 것이다.'

하나님이 이쉬에게도 말씀하셨지. '너는 이쉬-샤의 말을 듣고 내가 먹지 말라고 한 나무의 열매를 먹었다. 그러므로 너 때문에 땅이 저주를 받고, 너는 평생토록 수고하여야 땅에서 나는 것을 먹을 수 있게 될 것이다. 땅은 너에게 가시와 엉겅퀴를 내고, 너는 밭의 채소를 먹을 것이다. 너는 먹기 위하여 얼굴에 땀을 흘리고, 열심히 일하다가 마침내 흙으로 돌아갈 것이다. 이는 네가 흙, 하-아다마로 지음을 받았기 때문이다. 너는 흙이니, 하-아다마로 돌아갈 것이다.'

이쉬는 이쉬-샤의 이름을 '하와'라고 지었단다. 이쉬-샤가 모든 생명의 어머니가 되었거든. 여호와 하나님은 동물 가죽으로 옷을 만들어서 이쉬와 이쉬-샤에게 입혀 주셨어. 그리고 여호와 하나님은 이렇게 말씀하셨지. '보라, 사람이 우리 중 하나와 같이 되어 선과 악을 알게 되었으니, 이제 그가 손을 뻗어 생명나무의 열매를 따 먹고, 영원히 살게 되는 것을 막아야 한다.' 그래서 여호와 하나님은 그들을 에덴동산에서 쫓아내셨단다. 그리고 하-아담이 나온 근원인 하-아다마를 열심히 갈게 하셨지."

노인이 주변을 둘러보았다. 익숙한 아픔이 그의 마음을 엄습해 왔다. "그렇게 해서 인류는 낙원에서 추방당했습니다. 에덴동산에서 말이죠. 그것은 생명나무에도 접근할 수 없게 되었다는 뜻입니다." 그 뒤 수천 년이 지났지만 에덴의 동쪽에서 살아가는 삶이 덜 고통스러워지지는 않았다. 노인은 계속 말을 이었다.

"여러분은 이 이야기를 '저주'라고 들어 왔을 겁니다. 그러나 기억하십시오. 이 이야기에서 저주를 받은 것은 뱀과 땅뿐입니다. 인간은 저주를 받지 않았습니다. 하나님은 인간을 축복하셨고, 그 복을 거두어 가지 않으셨습니다.

하나님은 지금 죄의 결과, 인간의 죄가 만물에 끼친 영향을 말씀하고 계신 것입니다. 이때 하나님이 은혜를 베푸십니다. 인간이 지은 죄의 결과는 제한되어 있다는 것이 그 은혜입니다. 그들은 죽지 않았습니다. 대신 하나님은 그들을 동산 바깥으로 내쫓으셨습니다.

그렇습니다. 이제 그들에게는 포로 생활이 시작되었습니다. 동산의 선함에서 멀리 떨어진 삶, 갈등과 고통, 두려움을 일으키는 수고와 왜곡된 욕망이 가득한 삶이지요. 그러나 그럼에도 이것은 생명이지 죽음이 아닙니다. 이 이야기는 단순히 인간의 불순종과 신의 노여움으로 축소시킬 수 없습니다. 오히려 이 이야기는 우리가 삶을 살아가는 방식에 대한 하나님의 반응을 보여 줍니다. 즉, 우리가 죽어야 하는 행동을 했을 때, 하나님은 우리에게 생명을 주장하신다는 것입니다.

우리 이야기가 시작될 때부터 하나님은 우리에게 은혜를 베푸셨습니다. 따라서 다시 한 번 하나님은 인간을 위해 그들이 스스로는 할 수 없는 것을 행하십니다. 그들이 자신을 위해 만든 옷은 그다지 적절하지 못했지만, 하나님은 그들을 제대로 입히셨습니다. 그들은, 그리고 우리는 부끄러움을 해결할 수 없습니다. 그러나 하나님은 그 문제를 해결하실 수 있고, 해결하실 것이며, 해결하십니다.

동물 가죽으로 그들에게 옷을 입히면서 처음으로 인간의 죄를 덮기 위해 피가 흘려졌습니다. 이 이야기에서 우리는 우리 관계가 어떻게 깨져 버렸는지를 볼 수 있습니다. 기억하십시오. 하나님은 이쉬와 이쉬-샤를 동등하게 창조하셨습니다. 그렇지만 안타깝게도 우리는 대부분 그렇게 살아오지 못했습니다. 하나님이 이쉬-샤에게 '너는 네 남편을 지배하려 할 것이고, 남편은 너를 다스릴 것이다' 라고 말씀하셨을 때에도 관계에 대한 그분의 목적은 달라지지 않았습니다.* 부부 사이에 뒤따를 수 있는 권력 다툼은 정확히 말하면 죄의 결과인 것입니다.

우리를 관계 속으로 이끌어 준 창조 이야기를 살펴보는 대신, 우리는 매우 흔히 이 이야기에서 시작하여 첫 부부가 저지른 죄의 결과가 바로 결혼과 공동생활의 형식이라고 추정합니다.** 우리는 동

---

* 이 두 단어, "지배하다"(desire)와 "다스리다"(rule over)는 구약 성경에서 딱 두 번 등장한다. 하나님이 이쉬-샤에게 선언하실 때와 창세기 4장 7절에서 가인에게 경고하실 때다.

** 남편이 아내를 다스릴 것이라는 하나님의 선언이 만약 죄의 결과가 아니라 남녀 관계에 대한 하나님의 뜻이라면, 이런 질문들도 던질 수 있다. 여기에 기록된 하나님의 선언을 모두 꾸준히 살아 내기 위해서, 우리가 그 땅에서 흘리는 땀과 수고를 덜어 내려는 행위도 잘못된 것인가? 농부는 냉난방 장치가 달린 트랙터를 포기해야 하는가? 여성은 아기를 낳을 때 진통제를 맞지 말아야 하는가?

등한 조화로움을 남성이 승자인 권력 투쟁과 맞바꾸었습니다. 유감스럽지만 그렇게 함으로써 우리 모두는 패자가 되었습니다."

노인이 예상한 것처럼 여기저기서 투덜대는 소리가 들렸다. 대부분 아주 낮은 목소리였다. 그 소리들을 덮으며 노인이 목소리를 높였다. "이것은 단순히 남편과 아내에 대한 이야기가 아닙니다. 이 이야기는 인류에 대한 것입니다. 조화롭게 살아가고 공동선을 추구하는 대신 우리는 권력, 특히 다른 사람에게 우리 힘을 행사하는 권력에 눈길을 두기 시작한 것입니다. 그리고 이 자리에 모인 우리 모두가 고통스러울 정도로 잘 알듯이 우리를 고향에서 떠나게 만든 그 권력은 폭력으로 나타납니다.

이런, 제가 앞서 나가고 있군요. 권력 다툼은 즉시 시작됩니다. 하나님이 말씀을 마치신 뒤 남자가 가장 먼저 한 일은 아내의 이름을 '하와'라고 지은 것입니다. 남자의 정체성은 더 이상 그가 누구인지, 즉 하나님의 형상대로 만들어진 사람이라는 이쉬로 형성되지 않습니다. 이제부터는 그가 하는 것으로 정체성이 정해지는 것입니다. 땅을 경작하는 사람, 바로 아담입니다. 그래서 그는 여자에게도 새 이름을 준 것입니다. 여자의 정체성 역시 더 이상 그가 누구인지, 즉 하나님의 형상대로 만들어진 사람이라는 이쉬-샤로 형성되지 않습니다. 이제 여자가 하는 것이 그의 정체성입니다. 바로 아이를 낳는 자, 어머니인 '하와'인 것입니다. 동물에게 이름을 지어 줬듯이 여자에게 이름을 지어 주어 남자는 처음으로 여자에게 권력을 행사한 것입니다.

뱀의 유혹을 받아들인 순간, 남자와 여자는 모두 그들이 어떤 자로 창조되었는지에 대해서는 거절한 셈입니다. 이렇게 동떨어진 상태에서 아담과 하와는 생명나무에 다가가지 못하도록 동산에서 쫓겨났습니다. 하나님은 그분이 계신 곳을 지키기 위해, 생명나무를 지키기 위해 천사들을 세우셨습니다.* 만약 그들이 생명나무를 먹는다면, 영원히 '거절' no 하는 삶에 처할 것이기 때문입니다.

남자와 여자는 가인과 아벨이라는 아이를 낳았습니다. 이것은 하나님께 이야기하지 않고 하나님에 대해 이야기할 때 어떤 참혹한 결과가 나타나는지를 우리에게 보여 주는 또 다른 이야기입니다. 가인과 아벨 이야기에서 우리는 두 번째로 나타난, 인간이 지닌 깊은 두려움, 아담과 하와가 불순종한 결과 뒤따른 우주의 모든 관계 안에 일어난 엄청난 분열을 엿볼 수 있습니다. 이 두 형제는 자원하는 마음으로 그들이 수고한 열매를 하나님께 제물로 드렸습니다. 하나님이 자신보다 동생인 아벨을 더 기쁘게 여기셨다고 믿은 가인은 분노했습니다. 다른 사람보다 못하다는 분노와 두려움에 휩싸인 가인은 동생을 죽이고 말았습니다."

사람들은 쥐 죽은 듯이 조용해졌다. 그 정적을 깬 사람은 다름 아닌 소녀였다. 소녀는 사람들이 마음에 품고 있는 질문을 겉으로 꺼내 놓았다. "하나님은 어째서 가인을 막지 않으신 건가요?"

노인은 안타깝다는 듯 고개를 저었다. 노인 역시 다양한 상황 속에서 수차례나 스스로에게 던진 질문이었다. "그러게 말이다. 왜

---

* 이야기가 펼쳐질수록 우리는 천사(cherubim)를 여러 번 만날 것이다.

하나님은 가인이 해를 입히지 않도록 막지 않으셨을까? 어째서 그분은 너나 내가 해를 입히지 않도록 막지 않으시는 걸까? 네가 한 그 질문, 그리고 내가 품은 그 질문에 나보다 지혜로운 많은 사람이 대답했단다." 노인은 마치 그에게 대답해 줄 누군가를 찾는 듯이 주변 사람들에게 시선을 던졌다.

"아마도 하나님은 우리의 자유의지를 존중하시기 위해 개입하지 않으셨는지도 모르겠습니다. 하나님은 그분이 하실 수 있는 것을 하신 것이겠죠. 그 제사에 대해 가인이 품은 두려움과 분노가 커지자 하나님은 그를 다독이시며 이렇게 경고하셨습니다. '네가 선을 행하면 네가 받아들여졌다고 기억할 것이다. 그러나 명심하여라. 죄가 네 장막 덮개에 엎드려 있다. 죄는 너를 원하나, 네가 선을 행하면 너는 죄를 다스릴 것이다.' 그러나 가인은 다른 목소리를 들은 것 같습니다. 그가 받아들여지지 않았다고 속삭이는 목소리를 말이죠. 결국 죄가 가인을 다스렸고, 가인은 동생을 쳐 죽였으니까요.

경쟁자로 여기던 동생이 사라지자 가인은 하나님 앞에서 자신의 지위를 되찾으려고 했습니다. 아마도 인간관계가 **빠르게** 악화되는 것을 막기 위해 하나님은 복수심에서 가인을 살해하는 사람은 벌을 일곱 배나 받을 것이라고 하신 것 같습니다.

포로가 될수록, 에덴동산 동쪽으로 더 멀어질수록 우리는 더 나빠졌습니다. 이 이야기에서 우리가 만날 다음 사람은 라멕입니다. 라멕도 살인을 저지른 사람이죠. 그는 하나님이 아닌 자기 아내들에게 자신을 힘써 주장한 사람입니다. 그리고 나서 라멕은 복수에 대해 스스로 한계를 그어 선언했습니다. 가인을 죽인 사람은 일곱 배로 벌을 받지만 라멕을 죽인 사람은 일흔일곱 배로 벌을 받을 것이라고 말이죠.

인류가 커지면서 죄도 번창했습니다. 인간 공동체는 그 안에 악이 만연할 수 있을 만큼 강력해졌지요. 결국 하나님은 인류를 바라보시며 '선하다'라고 말씀하시는 대신 끔찍하다고 여기셨습니다. 사람의 악한 행동은 널리 퍼져 나갔고, 그들의 생각도 언제나 악할 뿐이었지요. 여호와께서는 그 땅이 썩어 가고 폭력이 넘쳐 나는 것을 보시며 마음 아파하셨습니다. 정말이지 인간이 그 땅에 입힌 상처 때문에 온 창조세계가 신음할 정도였으니까요.

여호와께서 말씀하셨습니다. '내가 만든 땅 위의 사람들을 모두 멸망시키겠다. 그것들을 만든 것이 후회스럽구나.' 하나님은 다시 시작하실 생각이셨던 겁니다."

"하나님이 모두를 죽이셨어요?" 소녀가 또 물었다.

"아니. 그건 아니란다." 노인이 대답했다. "인간의 폭력에 물들지 않은 사람이 딱 한 명 있었습니다. 하나님과 동행한 단 한 사람. 인간 사이에서 아주 이례적인 사람. 바로 노아입니다. 하나님은 노아에게 이렇게 말씀하셨습니다. '땅은 사람들 때문에 무법천지가 되었고, 그 끝 날이 이르렀으니, 내가 반드시 사람과 땅을 함께 멸하겠다.'*

---

* 하나님이 노아에게 하신 선언을 우리는 진지하게 생각해야 한다. 죄와 악, 부패는 한 단어, 즉 폭력으로 함축된다. 그 때문에 하나님은 대홍수라는 재앙을 내리신다. 폭력은 우리를 두려움에 떨게 하지만, 한편으로 우리는 갈등을 해소하거나 자신과 국가의 이익을 지키는 적절한 수단으로, 심지어는 오락거리로, 유명한 영화와 비디오 게임에서 흔히 볼 수 있는 모습으로 쉽게 폭력을 받아들이기도 한다.

그렇게 해서 하나님은 창조 사역을 원래대로 만드셨습니다. 하나님은 노아에게 방주를 만들라고 하셨죠. 그 방주는 혼돈스러운 물난리에서 노아와 그 가족을 구해 줄 수단이었습니다. 이것이 이 이야기에서 하나님의 백성이 물에서 구원받는 첫 사건입니다. 하나님이 노아와 그 가족과 함께 모든 동물을 짝을 이루어 방주로 옮기시고 나자, 창조 사역 둘째 날 갈라졌던 물이 부서져 다시 하나가 되었습니다. 땅 위에 있던 생명체는 파괴되었고요. 바로 인간의 죄악 때문에 말이죠.

그렇지만 하나님은 곧바로 재창조의 과정을 시작하셨습니다. 또다시 물을 가르고 노아에게 말씀하셨습니다. '다시는 사람이 악하다고 하여서, 땅을 저주하지는 않겠다. 사람은 언제나 그 마음의 생각이 악하기 마련이다. 다시는 모든 생물을 없애지는 않겠다.' 이 대홍수조차도 인간의 죄악을 해결하지는 못한다는 것을 하나님은 알고 계셨지요. 그래서 다시 한 번 하나님은 우리를 있는 그대로 만나 주시고 우리 자신을 구원하는 새로운 일을 시작하셨습니다. 우리 죄 때문에 깨져 버린 질서를 바로잡기 위해서 말입니다. 하나님은 노아와 그 가족을 축복하시고 첫 인간에게 주신 명령을 다시 반복하셨습니다. '생육하고 번성하여 땅에 충만하여라.'

그러나 인간은 에덴동산에서 지낼 때와 같은 원래의 상태로 회복될 수 없었습니다. 우리는 여전히 포로 상태였지요. 또다시 주어진 명령에서도 우리와 창조세계의 관계는 완전히 달라졌습니다. 하나님은 노아에게 말씀하셨습니다. '땅에 사는 모든 짐승과, 공중에 나는 모든 새와, 땅 위를 기어 다니는 모든 것과, 바다에 사는 모든 물고기가 너희를 두려워하며 너희를 무서워할 것이다. 내가 이것들을 다 너희 손에 맡긴다. 살아 움직이는 모든 것이 너희의 먹을거리가 될 것이다.' 창조세계와 조화롭게 살아가는 대신 이제 창조세계는 우리를 두려워하게 된 것입니다. 우리는 서로에게 행하던 폭력을 다른 창조세계에까지 확장시키게 된 것이지요.

하나님이 노아와 그의 아들들에게 말씀하셨습니다. '이제 내가 너희와 너희 뒤에 오는 자손에게 직접 언약을 세운다. 너희와 함께 있는 살아 숨 쉬는 모든 생물에게도 내가 언약을 세운다. 내가 너희와 언약을 세울 것이니, 다시는 홍수를 일으켜서 살과 피가 있는 모든 것을 없애는 일이 없을 것이다. 땅을 파멸시키는 홍수가 다시는 일어나지 않을 것이다. 내가 세우는 언약의 표는 바로 무지개다. 비가 내리고 나면 너희는 무지개를 볼 것이다. 그러면 나는 너희와 숨 쉬는 모든 짐승과 더불어 세운 그 언약을 기억하고, 다시는 홍수를 일으켜서 모든 것을 물로 멸하지 않겠다.'

노아에게 하신 이 약속은 하나님이 인류와 맺은 첫 언약입니다. 그러나 노아의 자손들은 하나님의 선하심을 의심했습니다. 이쉬-샤처럼 말이죠. 하나님이 그러지 않겠다고 약속했는데도 아마 그들은 하나님이 다른 홍수를 보내실 거라고 생각했을 겁니다. 사람들은 동쪽으로 이동하다가 시날 평지에 이르러 그곳에 자리를 잡았습니다. 그리고 이렇게 말했지요. '자, 벽돌을 빚어서 단단히 구워내자. 도시를 세우고 그 안에 탑을 쌓고서 탑 꼭대기가 하늘에

닿게 하여 우리의 이름을 날리고 온 땅 위에 흩어지지 않게 하자.'*

이렇듯 땅에 충만하라는 하나님의 명령에 직접적으로 불순종하고, 흩어지면 약해질 것을 두려워한 그들은 한곳에 머물며 하늘에 닿아 그들의 이름을 날리려고 애썼습니다. 우리 마음 깊은 곳에 깔린 염려, 우리는 부족하다는 그 염려가 또다시 다른 모습으로 나타난 셈이지요.

하나님은 내려오셔서 그들의 계획을 무너뜨리기로 하셨습니다. 바로 언어를 혼란케 하신 거죠. 그들은 이름을 날리기는커녕 서로가 하는 말조차 이해할 수 없었지요. 주님이 거기에서 그들을 온 땅으로 흩으셨기 때문에 그들은 도시는 물론 바벨이라는 탑을 세우는 일도 그만두었습니다. 이 모든 일이 여호와께서 그들의 언어를 혼란케 하셨기 때문이지요."

"바벨?! 바빌론 말씀이신가요?" 젊은 음악가가 벌떡 일어섰다.

"그렇다네." 노인이 대답했다. "이 도시 이야기는 아주아주 오래 전에 시작되었네."

청년은 무리를 둘러보았다. "아, 하나님이 또다시 내려오셔서 이 도시를 무너뜨리신다면 좋을 텐데."

노인이 낮게 탄식하더니, 무릎을 짚으며 몸을 일으켰다. "이쯤에서 이야기를 마치는 게 좋을 것 같습니다. 내일은 여러분이 안식을 누리면서 이 이야기에 대해 생각할 시간을 가지면 좋겠군요.

---

* 바벨탑은 인간이 지닌 본성의 핵심을 상징한다. 바로 우리 마음속 깊은 곳에 자리한 두려움에서 비롯된 자만과 독립심이다. 우리를 보호하시고 돌보시겠다는 하나님의 약속을 신뢰하지 못한 채 인간은 자신이 지닌 자원, 육체, 경제력, 군사력에 의지하고자 한다. 우리는 우리 이야기 곳곳에서 이러한 태도와, 이것이 가져온 대재앙의 결과를 보게 될 것이다.

오늘밤에는 창조세계의 선함과 조화를 누리던 첫 인류를 소개하며 이야기를 시작했습니다. 그들은 하나님 나라에서, 모든 것이 선한 세상에서 살았습니다. 그러나 오늘 이 이야기는 폭력으로 얼룩진 세상으로 막을 내립니다. 분리, 의심, 불신, 두려움, 소외, 사리사욕……. 슬프게도 그 세상은 지금 우리가 살고 있는 세상과 꽤 많이 닮았습니다. 하나님이 만드시고, 하나님이 중심이시며, 하나님이 보존하시고, 하나님이 확정하시는 세상에서 하나님의 창조물인 인간이 스스로 중심이 되고자 결정했을 때 이 대재앙이 시작되었습니다. 우리는 이 부분을 더 깊이 생각해 보아야 합니다."

사람들을 둘러보는 노인의 이야기는 끝을 향하고 있었다. "사람들이 흩어지면서 국가 이야기가 시작됩니다. 바로 다양한 언어를 지닌 많은 민족과 부족이지요. 인간의 전적 타락 가운데에서, 그들을 돌보시고 예비하시는 하나님을 거절한 인간의 저항에 직면하여 하나님은 그들이 사는 나라를 만나 볼 계획을 세우셨습니다. 그분의 축복을 온전히 베푸시기 위해서 이 땅에 있는 모든 민족 가운데 한 민족을 부르신 것이지요. 이제 우리는 아브라함을 만날 것입니다. 아브라함 이야기는 다음에 모일 때 들려드리도록 하지요."

노인은 무리를 바라보며 "샤밧 샬롬, 평안한 안식일이 되기를"이라고 인사하고는 불가에서 돌아섰다. 그는 소녀에게 빙긋 웃어 보이고 나서 음악가를 찾았다. 음악가가 눈에 띄자 노인은 그에게 다가갔다. "날 좀 집까지 부축해 줄 수 있겠나? 몹시 피곤해서 그러네." 청년은 미소를 지으며 팔을 내밀었다. 두 사람은 함께 그 자리를 떠났다.

제 3 장

언약

**모든 창조세계를 구속하고 회복하기 위해
하나님이 택하신 한 가족**

강을 따라 내려가면서 노인은 오늘밤 이야기를 위해 적어놓은 짧은 글을 살펴보았다. 그때 뒤에서 누군가가 달려오는 소리가 들렸다. 뒤를 돌아보니 젊은 음악가가 손에 하프를 들고 노인을 향해 달려오고 있었다. "샤밧 샬롬, 어르신."

"샤밧 샬롬, 친구. 지난주에 우리가 노래할 수 있도록 찬양의 노래를 들려준 일, 다시 한 번 고맙게 생각하네."

청년은 미소를 지었다. 노인이 그의 팔을 붙잡으며 말했다. "오늘밤에 부탁할 게 하나 있는데 들어주겠나?"

"네, 말씀하세요." 청년이 활짝 웃으며 대답했다.

노인은 팔꿈치를 잡고 청년을 이끌면서 계속 걸어갔다. "자네가 오늘 이야기를 열어 줄 노래를 불렀으면 하네."

청년은 잠시 생각하더니 갑자기 뭔가를 깨달은 듯 "아," 하고 짧게 외쳤다. "오늘밤은 아브라함에 대해서 들려주실 거죠?"

"그렇다네. 오늘밤 우리는 우리 조상 아브라함을 이야기할 걸세."

편안한 침묵 속에서 두 사람은 계속 걸어갔다. 걸어가는 동안 청년은 하프를 조율하고 마음속으로 노랫말을 떠올렸다.

노인과 젊은 음악가가 강에 도착했을 때 불은 환하게 타오르고 있었다. 둘은 무리를 뚫고 지나갔다. 노인이 보니 오늘밤에는 훨씬 많은 사람이 모여 있었다. 말씀이 그들의 모임 가운데, 그리고 이야기 가운데 퍼져 나간 것이다. 노인이 늘 앉던 곳에 자리를 잡자, 소녀가 다가와서는 가죽 부대에서 물을 따라 드렸다. 자리에 앉기 전에 노인은 고맙다는 몸짓을 하며 미소를 지어 보였다.

음악가가 하프 줄을 몇 가닥 퉁기는 동안 사람들도 자리를 잡기 시작했다. 부모들은 아이들을 곁에 앉히고 갓난아기는 망토 안에 감싸 안았다. 하프 연주자는 노인을 바라보았다. 노인이 고개를 끄덕이자 그는 찬양의 노래를 시작했다.

여호와께 감사하고 하나님의 이름을 불러 아뢰며
하나님이 하는 일을 만민 중에 알게 할지어다.

청년이 노래하자, 사람들도 함께 부르기 시작했다.

하나님에게 노래하며 하나님을 찬양하며
하나님의 모든 기이한 일들을 말할지어다.
하나님의 종 아브라함의 후손 곧 택하신 야곱의 자손,
너희는 하나님이 행하신 기적과 하나님의 이적과
하나님의 입의 판단을 기억할지어다.

제 3 장

하나님은 여호와 우리 하나님이시라.

하나님의 판단이 온 땅에 있도다.

사람들이 오늘 밤 들을 이야기를 함께 노래하자 노인도 지그시 눈을 감고 사람들과 함께 목소리를 높였다.

하나님은 하나님의 언약

곧 천 대에 걸쳐 명령하신 말씀을 영원히 기억하셨으니

이것은 아브라함과 맺은 언약이고

이삭에게 하신 맹세이며

야곱에게 세우신 율례,

곧 이스라엘에게 하신 영원한 언약이라.

청년이 자리에 앉자 박수갈채가 쏟아졌다. 그는 깊이 한숨을 내쉬었다. 사람들과 함께 그리고 그들을 위해 시온의 노래를 부른 것은 나쁘지 않았다. 어쩌면 그는 잘못 생각해 왔는지도 모른다. 포로로 있는 그들은 오히려 여호와의 노래를 부르는 게 맞지 않을까? 포로로 잡혀 있는 동안에 그들이 누구인지, 그리고 누구에게 속한 자들인지를 기억하도록 말이다. 그러나 곧이어 청년의 머릿속은 무너진 잔해 속에 파묻힌 예루살렘 생각으로 가득 찼다. 그의 가족이 길러 온 감람나무가 뿌리째 뽑힌 모습, 고향에서 아주 멀리 떨어진 이 낯선 곳에서 지내 온 삶이 떠올라 머릿속을 꽉 채웠다. 청년은 흐르는 눈물을 거칠게 닦아 냈다. 이곳에 모인 사람들이 노래한 것처럼 하나님이 정말 언약을 기억하셨을까? 그는 포로로 살아가고 있는 사람들을 둘러보았다. 노인이 이야기를 들려주길 기다리는 사람들 얼굴에는 무언가를 간절히 바라는 표정이 역력했다. 그러자 다시 한 번 청년의 마음에 분노가 치밀어 올랐다. 순간 청년은 노인이 근심 어린 얼굴로 자신을 바라보고 있는 걸 알아차렸다. 그는 가만히 발끝만 쳐다보았다. 잠시 뒤 노인이 이야기를 시작했다.

"자, 모두 한번 머릿속에 그림을 그려 볼까요? 우리는 적막한 곳에 와 있습니다. 우리 눈앞에는 큰 산이 우뚝 솟아 있고, 석양을 뒤로 한 채 험준한 바위투성이인 산꼭대기가 눈에 띕니다. 가까이 보니 천천히 산을 오르는 두 사람이 보이는군요. 한 사람은 늙어서 허리가 꼬부라졌고, 다른 한 사람은 등에 나무를 지고 있어서 허리가 구부정합니다. 두 사람은 아무런 이야기도 나누지 않습니다. 몹시 피곤해 보입니다.

산꼭대기에 도착하자 사내아이가 등에 진 나무를 부려 놓고 주위를 둘러봅니다. 사방은 어두컴컴하고 매서운 찬바람이 그들 곁을 지나갑니다. 소년이 노인을 향해 몸을 돌립니다. '아버지, 번제물을 태울 나무를 다 옮겼습니다. 그런데 양은 어디 있습니까?'

소년의 아버지는 아주 슬픈 눈빛으로 소년을 바라봅니다. '아들아, 번제로 바칠 어린 양은 하나님이 손수 마련하여 주실 것이다.' 둘은 산꼭대기에 이를 때까지 함께 걸어갑니다.

녹초가 된 아버지가 주변에 널린 돌들을 모아 제단을 만드는 동안 소년은 나무를 벌려 놓습니다. 제단 위에 나무를 쌓은 뒤, 소년은 조용히 아버지께로 몸을 돌립니다. 그런데 갑자기 아버지가 소년을 묶더니 쌓인 나무 맨 위에 올려 놓습니다. 노인은 칼을 빼 들고 머리 위로 높이 쳐듭니다. 하늘을 한 번 쳐다보고 아들을 쳐다봅니다. 그러더니 아들을 향해 칼을 내리칩니다……."

감은 눈을 뜨고 노인은 사람들을 바라보았다. 사람들이 이야기가 계속되길 바란다는 걸 알 수 있었다. 그들 가운데 부모인 많은 사람은 자기 아이를 꼭 붙들고 있었다. 그들의 얼굴에는 두려워하는 기색과 함께 약간의 충격이 엿보였다. 아이들은 혼란스러워하는 것 같았다. 겁먹은 사람도 몇몇 보였다.

그러나 이것은 그들의 이야기다. 하나님은 부모들에게 아름다움과 추함, 우리가 즐거워하는 부분과 생각하기 싫어하는 부분 모두가 담긴 **이야기**를 자녀에게 가르치라고 말씀하시지 않았는가? 노인은 촉촉이 젖은 눈으로 온화한 미소를 띠며 이야기를 계속했다.

"지난번에 모였을 때, 우리는 첫 인류가 저지른 죄악으로 우주에 닥친 대재앙의 결과를 들었습니다. 모든 관계가 무너졌습니다. 하나님과 인간의 관계, 남자와 여자의 관계, 그리고 인간과 창조세계의 관계까지도. 인간들 사이에 스며든 죄악이라는 거대한 문제에 맞서 하나님은 대홍수를 일으키셨습니다. 대홍수 속에서도 하나님은 의로운 사람 노아와 그의 가족을 지키셨지요. 그러나 홍수라는 대재앙으로도 인류의 마음은 달라지지 않았습니다.

우리 자신에게서 우리를 구원하시고 깨진 우주를 회복하시기 위해서 하나님은 새로운 방식으로 새 창조 사역을 이어 나가셨습니다. 이 땅의 모든 민족 가운데 한 가족을 택하신 것입니다. 하나님은 그 가족과 언약을 맺으셨습니다. 바로 아브라함의 가족입니다. 유일한 아들에게 칼을 내리꽂으려고 한 노인, 바로 그가 아브라함입니다. 오늘밤, 우리는 그의 이야기를 들을 것입니다.

이쯤에서 데라의 족보를 소개하겠습니다. 데라는 아브람과 나홀과 하란의 아버지입니다. 아브람이라는 이름은 '존귀한 아버지'라는 뜻입니다. 하란은 롯의 아버지입니다. 하란은 그가 태어난 땅, 갈대아 우르에서 죽었습니다. 아브람과 나홀은 아내를 맞아들였는데, 아브람의 아내 이름은 사래였습니다. 사래는 임신을 하지 못하여, 자식이 없었지요. 데라는 아들 아브람과 손자 롯을 데리고 가나안 땅으로 가기 위해 갈대아 우르를 떠났습니다. 그들은 하란에 이르러 그곳에 자리를 잡고 살았습니다.

하란에서 지낸 지 수년이 지난 어느 날, 여호와께서 아브람을 찾아와 말씀하셨습니다. '너는 네가 살고 있는 땅과, 네가 난 곳과, 네 아버지 집을 떠나서 내가 보여 주는 땅으로 가거라. 내가 너로 큰 민족이 되게 하고 너에게 복을 주어서 네가 크게 이름을 떨치게 하겠다. 너는 복의 근원이 될 것이다. 너를 축복하는 사람에게는 내가 복을 베풀고, 너를 저주하는 사람에게는 내가 저주를 내릴 것이다. 땅에 사는 모든 민족이 너로 말미암아 복을 받을 것이다.'"

노인은 무리를 둘러보며 잠시 말을 멈추었다. "바로 이 장면이 하나님의 이야기에서 중심이 되는 순간입니다. 여호와께서 '가라'고 말씀하십니다. 우리 이야기가 시작될 때부터 하나님의 사명은 눈에 보였습니다. 하나님은 창조세계가 죄의 결과에 고통받도록 홀로 내버려 두지 않으실 것입니다. 그러나 대신 아브람을 부르셔서 그를 통해 재창조의 이야기를 이어 가실 것입니다.

우리는 보냄받은 민족입니다. 하나님이 아브람에게 명령하셨습니다. '가라!' 그러나 이 명령은 약속이 있는 명령이자 보증된 부르심입니다. 하나님은 아브람에게 세 가지 안전한 근원지를 떠나라고 말씀하십니다. 그가 살고 있는 땅, 그가 난 곳, 그의 아버지 집. 그러면서 하나님은 그 세 곳 모두를 대신할 곳을 약속하십니다. '아브람, 네 본토를 떠나라. 나는 네가 살아갈 새로운 땅을 너에게 약속한다. 네 친척을 떠나라. 네게 새로운 가족을 줄 것이다. 네 복의 근원인 네 아버지를 떠나라. 내가 직접 너를 축복할 것이기 때문이다. 나는 네 이름을 창대케 할 것이다.' *

하나님이 아브람에게 하신 약속은 우리 모두가 갈망하는 것입니다. 탑을 쌓은 사람들은 그들만의 힘으로 그 약속을 성취하려 했습니다. 나아가라는 하나님의 부름에는 불순종한 채 말이죠. 아브람은 가라고 부름받았습니다. 재창조를 계속하시려는 하나님의 전략은 이 한 사람의 손과 발에 달린 것입니다.

---

* 이야기 전체에 걸쳐 하나님은 하나님의 백성을 부르셔서 가라고 명하신다. 고아와 과부, 이방인에게로, 깨지고 고통받고 소외된 사람들에게로, 상처 입고 길을 잃어 갈 곳을 찾는 자들에게로 말이다. 우리 조상들이 바벨탑을 쌓은 목적처럼 하나님의 백성이 안전이나 편안함을 위해 서로 꼭 붙어 있는 것은 하나님이 의도하시는 바가 결코 아니다. 그 조상들은 탑을 쌓아 "그들의 이름을 날려" 안전과 부, 명성을 얻고자 했다. 오늘날에도 우리는 여전히 그러한 "탑"을 쌓고 있는지도 모른다.

이제 아브람은 여호와께서 그에게 말씀하신 대로 나아갔습니다. 아내 사래와 조카 롯, 그리고 그들이 모은 모든 소유물을 가지고 하란을 떠날 때 아브람은 일흔다섯 살이었습니다. 그들은 가나안 땅으로 향하는 여행을 시작한 것입니다. 하나님이 축복하셨다고 믿으면서, 어찌되든 그의 가족을 통해 이 땅의 모든 민족을 축복하리라 믿으면서.

그러나 문제가 있었습니다. 기억나시나요? 사래는 임신을 하지 못해서 아이가 없었다는 것입니다.

하나님은 아브람에게 거대한 가족을 이루어 큰 민족이 되게 하겠다고 약속하셨습니다. 그러나 그와 그 아내는 육체적으로 아이를 가질 수 없는 상황이었습니다. **이야기** 전체에 걸쳐 아이를 낳지 못하는 상황은 중요한 역할을 합니다. **이야기**가 펼쳐질수록 우리는 이러한 사람들을 거듭 보게 될 것입니다. 불임은 인간의 무력함을 상징합니다. 그러나 우리가 지닌 한계 속에서도 하나님은 생명을 주십니다.

그들이 가나안에 도착했을 때, 여호와께서 아브람에게 나타나셔서 말씀하셨습니다. '내가 너의 자손에게 이 땅을 주겠다.' 아브람은 거기에서 자기에게 나타나신 주님께 제단을 쌓아서 바쳤습니다. 아브람은 또 길을 떠나 줄곧 남쪽으로 가서, 네겝에 이르렀지요. 그런데 그 땅에 기근이 들었습니다. 그래서 아브람은 이집트에서 얼마 동안 몸 붙여서 살기 위해 그리로 내려갔습니다.

이집트에 머무는 동안 아브람은 **이야기**에서 이미 본 적 있는 태도가 반영된 일을 저지릅니다. 바로 자기 보호와 자기 증진의 욕구, 두려움에서 벗어나기 위해 다른 사람에게 해를 끼치는 마음입니다. 사래는 아름다웠습니다. 아브람은 이집트 사람들이 사래를 보고 취하고 싶어할까 봐 두려웠습니다. 아니, 사실은 사래를 갖기 위해 자신을 죽일까 봐 두려웠습니다. 아브람은 사래를 설득하여 여동생인 척하게 했고, 이를 모르는 바로는 사래를 궁전으로 데려갔습니다. 어쩌면 아브람은 하나님이 그에게 약속하신 이름을 확신하지 못한 나머지 그 이름과 자신을 보호하기 위해 사래를 이용하면서까지 그러한 행동을 택한 것인지도 모릅니다.

그러나 주님이 사래의 일로 바로와 그 집안에 무서운 재앙을 내리셨습니다. 결국 바로는 속았다는 사실을 알아챘습니다. 다른 사람들에게 축복이 되기는커녕 아브람은 처음 만난 사람들에게 저주가 된 것입니다! 바로는 아브람과 그의 가족에게 이집트를 떠나라고 했습니다."

그때 한 여성이 소리쳤다. "아브라함이 그런 짓을 했다니 믿을 수가 없어요." 그러자 다른 목소리가 맞받아쳤다. "저는 사라가 그랬다는 게 믿겨지지가 않네요!" 웃음소리가 퍼져 가며 무리를 가득 메웠다. 그러다가 점점 웃음이 잦아들더니 조용해졌다.

"저는 아브라함 할아버지가 위대한 믿음의 사람이라고 생각했어요. 하나님을 경외한 사람이라고요. 우리는 그렇게 들어 왔으니까요. 그런데 이 이야기에서 아브라함 할아버지는 그저 겁이 많은 사람처럼 보여요."

또다시 그 소녀였다. 노인은 소녀의 순수와 총명에 흐뭇해졌다. "네 말이 맞단다, 애야. 두 가지 모두 말이야. 아브라함은 위대한 믿음의 사람이지. 하나님을 믿는 사람이면서 그분을 경외하는 자였단다. 그렇지만 아브라함도 우리처럼 평범한 두려움을 지닌 사람이었어. 그 두려움 때문에 그는 사라를 두 번씩이나 위험에 처하게 만든 거란다. 하나님에 대한 아브라함의 믿음은 수년에 걸쳐 굳건해진 거지. 그 과정은 아브라함 이야기를 계속하는 동안 듣게 될 게다.

여러분, 아브람은 가나안으로 돌아가 호전적인 민족들과 싸우며 정착했습니다. 이런 일들이 일어난 뒤 어느 날 밤, 여호와께서 환상 가운데 아브람에게 말씀하셨습니다. '아브람아, 두려워하지 말아라. 나는 너의 방패다. 네가 받을 보상이 매우 크다.' 아브람이 여쭈었죠. '여호와 나의 하나님, 주님께서는 저에게 무엇을 주시렵니까? 저에게는 자식이 아직 없습니다. 저의 재산을 상속받을 자식이라고는 제 종 엘리에셀뿐입니다.'"

노인은 잠시 입을 다물었다. "하나님이 잊으셨을지 모른다는 생각에 아브람은 이렇게 이야기합니다. '주님께서 저에게 자식을 주지 않으셨으니, 이제, 저의 집에 있는 이 종이 저의 상속자가 될 것입니다.'

그러자 하나님이 그에게 말씀하셨습니다. '그 아이는 너의 상속자가 아니다. 너의 몸에서 태어날 아들이 너의 상속자가 될 것이다.' 하나님은 아브람을 데리고 바깥으로 나가서 말씀하셨습니다.

'하늘을 쳐다보아라. 네가 셀 수 있거든, 저 별들을 세어 보아라. 너의 자손이 저 별처럼 많아질 것이다.' 그렇게 될 수 없는 증거가 가득했지만, 아브람은 여호와 하나님을 믿었습니다. 하나님은 아브람의 그런 믿음을 의로 여기셨습니다.

하나님이 계속 말씀하셨습니다. '나는 여호와다. 너에게 이 땅을 주어서 너의 소유가 되게 하려고, 너를 갈대아 우르에서 이끌어내었다.' 그러자 아브람은 이때를 놓치지 않고 물었습니다. 아마도 안심되는 말을 듣고 싶었던 것 같습니다. '여호와 나의 하나님, 우리가 그 땅을 차지하게 될 것을 제가 어떻게 알 수 있습니까?'

하나님이 말씀하셨습니다. '나에게 암송아지 한 마리와 암염소 한 마리, 숫양 한 마리와 산비둘기 한 마리, 집비둘기 한 마리씩을 가지고 오너라.' 아브람이 이 모든 희생제물을 가지고 가서 몸통 가운데를 쪼개어, 서로 마주 보게 차려 놓았습니다. 그리고 해가……."

소녀가 다시 소리쳤다. "그런 걸로 어떻게 아브람을 안심시킨다는 거죠? 저라면 아기 옷 같은 걸 받고 싶을 것 같아요."

노인은 사람들 웃음소리가 가라앉길 기다렸다. "그래. 하나님이 아브람을 안심시킨 방법은 조금 이상해 보이는구나! 그렇지만 우리가 그 옛날 그 지역에 살던 사람들의 풍습을 알고 있다면 조금 이해하기 쉬울 거다.

기억하렴. 하나님은 우리가 어디에 있든 우리를 만나러 오신단다. 아브람은 가정에서나 이웃들과 거래하기 위해 협정을 맺을 때,

하나님이 아브람에게 하라고 하신 방법대로 언약을 맺었단다. 동물을 가져와서 죽이고 그 시체를 둘로 쪼개는 거지. 그리고 나서 둘로 쪼개진 사이를 그 사람들이 걸어간단다. 이렇게 말하면서 말이야. '내가 약속을 깬다면, 나도 이 동물처럼 죽을 것입니다.'

하나님도 아브람에게 이렇게 약속하신 거란다. 하나님은 아브람과 언약을 맺는 근거로 아브람에게 익숙한 문화 양식을 사용하신 거야. 하나님은 아브람에게 다른 어떤 조건도 요구하시지 않았단다. 그 약속을 성취하는 책임은 오직 하나님께만 있는 셈이지."

그제야 소녀는 만족하는 듯 보였다. 노인도 그것을 알아채고는 이야기를 계속했다. "해가 질 무렵, 아브람이 깊이 잠들었습니다. 하나님이 아브람에게 말씀하셨습니다. '너는 똑똑히 알고 있거라. 너의 자손이 다른 나라에서 나그네살이를 하다가, 마침내 종이 되어서, 사백 년 동안 괴로움을 받을 것이다. 그러나 너의 자손을 종살이하게 한 그 나라를 내가 반드시 벌할 것이며, 그 다음에 너의 자손이 그 나라에서 나올 것이다. 너의 자손은 사 대째가 되어서야 이 땅으로 돌아올 것이다.'"

이 말에 사람들이 동요했다. 그들은 그들 소유가 아닌 다른 나라에서 나그네살이를 하는 것이 무슨 뜻인지를 잘 알고 있었다. 젊은 음악가가 외쳤다. "하나님이 정말 우리를 괴롭힌 나라도 벌하실까요? 우리 조상을 괴롭힌 나라를 벌하신 것처럼 말이에요." 무리가 갑자기 들썩거렸다. 그들은 자신들의 마음속 깊은 곳을 잘 드러낸 그 질문에 노인이 뭐라고 대답할지 기다렸다. 노인은 자리에서 일어났다. 또 다른 말이 다시 한 번 머릿속에 떠올랐다.

"들어 보십시오." 노인은 한 구절을 암송하기 시작했다. "야곱아 내가 부른 이스라엘아 내게 들으라. 나는 그니 나는 처음이요 또 나는 마지막이라. 과연 내 손이 땅의 기초를 정하였고 내 오른손이 하늘을 폈나니 내가 그들을 부르면 그것들이 일제히 서느니라. 너희는 다 모여 들으라. 나 여호와가 사랑하는 자는 나의 기뻐하는 뜻을 바빌론에 행하리니 그의 팔이 갈대아인에게 임할 것이라."

음악가가 자리에서 벌떡 일어섰다. "그렇지만 도대체 하나님이 언제 그 일을 하신다는 겁니까? 어째서 우리는 하나님이 그 일을 하시길 이렇게 오랫동안 기다려야 하는 거냐고요?"

처음으로 노인의 목소리가 날카로워졌다. "아직 끝나지 않았네. 앉아 주게."

노인의 말투에 놀라 청년은 한동안 얼어붙은 자세로 서 있었다. 그러더니 중얼거리는 목소리로 사과하고는 자리에 앉았다. 노인은 말을 이었다.

"너희의 구속자시요 이스라엘의 거룩하신 이이신 여호와께서 이르시되 나는 네게 유익하도록 가르치고 너를 마땅히 행할 길로 인도하는 네 하나님 여호와라." 노인이 그를 둘러싼 사람들의 얼굴을 응시하며 잠시 말을 멈추었다. 그들이 기꺼이 듣고 이해하는지 살펴보기 위해서였다. "네가 나의 명령에 주의하였더라면 네 평강이 강과 같았겠고 네 공의가 바다 물결 같았을 것이며 네 자손이 모래 같았겠고 …… 그의 이름이 내 앞에서 끊어지지 아니하였겠고 없어지지 아니하였으리라 하셨느니라."

깊은 침묵이 무리를 덮쳤다. 노인과 눈을 마주치는 사람이 거의 없었다. 이유는 두 가지였다. 하나는 하나님이 힘든 상황에서 그들을 구원하시길 바라기 때문이고, 또 다른 하나는 무엇보다 그들이 그러한 상황에 처하게 된 이유에 대한 책임 때문이었다.

노인은 부드러운 표정으로 자리에 앉았다. 그리고 사람들을 둘러보며 빙그레 웃어 보였다. "어디까지 이야기했죠? 아, 그렇지! 언약!" 노인이 이야기를 계속하자 사람들이 동시에 안도의 한숨을 내쉬며 분위기는 다시 평안해졌다.

"해가 지고 어둠이 짙게 깔리자, 연기 나는 화덕과 타오르는 횃불이 갑자기 나타나서 쪼개 놓은 희생 제물 사이로 지나갔습니다. 바로 그날, 여호와께서 아브람과 언약을 세우시고 말씀하셨습니다. '내가 이 땅을 너의 자손에게 준다.'

그 언약은 피로 맺은 것입니다. 이렇게 언약을 맺었다는 것은 하나님이 아브람에게 이렇게 말씀하셨다는 뜻입니다. '너와 맺은 이 언약을 지키지 않는다면 내가 죽으리라.'"

노인은 누군가가 질문을 하리라고 기대하며 소녀를 쳐다봤다. 소녀는 노인을 실망시키지 않았다. "그렇지만 아바, 하나님은 죽으실 수 없는 분이잖아요?"

"네 말이 맞다, 애야. 우리가 부르는 많은 노래에서도 그렇게 말하니까 말이야. '이스라엘의 하나님 여호와를 영원부터 영원까지 송축할지로다.'"

소녀는 깊이 생각하느라 미간에 주름이 잡혔다. "그러면 하나님은 왜 아브람과 그런 식으로 언약을 맺으신 거죠? 죽으실 수도 없으면서 왜 '내가 죽으리라'라고 말씀하신 건가요?"

예전에 노인도 같은 질문으로 고민했다. 노인은 그때 얻은 유일한 결론으로 대답을 대신했다. "모르겠구나. 나도 그게 궁금하단다."

소녀의 입이 딱 벌어졌다. 그 모습에 노인은 웃음을 터뜨렸다. "네가 물어보는 질문에 대답하지 못해서 놀란 거니?" 그 자리에 모인 사람들도 모두 웃음을 터뜨렸다. 사람들도 소녀의 얼굴에 나타난 표정을 재미있어했다.

"아브람은 하나님의 약속을 믿었지만, 아브람과 아내 사래는 그 뒤로도 십 년 동안 아이가 없었습니다. 사래는 속으로 하나님이 약속을 이루시는 데 참 오래 걸린다고 생각했죠. 그래서 사래는 아브람에게 그의 종 하갈과 동침하라고 제안합니다. 그렇게 해서 아이를 낳자고 말입니다. 아브람은 사래의 말을 따랐습니다."

"그럼 그렇지, 내 그럴 줄 알았어!" 한 여자가 큰 소리로 맞장구를 치자 그 자리는 웃음바다가 되어 버렸다.

"그렇게 해서 이스마엘이 태어났습니다." 노인이 말을 이었다. "그러나 이것은 하나님의 계획이 아니었습니다. 곧 보게 되겠지만, **이야기**에서 늘 일어나는 것처럼 우리가 '하나님의 도우심 없이' 무언가를 하려고 할 때마다 우리는 언제나 상황을 더 악화시키고 맙니다.

아브람과 언약을 맺은 지 13년이 지나서야 하나님은 아브람에게 나타나셔서 말씀하셨습니다. '나는 너와 언약을 세우고 약속한다. 너는 여러 민족의 조상이 될 것이다. 내가 너를 여러 민족의 아버지로 만들었으니, 이제부터는 너의 이름이 아브람이 아니라 많은 사람의 아비인 아브라함이다.

내가 너와 세우는 언약은 나와 너 사이에 맺는 것일 뿐 아니라 너의 뒤에 오는 너의 자손과도 대대로 세우는 영원한 언약이다. 이 언약을 따라서 나는 너의 하나님이 될 것이다. 또한 너의 아내 사래를 이제 사래라고 하지 말고, 사라라고 하여라. 내가 그에게 복을 주어, 너에게 아들을 낳아 주게 하겠다. 그는 여러 민족의 어머니가 될 것이다.'

아브람은 혼자 웃었습니다. 사라도 그도 이미 나이가 많았기 때문이죠. 그는 하나님께 아뢰었습니다. '이스마엘이나 하나님께서 주시는 복을 받으면서 살기를 바랍니다.'

그러나 하나님이 말씀하셨습니다. '아니다. 너의 아내 사라가 너에게 아들을 낳아 줄 것이다. 아이를 낳거든, 이름을 이삭이라고 하여라. 내가 그와 언약을 세울 것이다. 내가 너의 말을 들었으니, 내가 반드시 이스마엘에게 복을 주어서 그가 큰 나라를 이루게 하겠다. 그러나 나는 내년 이맘때에, 사라가 너에게 낳아 줄 아들 이삭과 언약을 세우겠다.'

하나님이 아브라함과 그의 자손과 맺은 언약의 징표가 바로 할례입니다. 하나님이 떠나신 뒤 아브라함은 자기 아들 이스마엘과 자기 집안의 모든 남자와 함께 하나님이 말씀하신 대로 포피를 베어서 할례를 받았습니다.

여호와께서 마므레의 상수리나무 곁에서 아브라함에게 다시 나타나셨습니다. 아브라함은 자기의 장막 어귀에 앉아 있었습니다. 아브라함이 고개를 들고 보니, 웬 사람 셋이 자기의 맞은쪽에 서 있었습니다. 아브라함은 곧바로 장막 어귀에서 달려 나가 그들을 맞이하며, 땅에 엎드려 절을 하였습니다. 사라가 그들을 위해 음식을 장만해 오자 아브라함은 그들과 함께 먹었습니다. 그들이 아브라함에게 물었습니다. '댁의 부인 사라는 어디에 있습니까?' 아브라함이 대답하였습니다. '장막 안에 있습니다.' 그때에 주님께서 말씀하셨습니다. '다음 해 이맘때에, 내가 반드시 너를 다시 찾아오겠다. 그때에 너의 아내 사라에게 아들이 있을 것이다.' 사라는 장막 어귀에서 이 말을 듣고 속으로 웃었습니다.

그 뒤 주님은 사라에게 약속하신 것을 그대로 이루셨습니다. 사라가 임신하였고, 늙은 아브라함에게 아들이 태어났습니다. 아브라함은 사라가 낳아 준 아들에게 '웃는 자'라는 뜻의 이삭이라는 이름을 지어 주었습니다. 이삭이 태어난 지 여드레 만에 아브라함은 하나님이 분부하신 대로 그 아기에게 할례를 베풀었습니다. 그 사내아이는 점점 멋지고 강한 청년으로 자라났습니다."

"이스마엘은 어떻게 되었나요?" 소녀가 물었다. "이삭과 같이 살았나요?" 소녀가 옆에 앉아 있는 남동생을 흘끗 쳐다보았다. 그 순간 꼬마 남자아이는 주먹으로 소녀의 팔을 쳤다.

슬픈 미소를 지으며 노인이 대답했다. "아니, 그 두 아이는 같이 지낼 기회가 전혀 없었단다. 사라가 하나님의 약속이 그의 아들 이삭에게만 이뤄지길 바랐거든. 그래서 사라는 아브라함에게 이스마엘과 그 어머니 하갈을 멀리 내보내라고 말했단다."

"그건 불공평하잖아요!" 소녀가 소리쳤다.

소녀의 말이 불편했는지 소녀의 아버지는 소녀의 팔을 붙잡으며 말했다. "이삭은 선택받은 사람이지만, 이스마엘은 아니었지. 그리고 너 역시 이삭의 후손이란다. 하나님이 선택하신 백성에 속한 사람이라는 뜻이지. 이스마엘은 우리 이야기에 있을 자리가 없는 것 같구나."

노인은 물끄러미 소녀의 아버지를 바라보다가 소녀에게로 얼굴을 돌렸다. "네 말이 맞다, 애야. 그건 불공평한 일이지. 그리고 아브라함도 이스마엘을 멀리 떠나보내는 일 때문에 마음 깊이 괴로워했단다. 그렇지만 하나님은 이스마엘을 돌보시겠다고 약속하셨어. 이스마엘도 한 민족이 되게 하시겠다고 아브라함에게 말씀하셨거든."

노인은 굳은 몸을 펴기 위해 일어섰다. 이제 곧 오늘 밤 이야기가 절정에 이를 순간이 다가오고 있었다. "이 일 후에 하나님이 아브라함을 시험하시는 사건이 일어납니다.

하나님은 재창조의 과업을 계속할 사람으로 아브라함을 선택하셨습니다. 타락한 우주를 회복하는 일에 말이죠. 하나님은 아브라함과 일방적인 언약을 맺으셨습니다. 그렇지만 하나님은 아브라함이 이 부르심에 신실할지 알지 못하셨습니다. 그래서 그를 시험하기로 하셨습니다.

이제 제가 들려줄 시험에 대해서는 잘 알고 계실 겁니다. 토라에서 많이 읽어 보았을 테니까요. 그렇지만 아브라함은 달랐습니다. 전혀 알지 못했죠. 아브라함에게는 그 시험이 끔찍할 정도로 심각했습니다. 하나님이 '아브라함아!' 하고 부르시니 아브라함은 '예, 여기 있습니다' 하고 대답하였습니다.

'너의 아들, 네가 사랑하는 외아들 이삭을 데리고 모리아 땅으로 가거라. 그리고 그 산에서 그를 번제물로 바쳐라.'"*

소녀가 펄쩍 뛰었다. "뭐라고요?! 그럴 리가 없어요! 이삭을 죽이라뇨? 하나님이 어떻게 아브라함에게 그 아들을 죽이라고 하실 수 있죠? 얼마나 오랫동안 기다린 자식인데요? 게다가 이삭은 하나님이 약속하신 언약을 이룰 하나뿐인 아들이잖아요?"

노인은 눈물이 그렁그렁한 소녀의 눈을 바라보았다. 노인은 그런 소녀가 안타까우면서도 그 마음을 이해할 수 있었다. 소녀는 거의 애원하는 목소리로 물었다. "확실하게 알고 계신 거예요? 결국 그렇게 끝나고 마는 건가요?"

"그렇고말고. 난 이 이야기를 아주 확실히 알고 있단다." 그렇게 말하고 나서 노인은 미소를 지어 보였다. "그렇지만 이게 끝은 아니란다." 노인은 소녀에게 앉으라고 손짓하고 나서 무리를 둘러보며 이야기를 계속했다.

"하나님은 이미 한 번 아브라함을 시험하신 적이 있습니다. 바

---

* 아버지가 아들을 희생물로 바치는 이 이야기에는 성경에서 처음으로 사랑이라는 단어가 등장한다.

로 떠나라고 명하셨을 때입니다. 그에게 과거를 남겨 두고 떠나라고 부르셨죠. 아들로서 아버지를 포기하라고 요구하신 겁니다. 그때 아브라함은 신실함을 보였습니다. 그런데 지금 하나님은 그에게 미래를 포기하라고 부르십니다. 이번에는 아버지로서 아들을 포기하라고 하십니다. 그리고 처음 부르신 때처럼 하나님은 그 요구에 아무런 이유를 말씀하시지 않습니다. 그러나 과거에 경험한 여섯 번의 만남과 다르게 아브라함은 하나님과 함께 있었습니다. 이번에는 명령에 수반되는 약속이 없었습니다. 이번에 아브라함이 신실하게 아들 이삭을 희생물로 드린다면, 하나님은 어떻게 언약을 신실하게 지키실 수 있을까요?"

"틀림없이," 음악가가 입을 열었다. 다음 말을 잇기 전에 잠깐 소녀를 쳐다보았다. "분명히 아브라함은 하나님과 말다툼을 했을 겁니다. 이건 전혀 말도 안 되는 일이니까요."

노인이 웃어 보였다. "아브라함이 어떻게 했는지 알려 드리죠. 아브라함은 다음 날 아침에 일찍이 일어나서, 나귀 등에 안장을 얹었습니다. 두 종과 아들 이삭에게도 길을 떠날 준비를 시켰죠. 번제에 쓸 장작을 다 쪼개어 가지고서, 하나님이 그에게 말씀하신 곳으로 길을 떠났습니다.

사흘 만에 아브라함은 멀리 그 산을 바라볼 수 있었습니다. 그는 자기 종들에게 말하였습니다. '내가 이 아이와 저리로 가서, 예배를 드리고 너희에게로 함께 돌아올 터이니, 그동안 너희는 나귀와 함께 여기에서 기다리고 있거라.' 아브라함은 아들 이삭에게 장작을 지우고, 자신은 불과 칼을 챙긴 다음에, 함께 산을 오르기 시작했습니다.

자, 여기서 오늘 밤 이야기를 시작한 부분으로 돌아가 봅시다. 여러분은 아들에게 장작을 지운 아버지가 얼마나 고통스러웠을지 상상이 되십니까? 그 아들은 하나뿐인 자식이었습니다. 그리고 그 장작은 아들이 죽을 자리가 될 것입니다. 아들이 희생될 곳 말입니다. 아브라함은 묵묵히 사랑하는 아들과 함께 터벅터벅 산을 오르며 무슨 생각을 했을까요?

시간이 얼마나 흘렀을까, 이삭이 침묵을 깨고 아버지에게 묻습니다. 똑똑한 소년은 그 상황이 이상하다고 여긴 것이죠. 이삭이 그의 아버지 아브라함을 부릅니다. '아버지!' 아브라함이 대답합니다. '왜 그러느냐?' '불과 장작은 여기에 있습니다마는, 번제로 바칠 어린 양은 어디에 있습니까?'

아브라함은 괴로움을 힘겹게 삼키며 아들의 눈을 가만히 쳐다봅니다. '번제로 바칠 어린 양은 하나님이 손수 마련하여 주실 것이다, 아들아.' 네 질문에는 하나님이 대답해 주실 게다, 애야. 난 대답해 줄 수가 없구나.

아니, 어쩌면 아브라함은 아들의 눈을 바라보며, 사랑하는 아들, 하나뿐인 그 아들의 눈을 바라보며 이렇게 말했을지도 모릅니다. '번제로 바칠 어린 양은 하나님이 손수 마련하여 주실 것이다.' 그리고 눈길을 돌리겠지요. '바로 내 아들로.'

사람들 사이에서 웅성거리는 소리가 들렸다. 이들 귀에 익숙하던 그 문장이 오늘따라 새롭게 들렸다. 노인은 계속 이야기를 해 나갔다. "그래서 아브라함은 그의 아들, 언약의 그 아들을 죽일 준비를 했습니다. 그가 칼을 높이 쳐든 바로 그 순간, 하늘에서 그를 부르는 소리가 들렸습니다. '아브라함아, 아브라함아!'

그 소리에 아브라함은 하던 일을 멈추고 대답했습니다. '예, 여기 있습니다.'

'그 아이에게 손을 대지 말아라! 네가 너의 아들, 네가 사랑하는 외아들까지도 나에게 아끼지 아니하니, 네가 하나님 두려워하는 줄을 내가 이제 알았다.' 아브라함이 고개를 들고 살펴보니, 수풀 속에 뿔이 걸린 숫양 한 마리가 있었습니다. 가서 그 숫양을 잡아다가, 아들 대신에 그것으로 번제를 드렸습니다. 그 일로 아브라함은 그곳 이름을 야훼 이레$^{Yahweh\ yireh}$, 즉 '주님이 준비하실 것이다'라고 부릅니다.

하늘에서 두 번째로 아브라함을 부르는 소리가 들렸습니다. '주님의 말씀이다. 내가 친히 맹세한다. 네가 이렇게 너의 아들까지, 너의 외아들까지 아끼지 않았으니, 내가 반드시 너에게 큰 복을 주며, 너의 자손이 크게 불어나서, 하늘의 별처럼, 바닷가의 모래처럼 많아지게 하겠다. 네가 나에게 복종하였으니, 세상 모든 민족이 네 자손의 덕을 입어서, 복을 받게 될 것이다.'*

이렇게 하나님은 아브라함을 시험하셨고, 아브라함은 신실함을

---

* 하나님이 요청하신 일을 아브라함이 행한 뒤에야 하나님은 그 약속을 반복하셨다. "내가 너에게 복을 주겠다. 네가 나에게 복종하였으니, 세상 모든 민족이 네 자손의 덕을 입어서, 복을 받게 될 것이다." 재창조에 대한 하나님의 계획은 아브라함의 복종에 달려 있었다. 아브라함이 하나님의 기꺼운 동역자로서 그의 역할을 잘 이행할 때에만 재창조에 대한 하나님의 계획이 계속 진전할 것이라고 처음으로 맹세하신 것이다.

보였습니다. 그러나 아브라함이 시험받은 곳을 '아브라함이 신실할 것이다'라고 부르지는 않습니다. 그곳은 '주님이 준비하실 것이다'라고 불립니다. 이 이야기는 궁극적으로 하나님의 신실하심에 대한 이야기이기 때문입니다. 아브라함과 언약을 맺으신 하나님은 믿을 만한 분입니다. 때로 그분을 이해할 수 없을 때에도 말입니다. 하나님은 시험하기도 하시고, 준비하기도 하시기 때문입니다."

노인이 소녀에게 고개를 돌렸다. "아까 네가 아브라함이 느낀 두려움에 대해서 물었지? 아브라함은 그 두려움 때문에 많은 일을 저질렀단다. 다른 사람에게 상처를 주면서까지 말이지. 그렇지만 아브라함이 기꺼이 하나님께 복종하고 아들을 희생하려고 했기 때문에 하나님은 아브라함에게 이렇게 말씀하신 거란다. '네가 하나님 두려워하는 줄을 내가 이제 알았다.' 하나님이 인정하신 이 두려움은 평범한 두려움이 아니란다. 그런 두려움과는 정반대되는 것이지. 이 두려움은 신뢰란다. 준비하실 하나님을 향한 신뢰. 이 신뢰는 두려움을 해소시켜 주지.

그런데 우리는 대부분 이런 하나님을 원하지 않지." 이야기를 계속하기 전에 노인은 사람들의 얼굴을 찬찬히 둘러보았다. "우리 가운데 어떤 사람들은 현실에 안주하려 합니다. 시험 없이 준비해 주시기만 하는 하나님을 바라는 것이죠.

또 어떤 사람들은 우리를 시험하시는 하나님만 바라면서 비통해합니다. 하나님의 자비로운 예비하심을 거절하면서 말입니다.

몇몇 사람은 냉소적입니다. 둘 다 바라지 않습니다. 그들은 하나님께 설명하는 것도, 하나님을 의지하는 것도 바라지 않습니다.

아브라함은 둘 모두를 믿고 받아들였습니다. 바로 그것이 그의 믿음의 핵심입니다.

아브라함의 신실함은 아무런 괴로움 없이 쉽게 형성된 것이 아닙니다. 그렇기 때문에 하나님은 아브라함을 높이 칭찬합니다. 여러분과 나 역시 같은 여정을 걷고 있습니다. 하나님이 우리에게 허락하신 공동체의 상황 속에서 하나님과 서로를 더욱 신뢰하는 법을 배울 때 우리도 신실하게 성장할 수 있습니다."

몇몇 어른이 고개를 끄덕이는 모습이 보였다. 아이들은 대부분 잠들어 있었다. 노인도 한 주 동안 노동한 뒤라 피곤함이 몰려오는 것 같았다. 오늘 밤 이야기를 마칠 시간이 다가온 것이다.

"이야기는 이삭과 그 아들 야곱으로 이어집니다. 하나님은 그들 각 사람과 언약을 새롭게 하셨습니다. 그리고 다시 한 번 임신하지 못하는 아내들을 통해 기적적으로 자녀를 주셨습니다. 그들도 하나님께 같은 약속을 받았습니다. 바로 땅과 자손, 하나님의 축복입니다. 그리고 하나님은 그 언약에 새로운 약속을 더하셨습니다. 이전에는 한 번도 말씀하시지 않은 것, 바로 하나님이 그들과 함께하신다는 약속입니다. 그렇기 때문에 이삭과 야곱은 모두 하나님과 새롭게 언약을 맺은 것입니다. 참으로 그들은 모든 민족에게 복이 되리라는 축복을 받았기 때문입니다." 노인은 젊은 음악가를 바라보며 마지막 말을 이었다. "바빌론에게조차도 말입니다."

음악가가 뭐라고 항의하기도 전에 노인이 말했다. "예레미야가 예루살렘에서 보낸 편지에 한 말을 기억하십시오. '너희는 내가 사로잡혀 가게 한 그 성읍의 평안을 구하고 그를 위하여 여호와께 기도하라. 이는 그 성읍이 평안함으로 너희도 평안할 것임이라.'

아브라함 이야기는 하나님만이 약속하시고 준비하실 유일한 분이라는 사실을 우리에게 상기시켜 줍니다. 그것은 절망에 빠진 사람들에게 희소식이며, 우리의 자랑거리를 신뢰한 사람들에게는 엄청나게 충격적인 소식입니다. 여러분과 나는 아브라함과 같은 결정을 직면하고 있습니다. 우리는 제대로 통제하지 못하는 삶을 통제하기 위해서 처절하게 분투합니까? 아니면 하나님이 우리의 모든 필요를 공급해 주실 것을 신뢰하며 약속의 하나님께 우리 삶을 내어 드립니까?

아브라함은 살아 있는 동안 하나님의 약속이 성취되는 것을 보지 못했다는 것을 기억하십시오. 아브라함이 죽을 때, 그와 사라에게는 오직 이삭이라는 아들 하나밖에 없었습니다. 가나안에서도 작은 땅덩어리뿐이었습니다. 다음에 모일 때에는 하나님이 어떻게 그 언약을 성취해 나가시는지, 그분이 한 민족을 통해 어떻게 재창조 사역을 이어 나가시는지를 들려드릴 것입니다."

밤이 깊어지자 노인은 잠자리에 들기 위해 사람들을 돌려보냈다. 그러나 한 노래의 첫 선율이 노인의 잠자리를 방해했다. "여호와께 감사하고 그의 이름을 불러 아뢰며 그가 하는 일을 만민 중에 알게 할지어다." 노래를 부르며 하나님과 씨름하는 청년이었다. 사람들도 함께 따라 불렀다.

하나님께 노래하며 하나님을 찬양하며
 하나님의 모든 기이한 일들을 말할지어다.
하나님의 거룩한 이름을 자랑하라.
 여호와를 구하는 자들은 마음이 즐거울지로다.
여호와와 그의 능력을 구할지어다.
 하나님의 얼굴을 항상 구할지어다.
하나님의 종 아브라함의 후손 곧 택하신 야곱의 자손
 너희는 하나님이 행하신 기적과 하나님의 이적과
 하나님의 입의 판단을 기억할지어다.
그는 여호와 우리 하나님이시라.
 하나님의 판단이 온 땅에 있도다.
하나님은 하나님의 언약
 곧 천 대에 걸쳐 명령하신 말씀을 영원히 기억하셨으니
 이것은 아브라함과 맺은 언약이고
 이삭에게 하신 맹세이다.

밤새도록 노래가 울려 퍼졌다. 노인은 이 시를 들으며 마음이 홀가분해졌다. 우리에게 믿음이 없을지라도 하나님은 여전히 신실하시다는 그 사실이 떠올랐기 때문이다.

제 4 장

공동체 1부 : 출애굽

하나님이 누구이시며
무엇을 하시는지를 이해하기 시작한
하나님의 백성

노인이 강가에 도착해 보니, 그를 따르는 사람들이 이미 와서 그를 기다리고 있었다. "식사하셨어요, 아버지?" 누군가가 노인에게 빵과 포도주를 건넸다. 음식을 먹으며 노인은 곁에 있는 사람들의 얼굴을 바라보았다. 그들은 지난주를 떠올리며 기대에 부풀어 있었다. 한 주의 노동을 마무리하는 오늘 밤을 기다려 온 사람들이었다. 안식일이 주는 쉼도 있었지만 그들의 민족 이야기를 듣고 싶었기 때문이다.

그들은 **이야기를 듣고 싶어했다**, 적어도. 그렇지만 노인도 뼈저리게 알고 있듯이, 이 이야기는 단순히 들려주는 데 그쳐서는 안 되었다. 반드시 이해시켜야 했다. 무엇보다 중요한 것은 **이야기를 듣는 사람들이 그것을 삶으로 살아 내는 것**이다. 그를 따르는 사람들의 언어에서 무언가를 "안다"는 것은 단순히 정보를 얻는 것이 아니다. 그 무언가를 행하기 전까지는 그것을 진정으로 안다고 할 수 없었다. 사람들에게는 늘 이것이 문제였다. **이야기를 신실하게 살아내지 못하면서** 사람들은 점차 이야기를 잊어갔다. 그렇기 때문에 하나님이 거듭 그들에게 이렇게 말씀하신 것이 아니겠는가? "너희는 이집트에서 종살이하던 것을 기억하라."

마음속으로 그런 생각을 하면서 노인은 포도주 가죽 부대를 내려놓고 소녀와 그 가족을 찾았다. 그들은 반대편 불 가에 앉아서 이웃들과 음식을 나누어 먹고 있었다. 노인은 소녀와 시선이 마주치자 이쪽으로 와 보라고 손짓했다. 소녀가 아버지의 소매를 당기며 노인 쪽을 가리키자 노인은 또다시 손짓을 해 보였다. 이번에는 소녀의 남동생도 함께 와 보라고 불렀다. 아버지가 아이들에게 뭐라고 말하자 아이들이 뛸 듯이 기뻐하는 모습이 보였다. 그러더니 곧 노인에게 달려왔다.

아이들은 활짝 웃으며 노인의 이야기에 귀를 기울였다. 곧 다른 아이들도 노인 곁으로 모여들었다. 노인은 다가오는 아이들을 가리지 않고 반기면서 자리에서 일어섰다. 사람들이 점차 조용해졌다. 이내 불꽃이 탁탁거리는 소리와 버드나무 사이로 살랑대는 바람 소리만 들렸다. 노인은 아이들은 내려다보더니 자리에 앉아 아이들에게 말을 건넸다.

"오늘 밤에는 아주 놀라운 이야기를 들려줄 거란다. 해마다 유월절에 들어 온 이야기지. 이 이야기는 우리가 누구인지, 누구에게 속한 자들인지를 말해 준단다." 노인은 소녀 남동생의 머리카락을 헝클어뜨리며 말했다. "해마다 네가 가족과 함께 들은 것처럼, 오늘 밤에도 한 가족의 눈을 통해 이 이야기를 볼 거란다. 자, 각자 편안한 자리를 찾아볼까? 이제 이야기를 시작해 보자꾸나." 노인은 눈을 감고 오늘 밤을 위해 공들여 만든 작은 이야기를 마음속에 떠올렸다.

"이런 장면을 떠올려 볼까요? 천천히 해가 지고 있습니다. 지평선 너머로 이글거리는 거대한 태양이 지고 있네요. 한 부부가 자기 집 문 앞에 서 있습니다. 그들 사이로 어린 딸아이도 보이고요. 딸아이는 두 팔로 어린 양 한 마리를 조심스럽게 안고 있습니다. 그 양은 소녀가 가장 아끼는 양입니다. 아주 예쁘고 흠 없는, 눈처럼 새하얀 양이지요. 소녀가 크고 맑은 눈으로 부모님을 올려다보네요. '때가 되었나요, 아빠?'

아빠는 딸아이의 머리를 쓰다듬고는 눈앞에 펼쳐진 풍경을 가만히 응시합니다. 그가 평생 동안 보아 온 풍경, 그가 알고 있는 유일한 땅, 그가 기르는 양 떼에게 가장 좋은 초원이던 곳, 바로가 그의 조상 요셉에게 그 가족을 선대하는 뜻에서 준 땅. 그렇지만 그 바로는 이미 400년 전에 죽은 사람입니다. 지금 살아 있는 바로는 아주 잔인하지요. 고센 땅은 더 이상 평화로운 곳이 아닙니다. 노예의 땅, 가혹한 구속과 고된 노동으로 가득한 땅이 되어 버린 지 오래입니다.

소녀의 아빠는 그 땅을 바라봅니다. 이제는 눈에 보이는 풍경을 보는 것이 아닙니다. 그는 마음속으로 젖과 꿀이 흐르는 땅을 바라봅니다. 그의 조상 아브라함과 이삭, 야곱이 약속받은 그 땅. 그는 자신이 그 땅을 볼 수 있을지, 그의 가족이 언젠가는 그곳에서 양 떼를 칠 수 있을지 궁금합니다.

누군가가 옷자락을 부드럽게 당기는 바람에 그는 다시 현재로 돌아옵니다. '아빠, 이제 때가 된 거죠?' 그는 사랑과 안타까움이 교차하는 눈빛으로 딸아이를 내려다봅니다. 그러나 지난 몇 주 동안 일어난 일을 모두 떠올리는 순간, 실낱같은 희망의 빛이 반짝입니다. '그래, 말라. 이제 때가 되었구나.'

해가 지평선 아래로 완전히 져 버리자 계곡은 온통 붉은 핏빛으로 물듭니다. 아빠는 아내와 딸아이를 팔로 감싸 안은 채 다시 한 번 주위를 둘러보고는 흠 없는 어린 양을 내려다봅니다. 그리고 나서 어둠이 그 땅을 완전히 뒤덮기 전에 가족을 집 안으로 데리고 들어갑니다……."

여기까지 말하고 눈을 뜬 노인은 젊은 청중들의 얼굴에서 간절한 표정을 읽었다. "이 가족은 우리가 지난주에 들은 아브라함의 자손입니다. 아브라함의 증손자 요셉은 하나님께 이스라엘이라는 이름을 받은 야곱의 가족을 이집트로 데려옵니다. 기근이 몹시 심한 시절이었죠. 그곳에서 그들은 그들에게 고마워하는 바로의 손님으로 자리를 잡았습니다. 400년 동안 이스라엘 가족은 이집트 고센 땅에서 살았습니다. 하나님이 아브라함에게 약속하신 것처럼 이들은 자녀를 많이 낳고 번성하여 마침내 큰 민족을 이루었지요. 그렇지만 새로 왕이 된 바로는 이스라엘 민족을 축복으로 여기지 않았습니다. 그에게 그 민족은 나라의 안전을 위협하는 요소였습니다. 그래서 이스라엘 민족을 노예로 만들어 강제 노동을 시켜 그들을 억압하였습니다. 이스라엘 자손은 바로가 곡식을 저장하는 성읍, 곧 비돔과 라암셋을 건설하는 일에 끌려 나갔습니다.

그들은 억압을 받을수록 그 수가 더욱 불어났습니다. 결국 노예가 된 인구를 통제하기 위해 바로는 히브리 남자 아기를 모두 죽이라고 명령했습니다. 그런데 그 중에 레위 가문의 한 여자가 이집트인들에게서 자신의 잘생긴 아들을 숨기고 있었습니다. 그러나 더 이상 숨길 수가 없자 작은 갈대 상자를 만들어 아기를 담아 나일 강가의 갈대 사이에 놓아두었습니다. 마침 바로의 딸이 목욕을 하려고 강으로 내려왔습니다. 바로의 딸은 아기가 우는 소리를 듣고는 시녀를 보내어 나일 강에서 갈대 상자를 가져오게 했습니다. 그는 아기를 궁으로 데려갔고, 그때부터 아기는 바로의 궁에서 자라게 되었습니다."

노인이 잠시 숨을 고르기 위해 말을 멈추었다. "이 특별한 아기의 이름을 아는 분 있나요?" 질문이 끝나자마자 모두가 손을 들었다. 사람들을 둘러보던 노인의 시선이 소녀의 남동생에게 머물렀다. "꼬마야, 이 아기가 누구인지 말해 보겠니?"

"모세요."

"제대로 맞혔구나. 바로의 딸인 공주는 아기 이름을 '건져내다'라는 뜻을 지닌 모세라고 지었습니다. 공주가 아기를 물에서 건져냈으니까요. 왕이 권력을 휘둘러 다른 많은 아기가 목숨을 잃을 때에도 이 히브리 남자 아기는 살아남았지요. 언젠가 하나님은 이 아기 모세를 세우셔서 하나님의 백성을 이끌어 내어 노예에서 벗어나게 하실 계획이었습니다.*

사십 년 동안 모세는 바로의 궁에서 지냈습니다. 그러나 그는 자신이 이스라엘 민족이라는 정체성을 한 번도 잊은 적이 없었습니다. 어느 날 그는 왕궁 바깥으로 나갔다가 동족인 히브리 사람이 이집트 사람에게 매를 맞는 것을 보았습니다. 모세는 좌우를 살펴서 사람이 없는 것을 확인하고, 그 이집트 사람을 쳐 죽여서 모래 속에 묻어 버렸습니다. 자신이 직접 그 문제를 해결하려고 한 것이지요.

　바로가 이 일을 전해 들은 것을 안 모세는 목숨을 건지기 위해 미디안 땅으로 도망쳤습니다. 그곳에서 모세는 미디안 제사장의 딸과 결혼하여 그의 장인 이드로의 양 떼를 치며 사십 년을 보냈습니다.

　어느덧 세월이 흘러 이집트의 왕이 죽었습니다. 이스라엘 자손은 고된 일 때문에 탄식하며 부르짖었고, 고된 일 때문에 부르짖는 그 소리가 하나님께 이르렀습니다. 그 소리를 들으신 하나님은 아브라함과 이삭과 야곱에게 세우신 언약을 기억하셨습니다." 몸을 숙여 가까이에 있는 아이들의 머리를 부드럽게 쓰다듬으며 노인이 무리를 쳐다보았다. 노인이 머리를 쓰다듬자 어떤 아이는 쑥스러운 듯 꼼지락거리고, 어떤 아이는 수줍게 웃어 보였다. "하나님은 이스라엘 자손을 지켜보시고, 그들이 처한 역경을 생각하셨습니다.

　모세가 장인 이드로의 양 떼를 치던 어느 날, 하루는 하나님의

---

* 하나님의 이야기 뒷부분에서 우리는 모세와 비슷한 또 다른 히브리 남자 아기 이야기를 들을 것이다. 이 아기 역시 위협적인 왕의 살해 명령에서 살아남아 사람들을 속박에서 해방시킬 것이다.

제 4 장

산 호렙으로 갔습니다. 그곳에서 모세는 떨기 가운데서 저절로 불꽃이 이는 광경을 보았습니다. 열기가 뜨거운 광야에서 이런 광경은 아주 흔한 일이었기 때문에 모세는 대수롭지 않게 여겼습니다. 그런데 다시 보니 떨기에 불이 붙는데도 그 떨기는 타서 없어지지 않았습니다. 모세는 이 놀라운 광경을 좀 더 자세히 보려고 다가갔습니다.

모세가 그것을 보려고 오는 것을 보시고 하나님이 떨기 가운데서 '모세야, 모세야!' 하고 그를 부르셨습니다.

모세가 대답하였습니다. '예, 제가 여기에 있습니다.'

하나님이 말씀하셨습니다. '이리로 가까이 오지 말아라. 네가 서 있는 곳은 거룩한 땅이니, 너는 신을 벗어라. 나는 너의 조상의 하나님, 곧 아브라함의 하나님, 이삭의 하나님, 야곱의 하나님이다.'

모세는 하나님을 뵙기가 두려워서, 얼굴을 가렸습니다. 그러자 주님이 다시 말씀하셨습니다. '나는 이집트에 있는 내 백성이 고통받는 것을 똑똑히 보았고, 또 억압 때문에 괴로워서 부르짖는 소리를 들었다. 그러므로 나는 그들의 고난을 분명히 안다. 이제 내가 내려가서 이집트 사람의 손아귀에서 그들을 구하여, 이 땅으로부터 저 아름답고 넓은 땅, 젖과 꿀이 흐르는 땅으로 데려가려고 한다.'"

노인은 포도주를 마시기 위해 잠시 멈추었다가 다시 이야기를 계속했다. 이 이야기는 늘 노인 마음에 깊은 경외감을 불러일으켰다. "하나님이 **내려오셨습니다**. 다시 한 번 우리는 저 멀리 떨어져 있는 하나님이 아닌 우리 가까이 계신 하나님, 우리의 울부짖음을 들으시는 하나님, 우리에게 귀를 기울이시는 하나님을 예배하는 우리 이야기를 떠올리게 됩니다. 하나님은 우리를 억압하는 모든 세력에서 우리를 구원하시기 위해 내려오셨습니다.

하나님은 모세에게 말씀하셨습니다. '이제 나는 너를 바로에게 보내어 내 백성 이스라엘 자손을 이집트에서 이끌어내게 하겠다. 내가 너와 함께 있겠다. 네가 이 백성을 이집트에서 이끌어낸 다음, 너희가 이 산* 위에서 하나님을 예배하게 될 때에 그것이 바로 내가 너를 보냈다는 징표가 될 것이다.'

모세가 하나님께 아뢰었습니다. '제가 이스라엘 자손에게 가서 "너희 조상의 하나님께서 나를 너희에게 보내셨다" 하고 말하면, 그들이 저에게 "그의 이름이 무엇이냐?" 하고 물을 터인데, 제가 그들에게 무엇이라고 대답해야 합니까?'

하나님이 모세에게 대답하셨습니다. '**나는 곧 나다.** 너는 이스라엘 자손에게 이르기를, YHWH^{여호와}라고 하는 분이 너를 그들에게 보냈다고 하여라. YHWH, 이것이 영원한 나의 이름이다. 이스라엘의 장로들을 모아 놓고 그들에게, 주 너희 조상의 하나님 곧 아브라함과 이삭과 야곱의 하나님이 이집트에서 종살이하는 너희를 이끌어 내어 젖과 꿀이 흐르는 땅으로 올라가게 하기로 작정하였다고 전하여라. 또 너는 이스라엘의 장로들을 데리고 이집트의 임금에게 가서 "히브리 사람의 주 하나님이 우리에게 나타나셨으니, 이제

---

* 호렙 산의 또 다른 이름은 시내 산이다.

우리가 주 우리의 하나님께 제사를 드려야 하니, 허락하여 주십시오" 하고 요구하여라. 그러나 내가 이집트의 왕을 강한 손으로 치지 않는 동안에는 그가 너희를 내보내지 않을 것이다. 그러므로 나는 손수 온갖 이적으로 이집트를 치겠다. 그렇게 한 다음에야, 그가 너희를 내보낼 것이다.'

모세는 미디안 땅을 떠나 이집트로 돌아가는 여정을 시작했습니다. 이집트로 가는 길에 하나님이 또다시 모세에게 말씀하셨습니다. '내가 너에게 이적을 행할 능력을 주었으니, 너는 이집트로 돌아가거든, 바로의 앞에서 그 모든 이적을 나타내 보여라. 그러나 나는 그가 고집을 부리게 하여 내 백성을 놓아 보내지 않게 하겠다.'"

노인은 소녀가 무언가를 말하려고 입을 열었다가 이내 곧 다무는 모습을 보았다. "물어볼 말이라도 있니, 얘야?"

소녀는 잠시 주저했다. "예, 아바. 저는 이 부분이 잘 이해되지 않아요. 바로가 그 백성을 놓아 보내기를 하나님이 원하신다면, 왜 하나님은 바로가 고집을 부리게 해서 그들을 놓아 보내지 않게 하시는 거죠?" 많은 사람이 동의하는 뜻으로 고개를 끄덕였다. 똑같은 궁금증을 품은 사람이 많았던 것이다.

"보아하니 많은 사람이 궁금해하는 질문 같구나." 노인이 대답했다. "하나님이 모세가 이행할 거라고 말씀하신 이적들은 하나님이 이집트에 내린 열 가지 재앙을 뜻한단다. 그 재앙은 이집트에 있는 온갖 신들에게 하나님의 능력을 드러내기 위한 수단이지. 바로와 모든 이집트인에게 그들이 섬기는 신이 이스라엘의 여호와 하나님

앞에서 얼마나 무력한지를 보이기 위해 하나님이 바로의 마음을 강퍅하게 하셨다고 말하는 사람들도 있단다.

실제로 여호와께서는 바로에게 가서 이렇게 말하라고 모세에게 명하셨지. '너에게 나의 능력을 보여 주어, 온 세상에 나의 이름을 널리 알리려고, 내가 너를 남겨 두었다'라고."

소녀가 미간을 찌푸렸다. 그 대답을 납득할 수가 없었던 것이다. 그런 소녀를 보며 노인이 미소를 지었다. 그 역시 모든 질문에 만족할 만한 대답을 내놓고 싶었다. 그렇지만 오랜 세월을 살아오면서 그는 그러지 못할 때가 많다는 것을 잘 알고 있었다. 그는 눈을 들어 무리를 바라보았다. "또 어떤 사람들은 이스라엘에게 이집트의 신들이 무력하다는 것을 보이기 위해서라고 말하기도 합니다. 그래서 그들이 여호와만 신뢰하는 법을 배우도록 말이죠." 노인은 이야기를 다시 시작하기 전에 사람들이 이 말을 충분히 곱씹을 수 있도록 잠시 기다렸다.

"하나님은 모세에게 계속 가르치셨습니다. '너는 이 모든 이적을 행한 뒤에 바로에게 가서 말하여라. "나 주가 이렇게 말한다. 이스라엘은 나의 맏아들이다.* 내가 너에게 나의 아들을 놓아 보내어 나를 예배하게 하라고 하였건만, 너는 그를 놓아 보내지 않았다. 그러므로 이제 내가 너의 맏아들을 죽게 하겠다."'"

이 말에 소녀의 이마에는 주름이 더욱 깊어졌지만, 소녀는 아무

---

* 이 이야기가 아브라함의 자손과 관계가 있는 한, 하나님이 아브라함과 맺은 언약은 이 민족이 모든 민족을 축복하는 것이다. 이스라엘을 "하나님의 맏아들"이라고 일컫는 것에서 우리는 하나님의 계획에 이 한 민족보다 더 큰 가족을 갖는 것이 함축되어 있음을 짐작할 수 있다.

말도 하지 않았다. 노인은 계속 말을 이었다. "모세와 아론은 이집트로 가서 이스라엘의 모든 장로를 불러 모았습니다. 아론이 주님께서 모세에게 하신 모든 말씀을 그들에게 일러 주고, 백성이 보는 앞에서 하나님이 장로에게 보이라고 명하신 이적을 행하니, 백성이 그들을 믿었습니다. 그들은 주님께서 이스라엘 자손을 굽어살피시고 그들이 고통받는 것을 보셨다는 말을 듣고, 엎드려 주님께 경배하였습니다.

그 뒤에 모세와 아론이 바로에게 가서 말하였습니다. '히브리 사람의 주 하나님이 나를 보내어 말씀하시기를 "나의 백성을 보내라. 그들이 광야에서 나를 예배해야 한다" 하셨습니다.' 그러나 바로는 이렇게 대답하였습니다. '그 주가 누구인데, 나더러 그의 말을 듣고서, 이스라엘을 보내라는 것이냐? 나는 주를 알지도 못하니, 이스라엘을 보내지도 않겠다.' 바로 그날, 바로는 강제 노동 감독관들에게 명령해서 이스라엘 백성에게 더 혹독하게 일을 시켰습니다. 그래서 감독관들은 그들에게 벽돌 만들 짚조차 주지 않았지요.

이스라엘 장로들은 그들이 겪는 가혹한 대우에 대해 모세에게 강하게 불평했습니다. 그러자 모세가 하나님께 나아가 불평했습니다. 하나님은 모세에게 이렇게 말씀하셨습니다. '나는 여호와다. 나는 아브라함과 이삭과 야곱에게 전능한 하나님으로는 나타났으나, 그들에게 나의 이름을 YHWH, "여호와"로는 알리지 않았다. 나는 그들에게 가나안 땅을 주기로 그들과 언약을 세웠는데, 이제 나는 이스라엘 자손의 신음 소리를 듣고 내가 세운 언약을 생각한다. 그러므로 너는 이스라엘 자손에게 말하여라. "나는 여호와다. 나는 이집트 사람들이 너희를 강제로 부리지 못하게 거기에서 너희를 이끌어 내고, 그 종살이에서 너희를 건지고, 너희를 구해 내겠다. 그래서 너희를 나의 백성으로 삼고, 나는 너희의 하나님이 될 것이다. 그러면 너희는, 내가 여호와 곧 너희 하나님임을 알게 될 것이다.'"

노인은 다시 한 번 포도주를 마시기 위해 말을 멈추었다. 그가 포도주를 마실 때, 무리 가운데서 하프 연주자가 외치는 소리가 들렸다. "하나님은 모세에게 계속 이스라엘 백성을 종살이에서 구하실 것이라고 말씀하십니다. 도대체 언제쯤이면 하나님이 그렇게 하셨다는 이야기를 들을 수 있습니까? 어르신이 말씀하셨듯이 해마다 우리는 하나님의 백성이 종살이에서 자유로워진 이야기를 듣습니다. 그러나 보십시오. 지금 여기 있는 우리, 하나님의 백성인 우리는 여전히 포로 상태입니다. 변한 것은 아무것도 없습니다. 하나님은 언제 우리를 구원하신답니까?"

노인은 가죽 부대를 내려놓고 청년에게 설명하기 위해 몸을 돌렸다. "자네 말대로 하나님은 그분의 백성을 종살이에서 구원해 주시겠다고 약속하셨네. 그러나 이 구원은 단지 무엇에서 해방되느냐가 아니라 무엇에게로 해방되느냐일세. 아브라함의 하나님, 언약의 하나님이신 여호와를 예배하는 것 말일세.

기억하게. 우리가 하나님을 예배하는 방법은 그 언약에 신실한 것이네. 우리 주변에 있는 모든 민족에게 하나님이 어떤 분인지를 구체적으로 드러내는 식으로 살아 내는 것, 그래서 그들을 여호와와 관계 맺도록 이끄는 것이네. 지금 우리가 처한 포로 상황에서는 아마도 하나님뿐 아니라 우리 자신에 대해서도 질문하는 것이 온당한 일일지 모르지."

노인은 무리에게로 돌아섰다. "이제 하나님이 이집트에 내리신 열 가지 재앙을 보도록 합시다. 개구리, 이, 파리, 메뚜기 재앙까지⋯⋯. 이러한 것들은 땅을 온통 뒤덮을 때가 아닌 평상시에도 사람들을 불편하게 만드는 피조물입니다. 그러나 이 재앙들은 이집트인에게 단순히 불편이나 고통을 준 것이 아닙니다. 하나님이 내리신 열 가지 재앙은 저마다 이집트인이 섬기는 신들과 직접 관련되어 있지요.

하나님이 나일 강을 피로 바꾸신 첫 재앙은 이집트에서 가장 중요한 신인 나일 강 자체를 거스르는 행위입니다. 이집트인들은 나일 강에서 물을 길어 와서 농작물을 키웠습니다. 그들에게 나일 강은 생명과 부의 원천인 것이지요. 아홉째 재앙인 어둠의 재앙은 태양의 여신 라(Ra)를 거스르는 행위입니다. 그러나 무엇보다 이집트의 신들을 넘어서는 하나님의 능력을 보여 준 결정적인 증거는 마지막 재앙에서 볼 수 있습니다.

이집트인들에게 라의 아들인 바로의 왕위는 바로 자신보다 그 아들이 생존하느냐에 달려 있습니다. 바로의 맏아들은 태양신 라가 그들과 계속 함께하고 있다는 징표이기 때문입니다. 이집트의 장자에게 내리신 하나님의 심판은 잔혹하고 압제적인 바로의 통치 뒤에 숨은 신에게 아무 힘이 없으며, 이제 더 이상 인류에게 폭정을 휘두를 수 없을 것이라는 선포입니다. 이 마지막 재앙은 하나님의 이야기에서 매우 중요한 순간입니다. 하나님은 이 재앙이 일어난 뒤에야 바로가 하나님의 백성을 놓아 보낼 것이라고 모세에게 말씀하셨습니다.

그래서 모세가 바로에게 말하였습니다. '여호와께서 말씀하셨습니다. "내가 한밤중에 이집트 사람 가운데로 지나갈 것이니, 이집트 땅에 있는 처음 난 것이 모두 죽을 것이다. 임금 자리에 앉은 바로의 맏아들을 비롯하여 몸종의 맏아들과 모든 짐승의 맏배가 다 죽을 것이다. 이집트 온 땅에서 이제까지도 없었고, 앞으로도 없을, 큰 곡성이 들릴 것이다. 그러나 이스라엘 자손은 조금도 손대지 않을 것이다. 이는 나 여호와가 이집트 사람과 이스라엘 사람을 구별하였다는 것을 너희에게 알리려는 것이다."'

그리고 나서 여호와께서 모세에게 말씀하셨습니다. '온 이스라엘 회중에게 알리어라. 각 가정에서 어린 양 한 마리씩, 곧 각자 기르는 양 떼에서 흠 없는 어린 양 한 마리씩을 취하여 해 질 무렵에 모든 이스라엘 회중이 모여서 잡도록 하여라. 그리고 그 피는 받아다가, 잡은 양을 먹을 집의 좌우 문설주와 상인방에 발라야 한다. 그날 밤에 그 양을 먹어야 하는데, 고기는 불에 구워서 누룩을 넣지 않은 빵과 쓴 나물을 곁들여 함께 먹어야 한다. 그것을 먹을 때에는 곧 떠날 준비를 하여라. 겉옷을 입고 발에 신을 신고 손에 지팡이를 들고 서둘러서 먹어라. 이 식사가 바로 여호와의 유월절이다.

그날 밤에 내가 이집트 땅을 지나가면서 이집트 땅에 있는 처음 난 것을 모두 치겠다. 그리고 이집트의 모든 신을 벌하겠다. 나는 여호와다. 문틀에 피를 발랐으면, 그것은 너희가 살고 있는 집의 표적이니, 내가 이집트 땅을 칠 때에 문설주에 피를 바른 집은 그 피를 보고 너희를 치지 않고 넘어갈 터이니, 너희는 재앙을 피하여 살아남을 것이다. 이날은 너희가 기념해야 할 날이니, 너희는 이날을 여호와 앞에서 지키는 절기로 삼아서 대대로 지켜야 한다.'"

노인은 젊은이들의 얼굴을 살펴보았다. "이제 이곳에 모인 여러분은 저와 함께 오늘 밤 이야기를 시작한 부분으로 돌아가 봅시다. 자기가 안고 있던 어린 양을 아버지가 가져갔을 때 말라는 어떤 느낌이었을까요?"

잠시 침묵이 흘렀다. 그러나 이내 소녀가 또 다른 질문을 던졌다. "말라는 아버지가 무슨 일을 할지 알았나요?" 소녀는 말을 멈추었다. 순간 이집트 사람들에게 유월절이 어떤 의미인지를 깨달은 것이다. 소녀는 약간 떨리는 목소리로 말했다. "말라는…… 하나님이 무슨 일을 하실지 알았을까요?"

노인이 대답하기도 전에 소녀의 남동생이 또박또박하게 대답했다. "나라면 아버지가 내 양을 가져가게 하지 않을 거야. 뼈만 앙상한 양 중에서 골라 드렸을 걸?" 소년의 대답에 몇 사람이 웃음을 터뜨렸지만, 소녀는 웃지 않았다. 오로지 노인만 뚫어져라 쳐다보며 대답을 기다렸다.

노인은 소년과 소녀를 바라보며 말했다. "말라와 그 가족에게 무슨 일이 일어났는지 들어 보겠니? 말라는 아버지가 흠 없는 어린 양을 가져다가 죽일 준비를 하시는 걸 지켜보았단다. 그걸 본 말라가 소리쳤지. '아빠, 지금 뭐하시는 거예요?'

'사랑스런 말라, 이 양은 우리가 기르는 양 떼에서 가장 훌륭한 양이란다. 물론 네가 가장 아끼는 양이라는 것도 잘 알아. 그렇지만 여호와께서 이 양이 필요하시다는구나. 네 희생이 오늘밤 우리를 구원해 줄 거야.'

아마 말라는 납득할 수 없었을 거다. '아빠, 왜 그 양이 죽어야 하죠? 나는 그 양을 사랑해요. 이건 불공평하다고요!'

'오, 말라,' 아빠가 대답했지. '그래, 나도 안다. 네가 이 양을 얼마나 사랑하는지 말이야. 그러나 우리가 하나님께 복종하지 않는다면, 그래서 문틀에 양의 피를 바르지 않는다면, 우리는 훨씬 더 값진 것을 잃게 될 거야……' 남자는 딸을 내려다보며 딸아이의 머리를 쓰다듬어 주었지. '이제 아빠가 음식을 준비하는 동안 너는 겉옷을 입고 신발을 신으렴.'"

노인이 아이들의 얼굴을 주의 깊게 살펴보았다. 아이들은 해마다 유월절이면 출애굽 이야기를 들었다. 그러나 유독 오늘 밤은 마치 조상들과 함께 이집트에 있는 것만 같았다.

"말라는 집으로 돌아와 엄마가 누룩을 넣지 않은 밀가루를 반죽하는 모습을 아무 말 없이 지켜보았지. 아빠는 뒤뜰에서 자란 나물을 한 다발 가져다 양 피가 담긴 그릇에 담갔다가 좌우 문설주와 상인방에 발랐단다. 그리고 나서 불에 구운 고기를 보며 가족에게 이렇게 말했어. '모두 집 안에 있거라. 죽음이 이 땅에 널리 퍼져 있다. 양이 흘린 피가 오늘밤 우리를 구원할 것이다.'

그렇게 가족은 음식을 먹고 함께 기도했어. 이스라엘의 다른 가족들도 모두 마찬가지였지. 한밤중에 여호와께서 이집트 땅에 있는 처음 난 것들을 모두 치셨어. 임금 자리에 앉은 바로의 맏아들을 비롯하여 감옥에 있는 포로의 맏아들과 짐승의 맏배까지 모두 치신 거야. 그렇지만 고센 땅에 이르러서는 여호와께서 문설주에 양의 피를 바른 집을 모두 그냥 넘어가셨단다.

이집트에 큰 통곡 소리가 났는데, 초상을 당하지 않은 집이 한 집도 없었다. 바로는 밤중에 모세와 아론을 불러들여서 말했지. '너희와 너희 이스라엘 자손은 어서 일어나서, 내 백성에게서 떠나가거라. 그리고 너희의 요구대로 너희는 가서 너희의 여호와를 섬겨라. 너희는 너희가 요구한 대로 너희의 양과 소도 몰고 가거라. 그러나 먼저 내가 복을 받게 빌어라.'

마침내 사백삼십 년이 끝나는 바로 그날, 여호와의 모든 군대, 즉 모든 이스라엘 백성이 이집트 땅에서 나왔단다." 노인은 자리에서 일어섰다. 그의 목소리가 아주 오래된 선포로 가득 울려 퍼졌다. "'그날 밤에 여호와께서 그들을 이집트 땅에서 이끌어 내시어 종살이에서 자유케 하시려고 밤을 새우면서 지켜 주셨으므로, 이스라엘 자손이 대대로 밤새워 지켜야 하는 밤이 되었다.'

이 백성은 여호와께서 이집트의 신을 어떻게 하나씩 쓰러뜨리는지 보았습니다. 그리고 종살이에서 해방되었습니다. 그들은 마침내 언약하신 땅으로 가게 되었습니다. 하나님이 아브라함과 이삭, 야곱과 맺은 그 언약의 땅 말입니다. 이집트 사람들은 이스라엘 백성에게 떠나길 재촉했습니다. 이스라엘 백성이 더 머물고 있다가는 여태까지 겪은 일보다 더 끔찍한 일이 일어날까 봐 두려웠기 때문이죠. 마지막 전염병이 덮치기 전, 이스라엘 민족은 이집트 사람에게 은붙이와 금붙이를 요구했고, 이집트 사람들은 그들의 요구대로 다 내어 주었습니다. 이스라엘 백성은 이집트 사람들에게 받은 물건과 함께 누룩을 넣지 않은 반죽을 그릇째 옷에 싸서 어깨에 둘러메고 새로운 삶을 시작하기 위해 속박의 땅을 떠났습니다. 이렇게 그들은 이집트 사람들을 약탈한 것입니다."

젊은 하프 연주자가 벌떡 일어났다. "어쩌면 우리도 그렇게 하는 게 필요할지 몰라요! 바빌론 사람들에게 금붙이를 달라고 하고 우리가 약속의 땅으로 귀환하기 전에 하나님이 그들의 장자를 죽이시는지 지켜보는 거예요. 새로운 출애굽인 거죠!" 청년은 기대에 찬 눈빛으로 주위를 둘러보았다. 사람들이 그의 말에 환호하길 기다리면서. 그러나 오늘 밤은 다른 날과 분위기가 사뭇 달랐다. 그는 노인을 돌아보았다. 노인은 힘겨운 듯 소녀 앞에 무릎을 꿇고 앉아 있었다.

소녀 얼굴에는 눈물 자국이 나 있었다. 소녀는 노인의 얼굴을 가만히 쳐다보며 짧게 물었다. "왜죠?"

"왜 하나님은 바로의 아들뿐 아니라 이집트의 모든 장자를 죽이신 거냐고 묻는 거니?" 노인이 되물었다.

"네. 왜 그렇게 많은 사람을 죽이신 거죠? 바로의 감옥에 갇힌 사람들과 종, 심지어 송아지까지……."

"그게 어때서?" 젊은 음악가가 소리쳤다. "그들은 모두 이집트인이잖아. 모두 우리 민족을 노예로 삼아 안락하게 지냈다고. 하나님이 그들을 모두 죽이셨듯이 바빌론 사람들에게도 똑같이 행하시길!"

사람들이 노인을 쳐다보았다. 노인은 깊은 한숨을 내쉬었다. 젊은 음악가와 소녀, 두 사람이 던진 질문에 모두 공감하기 때문이다. 청년은 사람들이 포로 생활에서 겪는 아픔을 깊이 느끼고 있었다. 소녀는 온 인류가 겪는 아픔을 느끼고 있었다. 노인은 소녀 얼굴에서 살며시 눈물을 닦아 주고 나서 다시 몸을 일으켰다.

"청년의 말이 옳습니다. 우리는 새로운 출애굽을 해야 합니다." 노인의 뜻밖의 말에 깜짝 놀랐는지 사람들이 술렁대기 시작했다. "그렇지만 그것은 우리 민족에게만 해당하는 일이 아닙니다. 모든 민족이 새로운 출애굽을 해야 합니다. 문제는 우리 민족이 바빌론에 포로로 잡혀 있다는 것이 아닙니다. 모든 창조세계가 포로 생활을 하고 있다는 사실입니다. 이들은 에덴동산의 선함에서 아주 멀리 떨어진 에덴의 동쪽으로 쫓겨났기 때문입니다. 바빌론은 그저 이 문제에 깔린 핵심이 최근에 드러난 것일 뿐입니다. 바로 인간이 지닌 두려움입니다. 그리고 우리 이름을 내려는 욕망, 자신의 앞날을 지키기 위해 서로에게와 창조세계에 휘두르는 폭력입니다. 예비하시는 창조주 하나님을 신뢰하지 않고 말이죠. 우리는 죄에서 벗어나는 새로운 출애굽을 해야 합니다. 압제당하는 사람들을 압제당하는 상황에서 해방시킬 뿐 아니라 압제하는 사람들 역시 압제하는 상황에서 해방시키는 출애굽인 것입니다."

어두운 밤하늘에 노인의 말이 울려 퍼졌다. 그때 작은 목소리가 침묵을 깨뜨렸다. "양을 얼마나 가져와야 할까요, 아바?"

노인은 그 작은 목소리를 확인하기 위해 고개를 숙였다. 목소리의 주인공은 누나의 손을 잡고 있는 소년이었다. 노인은 희미하게 웃으며 말했다. "나도 잘 모르겠구나, 얘야. 나도 잘 모르겠어." 그러고서는 소녀를 쳐다봤다. "그리고 네가 한 질문에도 대답할 말이 없구나, 얘야. **이야기**가 펼쳐질수록 네가 또다시 그것을 질문할 순간이 있을까 봐 나는 두렵구나. 그렇지만 시간이 늦었으니 이제 이야기를 끝내야 할 것 같은데……. 다음에 다시 물어봐 주겠니?"

소녀는 노인이 한 말을 하나도 빠짐없이 모두 기억하려고 애쓰면서 고개를 끄덕였다. 노인은 무리를 향해 말했다.

"이렇게 해서 이스라엘 민족은 종살이하던 삶에서 벗어나 새로운 자유의 삶을 향한 여정을 시작하게 되었습니다. 하나님은 아브라함과 이삭과 야곱의 자손과 맺은 언약을 지키셨습니다. 그들과 함께 계시겠다는 약속까지도 말입니다. 하나님은 그들을 광야로 이끄셨고, 낮에는 구름 기둥, 밤에는 불 기둥이 그 백성 앞을 떠나지 않았습니다.

그러나 바로는 마음을 바꾸어 먹었습니다. '우리에게 종살이하던 이스라엘 백성을 이렇게 놓아 보내다니, 어쩌자고 이렇게 하였는가?' 그는 병거를 갖추고 이집트 군대를 이끌고 나섰습니다. 이스라엘 백성을 뒤쫓아 가서 다시 노예로 삼기 위해서입니다.

말과 병거가 먼지 구름을 일으키며 몰려오자 이스라엘 자손은 크게 두려워하며, 여호와께 부르짖었습니다. '이집트에는 묘 자리가 없어서, 우리를 이 광야에다 끌어내어 죽이려는 것입니까?'

하나님이 재앙을 통해 그들에게 보여 주신 것들을 그들은 어떻게 이토록 빨리 잊는 것인지! 그들을 향한 하나님의 돌보심과 보호를 어쩌면 이리도 지체 없이 의심하는지!" 노인은 잠시 쉬었다가 다시 부드러운 목소리로 말했다. "우리 역시 얼마나 빨리 그렇게 잊는지요.

모세가 대답하였습니다. '두려워하지 마십시오. 당신들은 가만히 서서, 여호와께서 오늘 당신들을 어떻게 구원하시는지, 어떻게 자유하게 하시는지 지켜보기만 하십시오. 당신들이 오늘 보는 이 이집트 사람을 다시는 볼 수 없을 것입니다. 여호와께서 당신들을 구해 주시려고 싸우실 것이니, 당신들은 진정하십시오.'

모세는 홍해 앞에 섰습니다. 발밑으로 파도가 치고 있었습니다. 모세가 바다 위로 팔을 내밀었습니다. 여호와께서 강한 동풍으로 바닷물을 뒤로 밀어내시자 마른 땅이 드러났습니다. 바닷물이 갈라져 양옆으로 높은 물 벽이 세워졌습니다. 모세는 이스라엘 자손을 이끌고 바다 한가운데로 마른 땅을 밟으며 지나갔습니다.

바로도 이 광경을 보고 병거를 이끌고 바다 한가운데로 들어왔습니다. 그러나 여호와께서 바로의 군대를 혼란에 빠뜨리셨습니다. 병거의 바퀴를 벗기셔서 전진하기 어렵게 만드신 것입니다. 그러자 이집트 사람들은 '이스라엘 사람들을 쫓지 말고 되돌아가자. 그들의 여호와가 그들 편이 되어 우리 이집트 사람과 싸운다!' 하고 외쳤습니다.

이스라엘 자손 마지막 한 사람까지 모두 바다를 완전히 건넌 뒤, 모세가 바다 위로 다시 팔을 내밀자 바닷물이 본래 상태로 되돌아왔습니다. 이렇게 물이 다시 돌아와서 병거와 기병을 뒤덮어 버렸습니다. 바로의 모든 군대는 하나도 살아남지 못한 것입니다.

바로 그날, 여호와께서 이스라엘을 이집트 사람들의 손아귀에서 구원하셨고, 이스라엘은 바닷가에 널려 있는 이집트 사람들의 주검을 보게 되었습니다. 다시 한 번 하나님이 바다의 위험에서 하나님의 백성을 구원하신 것입니다. 이스라엘은 이집트를 치신 주님의 크신 권능을 보고 여호와를 두려워하고, 여호와를, 그리고 하나님의 종 모세를 믿었습니다."

노인은 피곤했다. 오늘밤은 꽤 오랫동안 이야기를 했기 때문이다. 그는 아픈 등을 쭉 펴더니 사람들에게 다시 한 번 상기시키기 위해 입을 열었다. "우리 민족의 정체성 밑바탕에 있는 것이 바로 이 이야기입니다. 그렇기 때문에 단지 유월절뿐만 아니라 더 자주 이 이야기를 들어야 합니다. 하나님도 우리에게 거듭 상기시켜 주시지 않습니까? '나는 너희를 이집트 땅 종살이하던 집에서 이끌어낸 여호와 너희 하나님이다.'

출애굽 이야기에서 우리는 해방하시는 하나님을 봅니다. 하나님은 속박당한 백성의 울부짖음을 들으시고 그들을 구원하기 위해 내려오셨습니다. 하나님은 이집트의 폭정에서 그들을 구원하시고 그곳에서 이끌어 내셔서 약속의 땅으로 향하는 여정을 시작하셨습니다.*

이것은 우리 이야기입니다. 하나님의 계획은 우리를 '이집트'에서, 그리고 우리를 속박하는 것에서 해방시키시는 것입니다. 하나님은 하나님과 서로에게서 멀어지게 만드는 이러한 것들에서 끊임없이 우리를 이끌어 내길 바라십니다. 이러한 것들은 심지어 우리를 포로 된 삶으로 이끌어 갑니다. 우리 하나님은 자유하게 하시는 하나님입니다. 우리를 넘어가시는 하나님, 흠 없는 어린 양의 피를 뿌려 죽음을 피하게 하시는 하나님입니다.

그러나 하나님은 하나님의 백성을 이집트에서 이끌어 내실 뿐 아니라 이집트 역시 이끌어 내길 바라십니다. 두려움과 탐욕, 권력과 명망, 우상 숭배와 이념이 뿌리박힌 이야기들에서 말이죠. 우리 역시 이집트 이야기에 깊은 영향을 받았습니다. 그뿐 아니라 바빌론 이야기, 제국의 이야기도 우리에게 영향을 주었습니다. 그렇기 때문에 우리는 **하나님의 이야기**를 서로에게 계속 들려주고, 우리가 누구인지 스스로 떠올리며, 다른 이야기가 지닌 힘과 매력에 저항하고 우리를 지배하는 권력을 깨도록 도와야 하는 것입니다.

---

* 출애굽 이야기는 하나님의 이야기와 우리의 이야기에서 매우 중요하다. 출애굽 사건을 보면 하나님은 이스라엘 자손과 가까이 계시며 그들에게 하나님의 이름을 드러내시고 그들을 하나님의 백성으로 삼으셨다. 우리가 하나님이 이스라엘 자손에게 허락하신 해방(죄의 속박과, 죄가 낳은 모든 억압에서 해방되는 것)을 경험할 때, 우리도 하나님의 백성이 되는 것이다. 하나님의 사명은 해방의 사명이며, 하나님의 백성은 속박된 채 살아가는 모든 사람에게 해방을 가져다주시는 하나님과 동역하는 자로 부름받은 것이다.

친구들이여, 우리는 언젠가 하나님이 우리를 이곳 바빌론의 포로 생활에서 구원해 주시리라는 소망을 품고 살아갑니다. 언젠가는 하나님이 우리 조상들에게 주겠다고 약속하신 땅으로 돌아가리라는 소망, 언젠가는 하나님이 이스라엘에 왕국을 회복하시리라는 소망입니다. 그러나 출애굽 이야기는 충고가 담긴 이야기이기도 합니다. 바로가 압제하는 힘을 지닐 수 있었던 것은 제사장들이 그 힘을 정당화하고 군사력이 그 힘을 유지했기 때문입니다. 압제당하는 사람들이 울부짖자, 하나님은 '내가 들었다'라고 선언하십니다. 우리는 바로처럼 되어서는 안 됩니다. 하나님은 바로와 같은 사람들에게 **불리한 일**을 행하시기 때문입니다.

실제로 하나님의 성품을 반영하여 우리의 정체성을 형성하기 위해 하나님이 하나님의 백성에게 주신 율법인 토라는 소외당하고 압제당하는 사람, 공동체에서 가장 연약한 사람들을 위해 특별한 것을 준비해 두었습니다.

다음에 모일 때 그 이야기를 들려드리지요." 노인은 사람들을 쭉 훑어보면서 젊은 음악가를 찾았다. 그리고 그에게 일어서라는 손짓을 보냈다. 청년은 약간 상기된 얼굴로 자리에서 일어섰다.

"젊은 친구, 내 요청 하나 들어주겠나?"

청년은 안심한 표정으로 미소를 지어 보였다. "물론입니다. 어떤 것이든 말씀만 하십시오."

노인은 대답 대신 미소를 띠었다. "모세와 새롭게 해방된 이스라엘 백성이 부른 출애굽 노래를 불러 주게. 홍해에서 부르던 그 노래 말일세."

청년은 몸을 숙여 하프를 들고 음을 맞추고 나서 노래를 시작했다.

여호와는 나의 힘이요 노래시며 나의 구원이시로다.
그는 나의 하나님이시니 내가 그를 찬송할 것이요.

여호와여 신 중에 주와 같은 자가 누구니이까.
주와 같이 거룩함으로 영광스러우며 찬송할 만한 위엄이 있으며
기이한 일을 행하는 자가 누구니이까.

놀람과 두려움이 그들에게 임하매
주의 팔이 크므로 그들이 돌같이 침묵하였사오니
여호와여 주의 백성이 통과하기까지
곧 주께서 사신 백성이 통과하기까지였나이다.

주께서 백성을 인도하사
그들을 주의 기업의 산에 심으시리이다.
여호와여 이는 주의 처소를 삼으시려고 예비하신 것이라.
주여 이것이 주의 손으로 세우신 성소로소이다.
여호와께서 영원무궁하도록 다스리시도다.

노인은 그를 올려다보고 있는 큰 갈색 눈망울을 내려다보았다. 소녀였다. 소녀는 일어나 잠시 머뭇거리더니 살짝 노인을 안았다가는 남동생의 손을 잡고 가족이 있는 곳으로 쏜살같이 달려갔다. 노인은 그 자리를 떠나는 아이들을 보면서 사람들과 함께 출애굽 노래를 불렀다. 그의 마음속에는 작은 희망이 피어오르고 있었다.

제 5 장

공동체 2부 : 시내 산

언약을 통해
그분 백성의 정체성과 부르심을 형성하신 하나님

노인이 강가에 도착했을 때, 불 위에는 이미 땔감이 높이 쌓여 있었다. 이전 안식일보다 사람이 더 많았다. "아버지, 모세 이야기를 들려주십시오!" 노인은 웃어 보였다. 그렇다, 모세. 그의 민족에게 법을 세운 사람. 그의 민족에게 토라*라는 선물을 전해 준 사람. 토라를 통해 그들은 하나님의 성품을 배우고, 하나님의 백성으로 살아가는 삶을 형성했다. 그러나 토라를 듣는 것과 토라를 살아 내는 것은 서로 다른 문제다. 주변을 둘러보면서 노인은 다시 한 번 포로 생활의 아픔을 통감했다. 노인은 이 백성이 지금 바벨론에 있는 이유를 누구보다 잘 알고 있었다.

노인이 자리를 잡자 젊은 음악가가 그 곁으로 와서 앉았다. "샤밧 샬롬, 어르신."

"자네에게도 안식일의 평화가 있길 바라네, 젊은 친구. 오늘밤에 부를 노래는 정했나?"

---

* 토라는 "가르침" 또는 "지도"라는 뜻이다. "율법"이나 "모세의 책"(Books of Moses)이라고 부르기도 한다. 구약성경의 첫 다섯 권이며 "모세오경"(Pentateuch)이라고도 알려져 있다.

"그럼요, 어르신." 청년이 대답했다. "토라를 칭송하는 노래는 무척 많거든요. 모두 아름다운 곡이죠." 그는 잠시 고개를 떨구고 있다가 노인의 눈을 골똘히 쳐다보았다. "그런데 한 곡을 택하기가 힘들더라고요."

"이유가 뭔가?"

"그 이유를 모르시겠어요?" 청년이 대답했다. 노인은 눈가에 깊은 주름이 생기도록 미소를 지어 보였다. 아마 청년은 단순히 음악을 넘어선 무언가를 생각하고 있었던 모양이다. "물론 짐작은 가네." 이어서 노인이 청년에게 권했다. "그렇지만 나는 자네가 설명해 주는 걸 듣고 싶네."

노래하는 청년은 머릿속으로 생각을 정리해 보았다. "스승님께 찬양의 노래를 배울 때, 스승님은 사람들을 이끌어 성전에서 그 노래를 부르는 것에 대해 말씀하셨어요. 아름다운 성전에서 감미로운 노랫말과 선율이 함께 어우러져 사람들의 마음을 움직이는 거죠. 그런 순간이면 스승님은 그 사람들이 무척 사랑스럽다고 말씀하셨어요. 그리고 정말로 하나님께 가까이 있는 것 같다고도 하셨죠." 청년은 잠시 말을 멈추었다. "고백하자면, 저도 가끔 그렇게 하는 제 모습을 상상해 봅니다. 바로 그곳 성전에서 하나님의 사랑, 토라의 사랑에 사로잡힌 모습을요."

"그런데?" 노인이 말을 재촉했다.

"그런데," 청년이 말을 이었다. "그 찬양의 노래가 끝나 버리면 토라를 향한 우리 민족의 사랑도 사라지지 않을까, 성전에서는 토라를 쉽게 사랑할 수 있지만 집으로 돌아간 뒤에는 그러지 않는 건 아닐까 하는 생각이 들어요. 저는 찬양의 노래를 많이 알고 있습니다. 그렇지만 그 노래들처럼 저도 진정으로 토라를 잘 알고 있는 건지는 잘 모르겠어요."

노인이 혼란스러워하는 청년의 얼굴을 들여다보며 가만히 그의 팔을 붙잡았다. "**이야기를 들으면 알게 될 걸세.**"

청년이 애달픈 얼굴로 미소를 지었다. "알아요, 어르신. 물론 그렇겠죠."

"그런 궁금증이 있었지만, 그래도 오늘밤에 부를 노래는 골랐겠지?"

청년이 몸을 앞으로 숙이더니 갑자기 활기를 되찾았다. "물론이죠. 저는 토라를 사랑하고 싶거든요. 토라를 알고 싶어요. 그래서 어쩌면, 지금 이곳에 포로로 있고 성전은 훼파되었지만, 제가 이 노래들을 부르면 그 모든 게 달라질지도 모르겠어요."

노인의 얼굴에 미소가 번졌다. "자네 말이 맞네. 나는 그 일이 우리 모두에게 이루어지길 바란다네. 그래서 자네가 고른 찬양의 노래는 어떤 곡인가?"

"가장 긴 노래에서 한 구절을 골랐습니다." 그는 잠시 뜸을 들였다. "그리고 제가 한번 고쳐 봤어요." 노인이 깜짝 놀라는 듯했으나 청년은 말을 계속 이었다. "사람들이 이 노래를 새로운 방식으로 듣게 된다면 저와 같은 의문을 품고 있는 다른 사람들에게 도움이 될지도 모른다고 생각했거든요."

노인은 고개를 끄덕이더니 청년에게 일어나서 노래를 불러 달라고 부탁했다. 청년은 하프를 들고 일어서면서 마지막으로 한 가지를 말하려고 몸을 돌렸다. 그의 얼굴에는 어느새 미소가 사라지고 두 눈빛에 화난 듯한 기색이 나타났다. "그렇더라도 바빌론이 우리에게 한 짓을 제가 잊었다고는 생각하지 마세요."

그렇게 말하고는 저마다 자리를 잡고 앉아 있는 사람들에게로 몸을 돌려 노래를 부르기 시작했다. 노인은 깊은 한숨을 내쉬며 혼잣말로 중얼거렸다. "이제 겨우 한 걸음 나아갔구나."

주님, 내게 주님의 사랑을 베풀어 주소서.

주님이 약속하신 대로 내 삶에 구원을 이루소서.

그리하시면 내가 나를 비웃는 자들에게 대답할 것입니다.

내가 주의 말씀을 의지하기 때문입니다.

내게서 진리의 말씀이 조금도 떠나지 말게 하소서.

주의 규례는 내가 의지할 바입니다.

오, 주님이 내게 나타내신 것을 생명을 다해 지킬 것입니다.

지금과 영원히 지킬 것입니다.

주의 진리와 지혜를 찾으며

넓고 트인 곳으로 자유롭게 걸어갈 것입니다.

그때에 내가 찾은 것을 온 세상에 알릴 것입니다.

모두에게 거리낌 없이 담대하게 외칠 것입니다.

주의 규례를 깊이 새깁니다.

제 5 장

오, 내가 그 규례를 얼마나 사랑하는지요!
주가 말씀하신 모든 법령을 즐거워하리이다.

여기까지 부르고 청년이 다시 자리에 앉자, 사람들은 놀란 표정으로 서로 쳐다보았다. 그들은 몇 소절을 부른 뒤에야 그 노래가 무엇인지 알아차렸다. 그런데 노랫말이 바뀐 것 같았다. 담대하게라니? 주제넘은 거 아냐? 노인이 자리에서 일어섰다. 사람들은 청년이 부른 노래에 노인이 뭐라고 대답할지 궁금해하며 조용히 기다렸다.

"'주의 규례를 깊이 새깁니다. 오, 내가 그 규례를 얼마나 사랑하는지요! 주가 말씀하신 모든 법령을 즐거워하리이다.' 옛 선율에 새로운 노랫말을 붙였군." 노인은 하프 연주자를 향해 몸을 돌렸다. "고맙네, 친구. 자네가 부른 노래는 오늘밤 우리가 들을 이야기에 정말 잘 어울리는 것 같네. 오늘밤 들을 이야기는 시내 산에서 우리 백성에게 주신 토라에 대한 걸세." 노인이 단언하자 사람들은 저마다 편안한 자세로 이야기를 들을 준비를 했다.

노인이 다시 무리를 향해 돌아섰다. "지금부터 우리 조상들이 시내 광야에서 보낸 세월을 들려드릴 것입니다. 그리고 그곳에서 우리가 하나님과 맺은 언약에 대한 이야기도 들려드리겠습니다. 이 이야기들은 모세 이야기에서 이어지는 것입니다. 자, 이 장면을 한번 그려 보십시오……

피곤한 듯 지팡이에 몸을 기대고 있던 모세가 백성에게 마지막으로 말씀을 전하기 위해 자리에서 일어섭니다. 그는 여전히 어두워지지 않은 눈으로, 위를 올려다보고 있는 수많은 얼굴을 가만히 내려다봅니다. 대부분 모세보다 젊은 사람들입니다. 사십 년이라는 세월 동안 모세는 그들을 이끌었습니다. 그 기나긴 시간 동안 그는 그들이 부모와 조부모를 땅에 묻는 모습을 보았습니다. 그렇게 해서 결국 이 세대만 남은 것입니다. 사십 년 동안 그들은 이 끝없는 광야를 헤맸습니다. 하나님이 아브라함과 이삭, 야곱에게 약속하신 땅, 그들이 거할 진정한 첫 고향이 될 그 땅으로 들어갈 날을 고대하면서.

마침내 그들이 그 땅에 도착한 날, 모세는 나직이 한숨을 쉬고 약속의 땅을 보기 위해 그 땅이 있는 쪽으로 돌아섭니다. 젖과 꿀이 흐르는 그 땅을! 그러나 그는 그 땅을 볼 수 없었습니다. 눈앞에 보이는 것은 큰 산맥뿐이었습니다. 무거운 마음을 안고 모세는 자신이 그 땅을 밟을 수 없다는 사실을 다시 한 번 떠올립니다. 사십 년간 그는 백성을 이끌며 이 여정을 거쳐 왔습니다. 그러나 지금, 하나님이 모세에게 말씀하신 대로 그의 여정은 여기서 끝이 납니다. 현실은 무척이나 견디기 힘들고 불공평하지만, 모세는 그 모든 것이 자기 탓임을 잘 알고 있었습니다.

모세의 시선이 다시 백성에게 향합니다. 여호와 하나님이 그분의 백성에게 주신 마지막 말씀을 전할 준비를 하는 동안, 모세의 마음은 깊이 가라앉았습니다. 그는 축복과 저주의 말을 모두 전해야 하기 때문입니다. 그것은 예언이기도 합니다. 목이 곧은 이 백성은 하나님과 맺은 언약을 깨 버릴 것입니다. 한 번도 아니고 여러 번, 거듭해서 말이지요. 그래서 그들이 약속의 땅으로 들어가기도 전에 모세는 그들이 그 땅에서 쫓겨날 날이 이르리라는 것을 알았습니다. 하나님이 주신 말씀을 전하기 위해 남은 힘을 끌어 모으는 모세의 주름지고 검게 그을린 얼굴 위로 한 줄기 눈물이 흘러 내렸습니다······.”

노인은 수많은 얼굴을 바라보았다. 사람들이 오늘밤 이런 식으로 이야기가 시작되길 바라지는 않았으리라는 것을 노인도 알고 있었다. 그렇지만 이 이야기야말로 이들이 들어야 하는 이야기라고 노인은 믿고 있었다. "이 이야기는 우리 이야기입니다. 포로로 이곳에서 지내는 동안 우리는 모세가 느낀 두려움을 공감하게 되었으니까요."

노인의 말에 여기저기서 투덜대는 소리가 터져 나왔다. '아니야. 우리는 이런 이야기나 들으려고 이렇게 늦은 밤에 모인 게 아니라고.' 그러나 노인은 마치 그래야 한다는 듯이 이야기를 계속했다. "우리는 하나님과 맺은 언약을 깨뜨렸습니다. 우리 조상들처럼, 우리도 주 하나님께 신실하지 못했습니다. 늘 그렇듯 그 이유는 우리가 우리 이야기를 잊었기 때문입니다. 어쩌면 **이야기를** 신실하게 전할 의무를 맡은 사람들이 그렇게 하지 못했기 때문인지도 모릅니다." 노인은 부끄러운 듯 고개를 숙였다. 그 모습에 사람들도 숙연해졌다. 잠시 뒤, 노인은 고개를 들어 다시 이야기를 시작했다. "그래서 오늘밤에는 **하나님의 이야기를** 이어가면서 우리 이야기를 들으려고 합니다.

지난주 장작불이 거의 다 탔을 즈음, 우리는 누더기를 걸친 한 무리의 노예들을 홍해에 남겨 두고 이야기를 끝냈습니다. 하나님이 이집트의 압제자에게서 그들을 기적적으로 구원하신 일을 막 목격한 뒤였지요. 오늘밤에는 하나님이 이 노예들을 취하셔서 어떻게 그들의 정체성을 바꾸시고 한 민족을 탄생시키셨는지를 들을 것입니다. 바로 이스라엘의 자손, 하나님의 백성인 민족을 말입니다.

이 이야기는 시작이 그다지 좋지는 않습니다. 이집트와 홍해에서 하나님이 행하신 전능하신 일들을 목격했는데도 그들은 그 모든 일을 잊어버렸으니까요. 이집트에서 약속의 땅으로 가는 광야에서 지내는 동안 모두 잊은 것입니다. 그들은 먹을 음식과 마실 물이 없다고 끊임없이 불평을 해 댑니다. 하나님이 기적을 베푸셔서 음식과 물을 마련해 주신 뒤에도 그 불평은 끝나지 않습니다. 아침마다 하나님은 그들에게 '만나'를 내려 주셨습니다. 만나는 빵처럼 생겼는데 그들이 한 번도 먹어 보지 못한 음식이었죠. 아침이면 사람들은 하나님이 주신 그 음식을 주우러 다녔습니다. 많이 줍는 사람도 있고 적게 줍는 사람도 있었지만, 굶주리는 사람은 아무도 없었습니다."

"어떻게 그럴 수가 있어요?" 소녀의 남동생이었다. 깜짝 놀랐는지 소녀는 입을 벌린 채 동생을 쳐다보았다. 그러자 소년이 소녀를 보고 말했다. "왜? 누나만 질문하란 법 있어?"

노인이 껄껄거리며 소녀에게 말했다. "네 호기심이 동생한테로 전염되었나 보구나!" 그러고서 소년에게로 몸을 돌렸다. "어떤 사람들은 그들이 음식을 공유했기 때문에 아무도 굶지 않았다고 말하더구나. 아침에 일어나서 모은 만나를 똑같이 나누었다는 거지." 이번에는 노인이 무리를 바라보며 말했다. "기억하십시오. 그들은 하나님이 주신 만나를 비축해 두지 않았습니다. 만나를 남겨 둔 사람들도 나중에는 그들이 먹지 않거나 나누지 않은 만나가 결국 먹을 수 없게 되어 버린다는 것을 알았습니다.

새로 찾은 자유를 누리던 초창기에 사람들이 계속 불평을 해대도, 하나님은 아브라함과 이삭, 야곱과 맺은 언약에 신실하셨습니다. 하나님이 그들을 이집트에서 이끌어 내신 지 석 달이 지났습니다. 그들은 시내 광야에 이르러 그곳에 장막을 쳤습니다. 그 자리는 바로 하나님이 모세에게 약속하셨던 산 앞이었습니다.

모세가 산으로 올라가자, 여호와께서 산에서 그를 불러 말씀하셨습니다. '너는 이스라엘 자손에게 이렇게 일러 주어라. "너희는 내가 이집트 사람에게 한 일을 보았고, 또 어미 독수리가 그 날개로 새끼를 업어 나르듯이, 내가 너희를 인도하여 나에게로 데려온 것도 보았다. 이제 너희가 정말로 내 말을 듣고 내가 세워 준 언약을 지키면, 너희는 모든 민족 가운데서 내 보물이 될 것이다. 온 세상이 다 나의 것이다. 그러므로 너희는 내가 선택한 백성이 되고, 너희 나라는 나를 섬기는 제사장 나라가 되고, 너희는 거룩한 민족이 될 것이다."'

모세가 돌아와 백성에게 이 말을 전하자 그들은 한목소리로 대답하였습니다. '여호와께서 말씀하신 모든 것을 우리가 실천하겠습니다.' 백성은 이집트에서 지내는 동안 왕과 제사장이 어떤 사람인지 알고 있었습니다. 그렇지만 노예 가운데에서는 왕과 제사장이 나올 수 없었습니다." 노인은 이야기를 잇기 전에 잠시 숨을 골랐다. "하나님은 그들에게 하나님 나라에서 그들이, 그리고 우리가 하게 될 역할을 말씀하고 계신 것입니다. 그 역할은 깨지고 상한 세상 가운데에서 거룩하신 하나님의 제사장, 하나님의 언약을 중재하는 자가 되는 것입니다. 하나님의 백성은 우리 자신을 위해서가 아니라 세상을 위해 존재하는 것입니다. 하나님의 백성으로서 우리 조상들이 지닌 정체성을 이루는 것은 하나님이 그들 앞에 두신 사명에 순종하는 신실함이었습니다."

소년이 또 다른 질문을 던졌다. "그런데 어떻게 노예가 제사장이 될 수 있어요?" 곧이어 소녀도 물었다. "그리고 나라가 되다니요? 그러니까 제 말은 그 사람들은 왕도 없고, 땅도 없는데 어떻게 나라가 될 수 있냐는 거예요."

"이 모든 것은 하나님이 아브라함과 이삭, 야곱과 맺은 언약에 들어가면서 가능해진단다." 노인이 대답했다. "그렇지만 이미 아브라함이 죽은 지 600년이나 흘렀고 생활도 문화도 많이 바뀌었지. 그래서 하나님은 다시 한 번 그들이 있는 그 자리에서 백성을 만나셨단다. 그들이 익숙한 문화 형식을 취하셔서 그들과 언약을 맺기 위해 그 형식을 끌어 오신 거야.

왕국의 시대가 열리면서 강한 나라는 약한 이웃 나라와 조약 관계를 맺기 시작했단다. 그 조약에 따르면 더 힘 있는 나라, 보통 종주국이라고 부르는데, 그 종주국이 안전하게 지켜 주면 더 약한 나라, 그러니까 속국은 종주국에 무조건 충성하고 헌신하는 거지. 종주국은 속국을 보살필 의무가 있고, 속국은 종주국에 충성할 의무가 생기는 셈이란다.

이런 조약에 쓰인 언어는 어찌 보면 사랑의 언어라고 할 수 있어. 그래서 종주국에게 '사랑'이란 그에게 충성을 하는 거란다. 종주국을 배반하는 것은 그를 '미워한다'는 뜻이 되는 거고. 역사적으로 이러한 조약이 처음 시작된 배경을 보면 종주국이 속국에게 무엇을 했는지를 잘 알 수 있단다. 종주국이 속국을 위해 행하기로 한 일에 대해 속국도 종주국에 이행하기로 약속하는 것이 있다는 조약의 조건이 뒤따르지. 이 조건을 잘 지키면 '복'을 얻는 셈이야. 강한 보호자를 갖는 유익을 누릴 수 있으니까. 그렇지만 조건을 지키지 않는다면 '저주'가 따르겠지. 가끔 이 저주는 충성하지 않은 속국에 신들이 재앙을 가져온다는 식으로 묘사되기도 한단다. 그러나 보통은 종주국이 속국을 치기 위해 군대를 보내는 것을 뜻하지."

"그럼 우리도 저주를 받은 건가요?" 소년이 불쑥 끼어들었다.

노인은 한동안 그 질문에 대답하지 않은 채 잠자코 있었다. "좋은 질문이구나, 꼬마야." 좀 더 침묵하고 나서야 노인은 말을 이었다. "언약을 맺은 두 왕이 섬기는 신이 증인이 되는데, 왕들은 그 신들에게 조약을 봉인해 달라고 청한단다. 그런 다음 두 돌판에 그 내용을 똑같이 새기지. 적절한 맹세와 희생제물을 드리고 나서 각 왕은 돌판을 하나씩 받아 들고 신에게 그 조약을 맹세하며 신전에 돌판을 보관한단다. 이렇게 해서 속국의 왕과 그의 백성은 정기적으로 이 언약 조약을 읽을 수 있는 준비를 하는 거야."

물이 든 가죽 부대에서 물을 마시기 위해 노인이 말을 멈추었다. "이 일이 바로 시내 산에서 일어난 일입니다. 정식적인 의례대로 이스라엘 백성은 그들의 종주국이신 여호와 하나님 앞에 모여 하나님이 그들에게 주신 언약 조약의 조건을 들었습니다. 그 조건에는 이미 우리가 잘 알고 있는 내용들도 있지요. 이 조약은 역사적인 서막으로 시작합니다. '나는 너희를 이집트 땅, 종살이하던 집에서 이끌어 낸 주 너희 하나님이다.'

그리고 이런 조건이 이어집니다. '너희는 내 앞에서 다른 신들을 섬기지 못한다. 너희는 너희가 섬기기 위한 우상을 만들지 못한다. …… 너희는 그것들에게 절하거나, 그것들을 섬기지 못한다. 나, 여호와 너희 하나님은 질투하는 하나님이다. 나를 미워하는 사람에게는 그 죄 값으로, 본인뿐만 아니라 삼사 대 자손에게까지 벌을 내린다. 그러나 나를 사랑하고 나의 계명을 지키는 사람에게는 수천 대 자손에 이르기까지 한결같은 헤세드^{hesed}, 사랑을 베푼다.'

이렇게 해서 '열 가지 말씀$^{Ten\ Words}$*'이 시작됩니다. 이 언약은 우리 민족이 여호와 하나님과 맺은 언약입니다. 이렇게 구체적인 조건의 핵심이 무엇일까요? 우리 조상들은 수세기 동안 아주 많은 이집트 신들 속에서 살았습니다. 그렇기 때문에 하나님은 그들이 여

---

* "열 가지 말씀"은 "십계명"(Decalogue, Ten Commandments)이라고도 알려져 있다.

호와만 예배해야 한다는 것을 잘 이해할 수 있도록 그들이 알아들을 수 있는 언어를 사용하신 겁니다. 정치적인 언어를 사용하신 거죠. 다른 종주국은 없다! 우리는 오직 여호와께만 충성하기로 서약하는 것입니다.

'열 가지 말씀'은 안식일을 지키는 일이 중요하다는 것을 거듭 이야기하고 있습니다. 노예들에게 안식일은 매주 그들이 더 이상 이집트에 있지 않다는 사실을 매주 기억하게 해 주기 때문이죠. 이집트인처럼 되지 말라는 경고도 함께 말입니다. 안식일은 그들의 풍족한 새 삶에 따라온 종과 가축을 위한 날이기도 하거든요.

토라를 보면 안식일은 땅으로도 확장됩니다. 7년 중 1년은 경작하지 않고 땅을 쉬게 하는 거지요. 모세는 안식일에 따라 땅을 쉬지 않을 경우 어떤 일이 일어날지에 대해 하나님이 하신 심각한 경고를 전해 주었습니다. '나는 너희를 여러 민족 사이로 흩어 버릴 것이다. 그래서 너희가 그 땅에 사는 동안에 안식년이 되어도 쉬지 못한 땅이 비로소 쉴 것이며, 제 몫의 안식을 누릴 것이다.'" 노인은 사람들이 이 말을 충분히 이해할 수 있도록 잠시 시간을 주었다.

"아바께서 말씀하신 축복과 저주는 무엇인가요?" 또 그 소년이었다. 노인이 소년을 보며 대답했다. "축복과 저주는 토라에서 찾을 수 있지.* 그 내용은 아주 많고 길지만, 이렇게 요약할 수 있단다. '너희가 여호와 너의 하나님 명령에 순종하고 하나님의 방식대로 살면, 이 모든 복이 너희에게 임할 것이다. 그러나 여호와 너의

---

* 종주국과 속국이 맺은 언약에서 말하는 축복과 저주는 신명기 28장에 기록되어 있다.

하나님께 순종하지 않는다면,'" 노인은 잠시 뜸을 들였다. "'……그 땅에서 뿌리째 뽑히고 말 것이다.'"

아무도 입을 열지 않았지만, 노인의 마지막 말에 사람들은 불편한 듯 몸을 뒤틀었다. 노인은 계속했다. "모세는 언약을 증명하기 위해 하늘과 땅을 불러 증거로 삼으며 언약을 끝맺습니다. 시내 산에서 토라를 주신 것은 하나님이 우리를 어떻게 나약한 노예 무리에서 제사장 나라, 거룩한 민족, 하나님이 소유하신 백성으로 바꾸시는지를 보여 줍니다. 열 가지 말씀은 단순히 규율을 모아 놓은 것이 아닙니다. 이것은 하나님의 백성이 새로이 자유로운 삶을 형성하도록 하나님이 주신 관례^{practices}입니다. 그들을 그들 자신에게서, 즉 인간 마음 깊이 스며들어 있는 두려움과 염려, 그리고 그들이 노예로 지낼 때 그들 안에 형성된 가장 어두운 충동에서 보호하기 위한 관례입니다. 이 실천들은 그들 마음 깊이 공동선$^{common\ good}$을 키우고, 그들을 노예 무리에서 거룩한 나라로 바꿔 줄 것입니다. 그들 주변에 사는 민족에게 하나님이 어떤 분인지 드러낼 수 있도록 그들을 하나님의 형상으로 만들어 줄 것입니다.

하나님의 성품은 주로 우리를 향하신 하나님의 사랑, 바로 헤세드를 통해 드러납니다. 하나님이 보시기에 우리를 사랑한다는 것은 하나님이 우리와 맺으신 약속을 지키신다는 것을 의미합니다. 자애, 자비, 사랑, 긍휼로 번역되는 헤세드는 언약에 대한 신실하심$^{covenant\ loyalty}$입니다. 우리는 하나님께 은혜를 얻기 위해서가 아니라 그분이 베푸신 은혜에 대한 반응으로 토라를 지키는 것입니다.

토라는 언약에 신실한 것이 어떤 것인지를 우리에게 보여 줍니다. 토라는 하나님의 백성이라는 공동체를 창조합니다. 또한 어떻게 더불어 살아야 하는지를 이야기해 줍니다. 토라는 다른 사람들이 들어오지 못하도록 막기 위한 것이 아닙니다. 그렇다기보다는 하나님의 백성으로서 우리의 정체성을 유지할 수 있도록 울타리를 쳐 주는 것입니다. 우리가 언약이라는 규율에 신실하게 살아갈 때 다른 사람들도 창조주 하나님과 관계를 맺을 수 있도록 초청하게 됩니다. 이렇게 해서 우리가 받은 사명, 이 땅에 있는 모든 민족을 축복하라는 사명을 성취하는 것입니다.

아마 여러분은 토라에 대해 부정적인 이야기를 많이 들었을 것입니다. 뭐가 되었든, '이렇게 해라'라는 소리를 듣기 좋아하는 사람은 아무도 없으니까요." 노인은 어린 소년과 눈이 마주치자 살짝 윙크를 해 보였다. "그렇지만 하나님이 주신 토라는 하나님의 백성에게 은혜입니다. 하나님이 의도하신 대로 살아가게 해 주는 은혜죠.

사실 토라는 당시 가혹한 일부 관례들을 제한했습니다. 예를 들면, 보복을 행할 때에는 '눈에는 눈, 이에는 이'라는 규율로 엄격하게 제한한 것이죠. 가인을 기억하십니까? 라멕은요? 토라가 있기 전에는 '나를 해하라. 그러면 나는 당신을 죽일 것이다'라는 것이 관례였죠. 이렇게 토라는 질서와 조화를 세웠습니다.

토라에는 그 백성이 죄를 범했을 때 하나님과 관계를 회복할 수 있는 조항도 들어 있습니다. 토라에서 제사 제도$^{\text{sacrificial system}}$에 대한 조항을 읽을 때, 우리는 하나님이 우리와 관계를 맺으시는 방법에 대한 핵심을 알아차릴 수 있습니다. 우리가 행한 바가 죽어 마땅할 때에도 하나님은 우리에게 생명을 허락하십니다. 토라 아래에서는 죽음과 관련된 것은 무엇이든 정결하지 않으며, 생명과 관련된 것은 그 무엇이든 정결합니다."

그때 무리 가운데 누군가가 외쳤다. "그래서 수염수리를 먹을 수 없는 거군요. 저는 수염수리가 맛이 없기 때문에 먹지 않는 줄 알았거든요!" 그 말에 사람들도 노인도 한바탕 웃을 수 있었다. "네, 우리 민족이 수염수리를 먹지 않는 것은 그것이 정결하지 않기 때문입니다. 물수리도 마찬가지지요. 죽은 동물의 시체를 만지지 않는 것도요. 이 모든 관례가 우리 안에 생명을 향한 경외감이 스며들게 합니다.

우리는 연약한 자들을 보호하는 토라의 특별 조항에서도 생명을 향한 경외감을 볼 수 있습니다. 하나님은 사회에서 소외받는 사람들이 처한 곤경에 깊은 관심을 보이십니다. 토라가 주로 '고아, 과부, 나그네'라고 부르는 사람들이죠. 이러한 사람들은 성경 곳곳에서 하나님의 백성이 보살펴야 하는 사람으로 자주 등장합니다. 우리 안에 있는 가장 연약한 사람을 어떻게 대하느냐는 우리가 하나님과 맺은 언약에 얼마나 신실한지를 보여 줍니다. 우리가 하나님이 주신 사명에 잘 참여하고 있는지 아닌지도 말이죠.

이렇게 사람들이 언약 조약의 조건을 받은 뒤, 그러니까 모세가 여호와의 모든 말씀을 전한 뒤 사람들은 한목소리로 이렇게 대답했습니다. '여호와께서 명하신 모든 말씀을 지키겠습니다!'

그리고 모세는 여호와의 모든 말씀을 적어 내려갔습니다. 그러고 나서 아침 일찍 일어나 산기슭에 제단을 쌓고 이스라엘 열두 지파를 따라 열두 기둥을 세웠습니다. 이스라엘 자손들이 어린 수소를 잡고 모세는 그 피의 절반을 제단에 뿌렸습니다.

그리고 모세가 언약의 책을 들고 백성에게 낭독하니, 그들은 '여호와께서 명하신 모든 말씀을 받들어 지키겠습니다'라고 말하였습니다. 모세는 피를 가져다가 백성에게 뿌리며 말하였습니다. '보십시오, 이것은 여호와께서 이 모든 말씀을 따라, 당신들에게 세우신 언약의 피입니다.' 하나님이 아브라함과 맺은 언약에서 본 대로 우리는 다시 한 번 피 흘려 맺은 언약이 비준되는 광경을 보는 것입니다.

그 뒤 모세는 산을 올라가 40일 밤낮을 그곳에 머물렀습니다. 하나님이 언약 조약을 써 주신 언약 돌판을 받기 위해서죠. 이 언약 안에는 성막 짓는 법에 대한 가르침도 들어 있습니다. 이 성막은 하나님이 그분의 백성 가운데에서 살아가며 그들을 만나는 곳으로, 주변 나라들 사이에서는 한 번도 들어 보지 못한 곳입니다. 토라는 사람들에게 그들을 둘러싼 부패한 나라 가운데에서 어떻게 정결하게 남을 수 있는지를 가르쳐 줍니다. 어떻게 거룩한 나라로 남을 수 있는지. 하나님은 거룩한 분이기 때문입니다."

소녀가 질문을 했다. "사람들이 하나님과 맺은 언약을 깨뜨렸다고 말씀하셨잖아요. 그 일은 하나님과 언약을 맺은 지 수년 뒤에 일어난 일인가요?"

노인은 힘없이 고개를 저었다. "아니란다. 그 일은 겨우 며칠 뒤에 일어났거든. 백성은 모세가 산에서 오랫동안 내려오지 않자, 그의 형 아론에게로 몰려갔단다. '일어나서, 우리를 인도할 신을 만들어 주십시오. 우리를 이집트 땅에서 올라오게 한 모세라는 사람은 어떻게 되었는지 모르겠습니다.'

그들은 이집트에서 나왔는지 모르겠지만, 이집트를 남겨 두고 온 것은 아니었던 거야. 하나님과 방금 맺은 언약마저도 어찌 그렇게 빨리 잊어버리는지! 그들은 하나님을 보지는 못했어도 그분이 그들에게 행하신 놀라운 일들은 똑똑히 목격한 자들이야. 그런데도 하나님을 신뢰하는 대신 이집트에서 하던 관례로 다시 돌아가고 만 거지. 그렇게 해서 아론은 금송아지를 만들었단다. 금송아지는 이집트인들이 숭배하는 우상이거든. 이스라엘 백성들도 이집트에서 그 모습을 보고 지냈지. 여호와 하나님이 이집트에 재앙을 내리자 무력한 본색을 드러낸 신이라는 걸 그들도 잘 알고 있었고 말이야. 그렇지만 그들은 그 신을 볼 수는 있었단다. 이미 그들은 언약에 불순종하고 있었던 거야. 그들을 종살이에서 구해 내신 하나님께 충성하지도, 신실하지도 않은 거지. 하나님은 그들에게 헤세드를 약속하셨어. 그것은 바로 사랑, 신실한 사랑, 약속을 지키는 사랑이란다. 그리고 하나님은 그들에게 충성을 요구하셨지. 언약으로 맺은 사랑에 신실하기를 말이야. 그런데 하나님의 백성은 하나님을 배반하고 말았단다.

아론이 백성 앞에 금송아지를 만들어 내자 그들은 이렇게 외쳤어. '이스라엘아! 이 신이 너희를 이집트 땅에서 이끌어 낸 너희의 신이다.' 아론은 이 소리를 듣고서 그 신상 앞에 제단을 쌓고 '내일 여호와의 절기를 지킵시다'라고 선포하였단다. 아론은 그 신상을 여호와로 여기려고 한 거야. 그건 열 가지 말씀에서 두 번째 말씀을 거역하는 행동이었지.

그때 여호와께서 모세에게 말씀하셨다. '어서 내려가 보아라. 네가 이집트 땅에서 이끌어 낸 너의 백성이 타락하였다. 그들은 내가 그들에게 명한 길을 이렇게 빨리 벗어났구나. 나는 그들이 만든 우상을 살펴보았다. 또한 나는 이 백성도 살펴보았다. 이 얼마나 고집 센 백성이냐? 이제 너는 나를 말리지 마라. 내가 노하였다. 내가 그들을 쳐서 완전히 없애 버리겠다. 그러나 너는, 내가 큰 민족으로 만들어 주겠다.'"

소녀가 또다시 외쳤다. "하나님이 정말 그분의 백성을 모두 없애 버리려고 하신 걸까요?"

"네 생각은 어떠니?" 오히려 노인이 되물었다.

소녀는 머뭇거렸다. 입술을 깨문 모습이 깊은 생각에 빠진 모양이다. "잘 모르겠지만, 그렇게 하시려고 한 건 아닌 것 같아요. 어쨌든 하나님은 그들을 완전히 없애 버리지는 않으셨잖아요. 그러면 하나님은 왜 그렇게 말씀하신 거죠?"

이번에는 노인이 잠시 생각에 잠겼다. "아마도 하나님이 모세를 시험하신 게 아닐까 싶구나. 하나님은 모세에게 기회를 주신 거야. 아브라함의 언약을 모세 자신의 것으로 요구할 기회를 말이야. 하나님은 모세를 큰 민족으로 만드시겠다고, 그의 이름을 크게 높여 주겠다고 하셨으니까. 분명한 건, 모세가 할 일은 뒤로 물러나 바라보는 게 전부라는 거지."

엄숙한 침묵이 무리를 뒤덮었다. 조금 있자 소녀의 남동생이 그 침묵을 깨뜨렸다. "그래서 모세는 어떻게 했어요?" 노인이 웃으며 이야기를 계속했다.

"모세는 여호와 하나님께 애원하였단다. '여호와여, 어찌하여 주님께서 큰 권능과 강한 손으로 이집트 땅에서 이끌어 내신 주님의 백성에게 이와 같이 노하십니까? 어찌하여 이집트 사람이 "그들의 주가 자기 백성을 완전히 없애 버리려고 그들을 이끌어 냈구나" 하고 말하게 하려 하십니까? 제발, 진노를 거두시고 뜻을 돌이키시어, 주님의 백성에게서 이 재앙을 거두어 주십시오. 주님의 종 아브라함과 이삭과 이스라엘을 기억하여 주십시오. 주님께서 그들에게 맹세하시며 이르시기를 "내가 너희를 큰 민족으로 만들고, 이모든 땅을 너희에게 주어서, 너희 자손을 영원한 유산으로 삼게 하겠다"고 하셨습니다.'"

노인이 소녀를 향해 몸을 돌렸다. "모세는 그 백성을 위해 탄원했단다. 그들이 살아남을 수 있도록 하나님께 애원했지. 그리고 하나님께 그분이 하신 언약을 상기시켜 드렸어. 모세는 자신과 백성이 하나님과 맺은 언약을 마음 깊이 새겨 두었거든. 그 언약은 그의 정체성을 형성하는 것이자, 하나님의 백성으로서 그가 해야 할 일을 이해시켜 주는 것이었지. 바로 제사장으로서, 죄 많은 백성과 거룩한 하나님을 중재하는 자로서 말이야. 자신을 위해 하나님이 그에게 허락하신 특별한 권리를 요구하는 대신 모세는 백성과 연합하여 그들을 용서해 달라고 하나님께 간청했단다."

노인이 사람들을 향해 돌아섰다. "그리고 하나님은 모세가 요구한 대로 행하셨습니다. 그 뜻을 돌이키신 것입니다! 주님의 백성에게 내리겠다던 재앙을 거두셨습니다.

모세는 돌아서서 증거판 둘을 손에 들고서 산에서 내려왔습니다. 그 판은 하나님이 손수 만드신 것이며, 그 글자는 하나님이 손수 판에 새기신 글자입니다. 모세는 이 증거판을 들고 금송아지 앞에서 축제를 벌이고 있는 사람들에게 걸어갔습니다. 그들은 모두 술을 진탕 마셔 취해 있었습니다.

모세는 화가 나서, 손에 들고 있는 돌판 두 개를 산 아래로 내던져 깨뜨려 버렸습니다. 그 백성이 언약을 어떻게 깨뜨렸는지를 생생하게 보여 주는 모습이지요. 그는 그 수송아지를 가져다가 가루가 될 때까지 빻아서 물에 타고는 이스라엘 자손에게 마시게 했습니다. 그들의 죄가 얼마나 쓴지 맛보이기 위해서 말입니다.

모세는 그 산으로 돌아가 그 백성을 멸하지 말아 달라고 하나님께 애원했습니다. 그러자 주님이 모세에게 말씀하셨습니다. '너는 가서, 네가 이집트 땅에서 데리고 올라온 이 백성을 이끌고 여기를 떠나 내가 아브라함과 이삭과 야곱에게 맹세한 그 땅으로 올라가거라. 너희는 이제 곧 젖과 꿀이 흐르는 땅으로 들어간다. 그러나 나는 너희와 함께 올라가지 않겠다. 너희는 고집이 센 백성이므로,

내가 너희를 없애 버릴지도 모르기 때문이다.'

모세는 다시 한 번 백성을 위해 하나님께 탄원했습니다. '주님이 친히 우리와 함께 가지 않으시려면, 우리를 이곳에서 떠나 올려 보내지 마십시오. 주님이 우리와 함께 가지 않으시면, 주님께서 주님의 백성이나 저를 좋아하신다는 것을 그들이 어떻게 알 수 있겠습니까? 주님께서 우리와 함께 계시므로, 저와 주님의 백성이 땅 위에 있는 모든 백성과 구별되는 것이 아닙니까?'

여호와께서 말씀하셨습니다. '내가 친히 너와 함께 가겠다. 그리하여 네가 안전하게 하겠다. 이제 너는 돌판 두 개를 처음 것과 같이 깎아라. 그러면 네가 깨뜨려 버린 처음 돌판 위에 쓴 그 말을, 내가 새 돌판에 다시 새겨 주겠다.' 하나님은 여전히 언약에 신실하셨습니다. 하나님의 백성이 그렇지 못할 때에도.

하나님은 다시 한 번 모세에게 언약 조건을 주셨습니다. 그리고 말씀하셨습니다. '너는 이 말을 기록하여라. 내가 이 말을 기초로 해서, 너와 이스라엘과 언약을 세웠기 때문이다.' 모세는 거기서 주님과 함께 밤낮 사십 일을 지내면서, 빵도 먹지 않고, 물도 마시지 않고, 언약의 말씀을 판에 기록하였습니다."

"결국 모세는 시험을 통과했군요." 소녀가 말했다.

"이걸 시험이라고 본다면, 그래, 맞다. 모세는 언약에 신실했으니까." 노인은 무리를 바라보며 다시 말을 이었다. "모세는 시험만 받은 것이 아니었습니다. 언약을 깨뜨린 백성을 하나님이 심판하시도록 모세가 사람들을 불렀을 때, 레위 족속에 있는 남자들이 응답했습니다. 그날 그들은 동족을 삼천 명이나 죽였습니다. 우상을 숭배한 대가로 일어난 비극이지요." 이 참혹한 이야기를 전할 때 노인의 어깨가 축 처졌다. "그러나 이 심판으로 사람들은 깊이 뉘우쳤습니다. 금송아지를 만들어 철저하게 불순종한 뒤, 이 백성은 성막을 만들어 하나님께 철저하게 순종하였습니다. 이 성막은 그들 가운데 하나님의 임재가 거하는 회막tent of meeting입니다. 하나님은 그들 가운데 성막을 세울 기술자와 함께 예물을 가져오라고 하셨습니다. 이에 그들은 열성적으로 예물을 헌납했습니다. 모세가 더 이상 가져오지 말라고 말할 정도로 말입니다!

성막을 세우는 장면이 바로 오늘 이야기의 절정입니다. 비록 그것이 끝은 아니지만요. 그 백성이 하나님과 언약을 맺고 성막을 세우며 하나님께 온전히 순종하자 하나님이 그 백성 가운데 거하셨습니다. 사람들이 할 일은 그들이 만든 장막 입구에 서서 성막을 바라보는 것뿐이었습니다. 그곳에서 그들은 낮에는 구름이, 밤에는 불 기둥이 성막을 덮고 있는 광경을 볼 수 있었습니다. 그것은 하나님이 그들과 함께하신다는, 그들 가운데 여호와의 영광이 임하고 있다는 표시였습니다. 다른 어느 민족도 경험하지 못한 일이었지요.

하나님이 성막을 지으라고 가르쳐 주신 내용에는 언약궤를 만드는 법도 들어 있었습니다. 언약궤는 언약 돌판을 보관하는 곳으로 성막에서도 지성소 안에 놓였습니다. 이 궤는 이스라엘의 종주국이자 이스라엘의 왕이신 하나님이 거하시는 보좌입니다. 하나님은 이곳에서 우리 민족의 대제사장과 만나고 순금으로 만든 두 그룹 사이에 있는 속죄판 위에서 말씀하셨습니다."

"그룹이요?" 소녀가 물었다. "하나님이 에덴동산 입구에 두었다는 그 그룹 말인가요?"

"그렇기도 하고…… 아니기도 하단다." 노인이 대답했다. "그 그룹은 아담과 하와가 하나님이 계신 곳, 이제 그들과 상관이 없는 에덴동산으로 다시 들어오지 못하게 막으려고 세우신 것이었습니다. 그렇지만 지금 말한 그룹은 지성소를 성막의 다른 곳과 구별시켜 주는 휘장에 수놓인 것입니다. 하나님이 계신 곳으로 가는 길을 지키는 거죠. 그룹이 지키고 있고 제사 제도와 제사장을 통해 구별된 곳이긴 하지만, 하나님은 다시 한 번 인간들 가운데 거하시게 된 것입니다.

이렇게 해서 약속의 땅으로 가는 여정이 시작되었습니다. 그렇지만 다시 한 번 이들은 얼마 지나지 않아 하나님이 날마다 예비해 주시는 만나에 싫증을 냈습니다. 이스라엘 자손 가운데 섞여 살던 무리들이 탐욕을 품자, 이스라엘 자손도 또다시 울며 불평했습니다. '누가 우리에게 고기를 먹여 줄까? 이집트에서 생선을 공짜로 먹던 것이 기억에 생생한데, 그 밖에도 오이와 수박과 부추와 파와 마늘이 눈에 선한데, 이제 우리 눈에 보이는 것이라고는 이 만나밖에 없으니, 입맛마저 떨어졌다.'

백성들은 하나님의 은혜로운 공급하심을 업신여기고, 종살이할 때 먹던 음식을 그리워했지요. 어쩜 그리도 우리랑 똑같은지요!

우리는 얼마나 자주 쾌락감만 떠올리는지요. 죄에 묶여 있는 세월에서도 끔찍한 일들은 잊어버리고 좋은 부분만 기억하는 겁니다. 그러면서 지금 우리에게 베푸시는 하나님의 은혜로운 구원과 공급하심은 무시하고 말이죠. 이러한 패턴이 그들 삶 속에 단단히 자리 잡았습니다. 그래서 하나님은 물론 그들이 하나님과 맺은 언약마저도 신뢰하지 못하는 모습을 보여 주었지요.

모세는 백성을 모으고 그들이 내뱉은 불평에 하나님이 뭐라고 대답하셨는지 전해 주었습니다. '내일 너희는 고기를 먹게 될 것이다. "이집트에서는 우리가 참 좋았었는데" 하고 울며 한 말이 내게 들렸다. 이제 나 여호와가 너희에게 고기를 줄 것이다. 냄새만 맡아도 먹기 싫을 때까지, 줄곧 그것을 먹게 될 것이다. 너희가 너희 가운데 있는 나 여호와를 거절하고, 내 앞에서 울면서 "우리가 왜 이집트를 떠났던가?" 하고 후회하였기 때문이다.' 그렇게 해서 여호와께서는 그들에게 거대한 메추라기 떼를 먹이셨습니다.

이게 끝이 아니었지요. 그 뒤로도 이 백성은 그들을 돌보시는 하나님을 계속 의심했습니다. 모세가 약속의 땅을 정탐하라고 사람들을 보냈을 때 일입니다. 정탐꾼들이 돌아와 그 땅에 들어가서 예상되는 바를 보고했지요. 열두 명 가운데 열 명은 그 땅에 거인들이 살고 있다고 말했습니다. 그러자 사람들이 또 아우성쳤습니다. '우리가 이집트 땅에서 죽었더라면 더 좋았을 것이다. 아니면 차라리 우리가 이 광야에서라도 죽었더라면 더 좋았을 것이다. 그런데 주님은 왜 우리를 이 땅으로 끌고 와서, 칼에 맞아 죽게 하는가? 우

두머리를 세우자. 그리고 이집트로 돌아가자.'

이 모습에 하나님은 진노하셔서 모세에게 말씀하셨습니다. '내가 이 백성 가운데서 보인 온갖 표적들이 있는데, 언제까지 나를 믿지 않겠다더냐? 내가 이들을 쳐서 없애고, 너를 이들보다 더 크고 힘센 나라가 되게 하겠다.' 모세는 다시 한 번 언약과 그분의 성품을 상기시켜 드렸습니다. 그리고 하나님께 그분의 헤세드, 하나님의 자비를 따라 그 백성을 용서해 달라고 간청했지요.

모세의 탄원과 중재가 다시 그 백성을 구했습니다. 그렇지만 그들이 하나님을 시험한 마지막 사건은 끝내 엄청난 결과를 낳고야 말았습니다. 하나님이 그들보다 앞서 가셔서 아브라함에게 약속하신 땅을 주겠다고 하신 것을 그들이 믿지 않았거든요. 그래서 하나님은 그들이 사십 년 동안 광야를 떠돌게 될 것이라고 선언하셨습니다. 정탐꾼들이 가나안 땅을 정탐한 기간에서 하루를 일 년으로 계산하신 거죠. 그들 세대가 다 죽고 사라질 때까지 그들은 광야에서 방황하게 된 것입니다. 그들은 들어가지 못하지만 그들의 자녀들은 약속의 땅에 들어갈 수 있었습니다."

노인이 무리를 둘러보았다. "자, 이제 다 왔습니다. 오늘밤 이야기를 시작했을 때로 돌아가 봅시다. 모세는 새로운 세대 앞에 서 있습니다. 처음으로 약속의 땅에 발을 들여놓기 바로 전날, 그곳에서 모세는 손등으로 눈물을 훔쳤습니다. 자신은 그 땅에 들어가지 못한다는 것을 알기 때문입니다. 모세도 하나님께 불순종했으니까요. 순간적인 어리석은 자만심에 모세는 하나님의 영광을 자신의 것으로 가로채려 한 적이 있었습니다.

마지막으로 하나님의 백성에게 그분의 말씀을 전하기 위해 모세는 서 있습니다. 모세가 전하는 말은 수세기를 가로질러 지금 우리에게도 울려 퍼집니다. '이스라엘 자손 여러분, 지금 내가 당신들에게 가르쳐 주는 규율을 귀담아 듣고, 그대로 지키십시오. 그러면 당신들이 살아서 여호와, 당신들 조상의 하나님이 당신들에게 주시는 땅에 들어가서, 그곳을 차지하게 될 것입니다. 당신들은 이 규례와 법도를 지키십시오. 그러면 여러 민족이, 당신들이 어떻게 살아가는지 보고 이스라엘은 정말 위대한 백성이요 지혜롭고 슬기로운 민족이라고 말할 것입니다. 여호와 우리 하나님은 우리가 기도할 때마다 우리 가까이에 계시는 분입니다. 이와 같은 하나님을 모신 위대한 민족이 또 어디에 있겠습니까?

당신들은 여호와께서 이집트에서 건져 내셔서, 오늘 이렇게 자기의 소유로 삼으신 백성입니다. 당신들은 여호와께서 당신들을 위해 행하신 표적과 이적을 모두 봤습니다. 당신들에게 이것을 나타내셨으니, 그것은 여호와가 곧 하나님이시고, 그분밖에는 다른 신이 없음을 알게 하시려는 것입니다. 이스라엘 자손 여러분, 하나님의 율법을 듣고 성심껏 지키면, 여호와 당신들 조상의 하나님이 당신들에게 약속하신 대로, 젖과 꿀이 흐르는 땅에서 당신들이 큰 민족을 이룰 것입니다. 이스라엘은 들으십시오. 여호와는 우리의 하나님이시요, 여호와는 오직 한 분뿐이십니다. 당신들은 마음을 다하고 뜻을 다하고 힘을 다하여, 여호와 당신들의 하나님을 사랑하십시오.

내가 오늘 당신들에게 명하는 이 말씀을 마음에 새기고, 자녀에게 부지런히 가르치십시오. 당신들은 여호와 당신들의 하나님의 거룩한 백성이요, 여호와 당신들의 하나님이 땅 위의 많은 백성 가운데서 선택하셔서, 자기의 보배로 삼으신 백성이기 때문입니다. 그러므로 당신들은 여호와 당신들의 하나님이 참 하나님이시며 신실하신 하나님이심을 알아야 합니다. 하나님을 사랑하고 하나님의 계명을 지키는 사람에게는, 천 대에 이르기까지 그의 언약을 지키시며, 또 한결같은 헤세드를 베푸시는 신실하신 하나님이심을 알아야 합니다.

이스라엘 자손 여러분, 지금 여호와 당신들의 하나님이 당신들에게 원하시는 것이 무엇인지 아십니까? 여호와 당신들의 하나님을 경외하며, 그의 모든 길을 따르며, 그를 사랑하며, 마음을 다하고 정성을 다하여 여호와 당신들의 하나님을 섬기며, 여호와 당신들의 하나님의 명령과 규례를 지키는 일이 아니겠습니까? 당신들이 여호와 당신들의 하나님의 말씀에 순종하면, 이 모든 복이 당신들에게 찾아와서 당신들을 따를 것입니다. 그러나 당신들이 여호와 당신들의 하나님의 말씀을 듣지 않고, 또 내가 오늘 당신들에게 명한 모든 명령과 규례를 지키지 않으면, 당신들의 적에게 패할 것입니다. 여호와께서 저 먼 곳에서 당신들을 대적하는 나라를 일으키셔서 당신들이 이제 막 들어간 그 땅에서 모두 흩어질 것입니다.

나는 오늘 하늘과 땅을 증인으로 세우고, 생명과 사망, 복과 저주를 당신들 앞에 내놓았습니다. 당신들과 당신들의 자손이 살려거든, 생명을 택하십시오. 여호와 당신들의 하나님을 사랑하십시오. 그의 말씀을 들으며 그를 따르십시오. 그러면 여호와께서 당신들의 조상 아브라함과 이삭과 야곱에게 주시겠다고 맹세하신 그 땅에서 당신들이 잘 살 것입니다.'

이렇게 우리 조상은 여호와 하나님과 언약을 맺었습니다. 그리고 돌판에 새겨진 그 언약이 토라의 말씀입니다. 토라를 지키는 것은 하나님의 은혜를 받기 위한 수단이 아닙니다. 이미 하나님이 우리에게 베푸신 은혜에 대한 우리의 반응입니다. 여호와 하나님이 거룩하시므로 우리도 거룩해야 합니다. 하나님의 말씀을 지키는 것으로 그들의 정체성을 형성하고, 그들이 살아가는 방식을 통해 그들은 주변에 있는 민족에게 하나님의 성품을 드러냅니다. 이렇게 공동선을 깊이 의식하여 인류 공동체의 풍성함을 보여 줍니다."

"그 자녀들은 명령과 규례를 잘 지켰나요?" 소년이 물었다.

노인의 어깨가 다시 축 늘어졌다. 소년의 질문에 대답하자니 어깨가 무거워졌다. "아니, 그렇지 않았단다. 이스라엘 백성은 언약을 지키지 못했거든. 모세는 그러한 일이 일어날 걸 알고 있었어. 그래서 모세는 하나님이 아브라함에게 언약으로 약속하신 땅으로 들어가기도 전에 이스라엘 백성에게 이렇게 말했단다. '여호와 당신들의 하나님은 당신들의 동족 가운데서 나와 같은 선지자 한 사람을 일으켜 세워 주실 것이니, 당신들은 그의 말을 들어야 합니다.'"

소년은 잠시 생각하는 듯하더니 이내 두 눈이 커졌다. "그러면 아바께서 모세와 같은 선지자이신가요?"

놀란 나머지 노인은 잠시 동안 말을 하지 못하다가 껄껄거리며 크게 웃었다. "나 말이니, 꼬마야? 이런, 아니란다. 우리는 여전히 모세가 말한 선지자를 기다리고 있단다."

노인은 자리에서 일어서며 다른 사람들에게도 일어나라고 손짓했다. 사람들이 일어서자 노인이 입을 열었다. "오늘 밤에 들은 이야기에는 우리가 생각할 거리가 참 많습니다. 나는 여러분이 내일 안식일을 보내며 그 내용을 생각하는 시간을 갖길 바랍니다. 우리는 약속의 땅에서 흩어질 것이라는 저주에 대해서도 들었지요. 그것은 바로 포로 생활의 저주입니다. 자, 오늘 밤에는 축복으로 마무리합시다. 하나님의 축복, 아론이 대제사장이던 때부터 제사장들이 우리 민족에게 선포하던 그 축복을 나눠 봅시다."

노인은 사람들의 얼굴을 보며 그들을 향한 하나님의 헤세드를 느낄 수 있었다. 오래된 축복을 낭독하기 시작하는 노인의 목소리가 사람들의 마음을 사로잡았다.

여호와는 네게 복을 주시고 너를 지키시기를 원하며

여호와는 그의 얼굴을 네게 비추사 은혜 베푸시기를 원하며

여호와는 그 얼굴을 네게로 향하여 드사 평강 주시기를 원하노라.

제 6 장

정복

하나님의 백성에게 땅을 예비하신
성실하신 하나님과
또다시 그 땅에서 불성실을 드러낸
그분의 백성

노인은 자기 주위로 사람들을 불러 모았다. 밤이 되자 조금 쌀쌀했다. 오늘따라 유난히 사람들은 말이 없었다. 그들은 지난 모임 때처럼 끝나는 이야기를 별로 좋아하지 않았다. 그들이 그럴 수밖에 없는 것도 무리가 아니기 때문에 노인은 깊은 생각에 잠겼다.

그러나 오늘 이야기만큼은 사람들이 좋아할 거라는 사실을 노인은 잘 알고 있었다. 오늘 밤에는 이 백성이 약속의 땅으로 들어가는 날, 하나님이 이들에게 안겨 주신 승리를 들려줄 것이기 때문이다. 그렇지만 그들의 조상이 겪은 일에서 배워야 할 교훈도 많았다. 그래서 노인은 어떤 장면으로 이야기를 시작할지 매우 신중하게 선택했다. 가만히 눈을 감고 생각을 모은 뒤, 이야기를 시작했다.

"한 남자가 큰 종려나무 그늘 아래 옹기종기 모여 있는 사람들에게 다가갔습니다. 그는 자신이 땀에 흠뻑 젖었다는 것을 알았습니다. 그렇지만 그 땀이 정오에 내리쬐는 따가운 햇살 때문인지, 자신이 느끼는 두려움 때문인지 알 수가 없었습니다. 이스라엘 군대 가운데 납달리 지파와 스불론 지파의 최고 지휘자인 그는 백성의 지도자가 있는 전략 회의에 불려 간 것입니다.

그의 백성이 이십 년 동안 가나안 왕 야빈의 명에 아래 지낼 때, 그가 한 일은 거의 예식과 관련된 영역이었습니다. 그들은 야빈의 철 병거를 지휘하는 무자비한 군대 장관 시스라에게 억압당해 왔습니다. 그 철 병거에 대적할 군대는 어디에도 없었습니다. 그렇다면 지금 그는 왜 이 자리에 불려 나온 것일까요? 어째서 이스라엘 민족의 사사가 그를 보고 싶어한 것일까요? 짐작할 수 있는 이유는 단 하나였습니다. 그는 자신의 짐작이 맞을까 봐 두려웠지요. 바로 사사가 그에게 시스라를 대적하라는 명령을 내리는 것입니다.

사람들이 모인 나무에 다가가면서 그의 머릿속에 앞선 싸움들이 떠올랐습니다. 이스라엘 자손은 이전에 세 번이나 압제당했지만, 여호와 하나님이 사사를 일으키셔서 그 세 번 모두 구원해 주셨습니다. 그러나 그가 이제 곧 만날 사사는 다른 사사들과 달랐습니다. 다른 사사들은 특정한 과업 때문에 세워진 평범한 남자였습니다. 그러나 이 사사는 실제로 하나님의 백성을 다스리는 지도자였습니다. 이 사사는 종려나무 그늘 아래 앉아 재판해 주는 사람이었습니다. 그는 하나님의 선지자이자, 거룩한 말씀을 전하는 자였습니다. 바로 하나님의 대변자였습니다.

그가 가까이 가자 무리가 그에게 길을 열어 주었습니다. 떨리는 무릎을 간신히 참으며 그는 백성의 지도자 앞에 무릎을 꿇었습니다. 그리고 사사가 전하는 말을 들은 그의 마음은 깊은 좌절에 빠졌습니다.

'아비노암의 아들 바락이여, 여호와 이스라엘의 하나님이 납달리 지파와 스불론 지파를 이끌고 다볼 산으로 가라고 명하셨습니다. 그곳에서 당신은 시스라와 그의 철 병거 부대와 맞설 것입니다. 그리고 여호와께서 당신의 손에 시스라를 넘겨 주실 것입니다. 이 일로 이스라엘은 야반의 억압에서 해방될 것입니다.'

바락은 눈을 들어 지도자를 바라보았습니다. 두려움이 그를 뒤덮었습니다. '그대가 말한 대로 가서 행하겠습니다. 그대가 나와 함께 간다면 말입니다.'

하나님의 선지자이자 이스라엘 백성의 사사인 드보라가 대답했습니다. '좋습니다. 그러나 여호와께서 시스라를 한 여자의 손에 내주실 것이니, 장군께서는 이번에 가는 길에서 영광을 얻지 못할 것입니다'"

"드보라라고요?" 노인이 눈을 뜨고 소녀를 바라보았다. "우리 민족의 사사는 모두 남자인 줄 알았어요. 기드온이나 삼손처럼 위대한 영웅들 말이에요."

노인이 미소를 지었다. "우리 민족은 이야기도 많고 영웅도 많단다. 그 중에서 어떤 이야기들은 다른 이야기들보다 자주 듣기도 하지." 그는 소녀를 향해 웃어 보이고는 무리를 향했다.

"지난번 모임에서 우리는 이스라엘 백성이 시내 산에서 여호와 하나님과 언약을 맺은 이야기를 들었습니다. 이 언약으로 그들은 누더기를 걸친 허름한 노예 무리에서 한 민족으로 탈바꿈했습니다.

그리고 하나님이 어떻게 성막에서 하나님의 백성과 함께 거하시게 되었는지도 들려드렸지요.

그렇지만 이 백성이 금세 하나님이 그들에게 하신 일을 잊어버리고 그들에게 필요한 것들을 공급하시고 보호하시는 하나님의 은혜에 불평한 일도 들었습니다. 결국 하나님이 이집트에서 이끌고 나오신 모든 성인 가운데 단 두 명, 여호수아와 갈렙만 하나님이 그 조상들에게 약속하신 땅에 들어갈 수 있었지요. 이스라엘 백성을 이끈 위대한 지도자 모세조차도 그 땅에 들어가지 못했습니다. 자만심에 빠진 죄악 된 행동 때문이었지요.

그래서 이 죄악 된 세대의 자손들이 약속의 땅인 가나안에 들어가던 바로 그날, 모세는 그들에게 이렇게 전했습니다. '이스라엘은 들으십시오. 오늘 당신들은 요단 강을 건너가서, 당신들보다 강대한 민족들, 누구도 맞설 수 없는 거인과 같은 민족을 쫓아낼 것입니다. 그러나 당신들이 아시는 대로, 오늘 여호와 당신들의 하나님이 맹렬한 불이 되어 당신들 앞에서 건너가시며, 몸소 당신들 앞에서 그들을 멸하셔서, 그들이 당신들 앞에 무릎을 꿇게 하실 것입니다. 여호와께서 당신들에게 말씀하신 대로, 그들을 빨리 몰아내고 멸망시키실 것입니다. 행여 당신들이 의롭기 때문에 하나님이 당신들에게 이 땅을 차지하게 하셨다고 생각하지 마십시오. 당신들은 완고한 백성입니다. 하나님이 가나안 민족을 당신들 앞에서 내쫓은 것은, 그들이 악하기 때문입니다. 이렇게 하여, 하나님은 당신들의 조상 아브라함과 이삭과 야곱에게 맹세하신 그 말씀을 이루신 것입니다.' 오늘밤 우리는 이 이야기를 듣게 될 것입니다. 바로 가나안 정복 이야기를 말입니다.

여호와 하나님은 모세를 이어 하나님의 백성을 이끌 지도자로 눈의 아들 여호수아를 지명하셨습니다. 모세의 수종자였던 여호수아는 여호와 하나님이 모세에게 토라를 주실 때 시내 산에 함께 있던 사람입니다. 그는 사십 년 전 요단 강을 건너 가나안을 정탐하러 간 열두 명 가운데 한 사람이기도 합니다. 그의 본명은 호세아이지만 모세가 그에게 여호수아라는 이름을 다시 지어 주었습니다. '여호와는 구원이시다'라는 뜻을 지닌 이름이지요.

모세가 죽은 뒤에 여호와께서 여호수아에게 말씀하셨습니다. '이제 너는 이스라엘 자손 곧 모든 백성과 함께 일어나 요단 강을 건너서, 내가 그들에게 주는 땅으로 가거라. 너희 발바닥이 닿는 곳은 어디든지 내가 너희에게 주겠다. 광야에서부터 레바논까지, 큰 강인 유프라테스 강에서부터 헷 사람의 땅을 지나 서쪽의 지중해까지, 모두 너희의 영토가 될 것이다.

굳세고 용감하여라. 내가 이 백성의 조상에게 주기로 맹세한 땅을, 이 백성에게 유산으로 물려줄 사람이 바로 너다. 토라를 읽고 공부하여라. 이 책에 쓰인 대로 모든 것을 성심껏 실천하여라. 그리하면 네가 가는 길이 순조로울 것이며, 네가 성공할 것이다. 너는 두려워하거나 낙담하지 마라! 네가 어디로 가든지 여호와 너의 하나님이 함께 있겠다.'

이제 모세가 가나안 땅을 정탐하라고 여호수아를 보낸 사십 년 전처럼, 여호수아는 여리고를 정탐하라고 두 명을 보냅니다. 그들이 정복해야 할 첫 도시로 말이죠. 여리고에 도착한 두 정탐꾼은 창녀인 라합의 집에 머물기로 합니다."

한 여자가 소리치며 크게 웃음을 터뜨렸다. "이제는 그다지 놀랍지도 않네요." 노인은 빙그레 웃고는 이야기를 계속했다.

"그것을 본 한 이웃이 여리고 왕에게 이 사실을 보고했습니다. 보고를 들은 여리고 왕은 라합에게 그들을 군대에 넘기라고 말했습니다. 그러나 라합은 정탐꾼들이 이미 떠났다고 거짓말을 합니다. 그리고는 두 정탐꾼에게 이렇게 말합니다. '나는 여호와께서 이 땅을 당신들에게 주신 것을 압니다. 우리는 당신들 때문에 공포에 사로잡혀 있고, 이 땅의 주민들은 모두 하나같이 당신들 때문에 간담이 서늘했습니다. 여호와 당신들의 하나님이 당신들 앞에서 어떻게 홍해의 물을 가르셨으며, 또 당신들이 강한 대적들을 어떻게 전멸시켰는가 하는 소식을 우리가 들었기 때문입니다. 위로는 하늘에서 아래로는 땅 위에서, 과연 여호와 당신들의 하나님만이 참 하나님이십니다. 이제 내가 당신들에게 은혜를 베풀었으니, 당신들이 이 도시를 취할 때 내 가족에게 은혜를 베푸시겠다고 약속해 주십시오.' 정탐꾼들은 라합에게 그렇게 하겠다고 약속했습니다."

"잠깐만요." 젊은 음악가가 끼어들었다. "어르신께서는 지난번에 우리 조상들이 사십 년 동안 광야를 떠돌아다녔다고 하지 않으셨나요? 그들이 가나안 족속을 두려워했기 때문에 말이에요. 정탐꾼들은 그들이 거인이라고 말했죠. 그런데 이제는 가나안 족속이 우리 민족 때문에 벌벌 떨었다고요?"

"그렇다네." 노인이 대답했다. "사십 년 동안 여리고 사람들은 이제나저제나 이스라엘 민족이 쳐들어올까 봐 두려워하면서 살았다네. 여호와께서 가나안 족속을 전멸하실 것이라는 사실을 의심한 세대는 광야에서 모두 죽었고 말이야. 여호수아와 갈렙만 빼고 말일세." 그는 무리에게로 몸을 돌렸다. "이 정탐꾼들은 여호수아에게 돌아가 이렇게 보고했습니다. '여호와께서 그 땅을 모두 우리 손에 넘겨주셨으므로 그 땅의 모든 주민이 우리를 무서워하고 있습니다.'

여호수아는 사람들을 모았습니다. 진을 정리하고 약속의 땅으로 들어갈 준비를 시작한 것입니다. 제사장들은 하나님의 영광이 거하는 언약궤를 성막 밖으로 메고 나와 요단 강으로 갔습니다. 사람들이 그 뒤를 따랐고, 제사장들이 물속으로 들어서자 하나님이 그들 양 옆으로 강물을 벽처럼 쌓아올리셨습니다. 이스라엘 백성은 강 한가운데 마른 땅을 밟고 가나안 땅으로 건너갈 수 있었습니다. 마치 하나님이 전능하신 능력으로 홍해를 마르게 하셔서 시내 광야로 들어갔을 때처럼 이번에도 같은 식으로 요단 강을 건너간 것입니다.

그 땅에 있는 모든 왕은 여호와 하나님이 요단 강을 마르게 하신 일을 듣고 이스라엘 자손 때문에 간담이 서늘해졌습니다. 이스라엘은 길갈에 진을 쳤습니다. 그곳은 하나님이 요단 강을 건넌 이스라엘 백성을 인도하신 곳으로, 그곳에서 그들은 유월절을 지켰습니다. 그리고 바로 다음날, 이스라엘 백성은 처음으로 그 땅에서 난 소출을 먹었습니다. 그날부터 여호와께서는 만나를 내리지 않으셨고, 이스라엘 자손도 더 이상 만나가 필요하지 않았습니다.

여호수아가 언덕에 올라 눈을 들어 여리고를 보니, 어떤 사람이 손에 칼을 빼 들고 그 앞에 서 있었습니다. 여호수아가 물었습니다. '너는 우리 편이냐? 우리의 원수 편이냐?' 그가 대답하였습니다. '나는 여호와의 군사령관으로 여기에 왔다.' 그러자 여호수아는 그에게 절을 한 다음에 다시 물었습니다. '사령관님께서 이 부하에게 무슨 말씀을 하시렵니까?' 여호와의 군대 사령관이 여호수아에게 말하였습니다. '네가 서 있는 곳은 거룩한 땅이니, 네 신을 벗어라.' 가나안 땅을 정복하기 바로 직전, 하나님은 여호수아에게 찾아오셔서 이스라엘의 적군을 진멸하실 분이 하나님이라는 사실을 깨우쳐 주신 것입니다.

여리고 성은 오랫동안 포위될 것을 예상하고 굳게 닫혀 있었습니다. 여호와께서는 여호수아에게 이스라엘에서 전투를 할 수 있는 모든 사람은 제사장들을 앞세우고 엿새 동안 여리고 성 주위를 날마다 한 번씩 돌라고 명령하셨습니다. 그리고 이레째 되는 날, 그들은 성을 일곱 번 돌고, 제사장들은 각적^{shofar}*, 즉 숫양 뿔 나팔을 한 번 길게 불라고 이르셨습니다.

이스라엘 백성은 여호와께서 말씀하신 대로 따랐습니다. 제사장들이 나팔을 불 때에, 여호수아가 백성에게 이렇게 명령하였습

---

* 각적(角笛)은 이스라엘 민족이 의례 행사나 군대에서 사용한 관악기이다.

제 6 장　　　　　　167

니다. '큰소리로 외쳐라! 여호와께서 너희에게 이 성을 주셨다. 이 성과 이 안에 있는 모든 것을 진멸시켜서, 그것을 여호와께 제물로 바쳐라. 모든 사람을 죽여라. 그러나 창녀 라합과 그 여인의 집에 있는 사람은 모두 살려 주어라. 그 여인은 우리가 보낸 정탐꾼들을 숨겨 주었다.' 백성이 일제히 큰 소리로 외치니, 성벽이 무너져 내렸습니다."

"여리고가 바빌론에 무너질 때, 여호와의 군사령관은 어디 계셨답니까?" 젊은 음악가가 다시 자리에서 일어서며 말했다. "예루살렘이 파괴될 때는요?" 청년이 던진 질문에 동의하는 소리들이 여기저기서 웅성거리기 시작했다. 처음에는 몇몇 사람이 그에게 조용히 하라고 일렀다. "자네는 우리 이야기를 들어 본 적이 없는가?"

그러나 청년을 설득할 수는 없었다. "저는 오히려 욥이 한 말에서 위안을 받습니다. 욥이야말로 우리가 처한 곤경을 이해할 수 있을 테니까요. 들어 보세요. '나는 이제 기력이 쇠하여서 죽을 지경에 이르렀다. 지금까지 나는 괴로운 나날들에 사로잡혀서 편하게 쉬지 못하였다. 밤에는 뼈가 쑤시고, 뼈를 깎는 아픔이 그치지 않는다. 하나님이 나를 진흙 속에 던지시니, 내가 진흙이나 쓰레기보다 나을 것이 없다. 주님, 내가 주님께 부르짖어도, 주님께서는 내게 응답하지 않으십니다. 내가 주님께 기도해도, 주님께서는 들은 체도 않으십니다.'"

청년이 암송을 마치고 나자, 누구도 입을 열지 않았다. 침묵을 깬 사람은 노인이었다. 노인이 나지막한 목소리로 물었다. "자네는 하나님이 우리에게 어떻게 해 주시면 좋겠나?"

"아니, 어르신. 어르신은 제가 부른 노래를 벌써 잊으신 겁니까?" 청년은 맥이 빠졌다는 말투로 대답했다.

"아닐세, 잊지 않았네. 자네는 바빌론 지도자에게 복수할 거라고 하지 않았나. 우리 대적이 패배하는 모습을 보고 말 거라고 말일세." 노인은 그의 시선을 피하지 않고 대답했다. 그 말에 청년은 이렇게 말했다. "그렇다면 어르신께서는 욥이 자신을 변호하며 이렇게 말한 것도 기억하십니까? '내 원수가 고통받는 것을 보고, 나는 기뻐한 적이 없다. 원수가 재난을 당할 때에도, 나는 기뻐하지 않았다. 나는 결코 원수들이 죽기를 바라는 기도를 하여 죄를 범한 적이 없다.'"

청년은 몇 분간 더 서 있다가 자리에 앉았다. 노인은 음악가에게서 눈을 떼고 사람들 속에서 소녀를 찾았다. 소녀를 찾은 노인이 말했다. "너도 물어볼 말이 있을 것 같은데, 꼬마 친구?"

소녀는 눈물을 참으려고 애써 눈을 깜박거렸다. 그러나 이미 소녀의 얼굴에는 눈물이 흐른 자국이 남아 있었다. 노인은 소녀가 드러내는 깊은 연민에 경탄하며 꼬마 친구가 말할 때까지 기다렸다. 드디어 노인이 기대한 질문을 소녀에게 들을 수 있었다. "하나님은 왜 여리고 성을 완전히 진멸하라고 하신 건가요? 어째서 그 안에 살던 사람을 모두 죽이라고 하신 거죠? 헤세드, 사랑의 하나님인 분이 어떻게 수천 명을 죽이실 수가 있죠?"

노인이 대답했다. "나를 믿으렴. 나도 네 질문을 잘 이해한단다.

나도 여러 번, 거듭 물어봤으니까. 나보다 훨씬 지혜로운 사람들이 그 질문에 대답하려고 엄청 애를 썼단다. 어쩌면 네가 이 충격적인 이야기와 씨름할 때, 그들이 생각한 내용이 너를 도와줄지도 모르겠구나." 노인은 깊은 한숨을 내쉬고 혼잣말로 중얼거렸다. "어쩌면 아닐지도 모르지만."

"하나님의 사명은 타락한 우주를 회복하는 것입니다. 하나님은 그분이 지으신 창조세계가 인간의 죄가 낳은 파멸에 빠지도록 내버려 두지 않으실 것입니다. 우주를 회복하기 위해 하나님이 세우신 계획은, 하나님의 백성인 이스라엘의 자손을 통해 온 세상을 축복하는 것이지요. 하나님은 그들에게 약속하신 땅에 그들을 세우실 겁니다. 하나님이 시내 산에서 그들과 맺으신 언약대로 그들이 신실하게 살아 낸다면, 그 땅에서 그들은 주변에 있는 민족에게 하나님이 누구이신지를 증거하고, 그들도 여호와와 관계 맺도록 초청하게 되는 겁니다.

그렇지만 하나님은 하나님의 백성이 유혹에 쉽게 넘어가는 경향이 있다는 것을 이해하십니다. 그 유혹은 마치 사방에서 공격해 오는 것 같으니까요. 이 한 민족을 통해 세상이 축복받으려면, 그들은 하나님이 그들에게 주신 땅에서 하나님의 백성으로서 가나안 족속에게서 어떤 영향도 받지 않은 새로운 삶을 시작해야만 합니다. 아마도 가나안 족속은 이스라엘 백성이 하나님과 맺은 언약을 포기하게 하려고 하겠지만 말이죠.

하나님이 앞서 이스라엘에게 경고하셨듯이, 가나안 족속은 악한 종교와 사회적인 관례를 많이 행하고 있었습니다. 유아 희생제가 전형적인 예라고 할 수 있지요. 그러나 이스라엘 백성은 이러한 관례가 악하다는 것을 잘 이해하지 못했습니다. 그들 주변에 있는 나라에서는 그러한 일이 매우 흔했기 때문이죠. 지금 우리는 그러한 일이 매우 혐오스러운 일이라는 걸 알지만, 그들은 그렇지 않았습니다.

그렇기 때문에 가나안 족속 가운데 일부라도 하나님이 이스라엘에게 주기로 하신 땅에 남아 있다면, 하나님의 백성은 가나안 족속이 행하던 악한 행습을 그대로 따를 것이라는 걸, 하나님은 잘 알고 계셨던 거지요. 비극적인 금송아지 사건을 보면 잘 알 수 있지 않습니까? 그래서 그들은 여리고 성에 있는 모든 것을 '진멸하고' 여호와께 바치라는 명령이 가나안 족속을 파멸해야 한다는 뜻이라는 사실을 이해했습니다.

조상들에게 그랬듯이, 자손도 마찬가지입니다. 그들이 가나안에 살던 사람들을 완전히 쫓아내지 않는다면, 가나안 민족이 그들 속에 슬며시 들어가게 될 거라는 사실을 곧 깨달았을 겁니다. 그렇기 때문에 하나님이 시내 산에서 그들에게 가나안에 있는 다른 어느 민족과도 언약을 맺지 말라고 가르치신 것입니다. '너희는 그들을 너희 땅에서 살지 못하게 하여라. 그렇게 하지 않으면, 그들이 너희를 유혹하여 나에게 죄를 짓게 할까 염려가 된다. 너희가 그들의 신들을 섬기면, 그것이 너희를 잡는 덫이 될 것이다.'

그런데 얼마 지나지 않아 바로 이런 일이 일어났습니다. 기브온 족속이 그 시작이었지요. 기브온 족속은 여호수아를 속여 이스라엘 백성과 언약 조약을 맺었습니다. 여호수아는 기브온 족속에 대해 하나님께 조언을 구하지 않았거든요. 이스라엘 백성은 싸움에서 이겼습니다. 여호와께서 그들을 위해 싸우셨으니까요. 그렇지만 그들은 그 땅에 두루 퍼져 있는 가나안 족속 가운데 여전히 작은 민족일 뿐이었습니다. 그들만의 제단과 산당을 세워 둔 가나안 족속은 이스라엘 백성이 하나님과 맺은 언약에 신실하지 못하도록 꾀어내는 자들이었지요. 그들은 끊임없이 하나님의 백성을 유혹했습니다. 그 결과가 낳은 재앙은 참으로 참혹했습니다. 그러고 보면 비옥함을 숭배하는 가나안 족속의 상징이 뱀이라는 사실도 그리 놀랄 일이 아니지요."

노인은 소녀의 눈을 바라보며 말했다. "이것이 바로 하나님이 가나안 족속을 진멸하라고 말씀하신 이유란다. 그들의 악한 행습을 심판하시고, 이스라엘 자손이 그들과 같은 행습을 받아들이지 못하게 하시기 위해서지." 노인은 소녀의 눈빛에서 이해는 했지만 받아들이지 못하겠다는 기색을 읽을 수 있었다. 지친 듯 한숨을 쉬고는 노인은 사람들에게 이야기했다.

"드디어 여호수아는 여호와께서 모세에게 말씀하신 대로 모든 땅을 점령하고, 그것을 이스라엘 지파의 구분을 따라 유산으로 주었습니다. 그래서 그 땅에서는 전쟁이 그치고, 사람들은 평화를 누리게 되었습니다. 여호와께서 이스라엘과 맺은 선한 약속 가운데 어느 것 하나도 성취하지 못한 것이 없었습니다. 모두 그대로 이루어졌습니다. 하나님은 그분의 백성과 맺은 언약을 지키시는 분입니다.

앞으로 만날 어떤 대적들에게서도 하나님이 그 민족을 보호하실 거라고 신뢰할 수 있다는 평화, 즉 안식이라는 선물(gift of rest)은 하나님이 이스라엘과 함께하심을 열방에 보여 주는 징표입니다. 하나님은 우리 민족에게 세 가지 중요한 교훈을 가르치고자 하십니다. 이 땅은 하나님의 언약에서 비롯된 은혜로운 선물이라는 것, 이 선물은 하나님의 백성인 모든 사람에게 살아갈 터전을 마련해 준다는 것, 그리고 이 땅이라는 선물은 이스라엘이 하나님께 순종하고 가나안 족속의 종교와 사회적 행습을 거부해야 한다는 조건을 달고 있다는 것입니다.

여호수아는 이 세 가지 교훈을 잘 알았습니다. 그래서 죽기 전에 그는 이 교훈을 알리기 위해 모든 사람을 불러 모았습니다. 그리고 다시 한 번 그들에게 이야기를 들려주었습니다. '여호와가 말씀하셨습니다. "내가 너희 조상 아브라함을 이끌어 내어 자손을 많이 보게 하였다. 내가 그에게 이삭을 주었고, 이삭에게는 야곱을 주었다. 야곱과 그의 아들들이 이집트로 내려갔지만, 내가 모세와 아론을 보내서, 이집트에 재앙을 내려 그들을 치고, 너희를 그곳에서 이끌어 내었다. 이집트 사람들이 너희 조상을 추격하자 나는 바닷물을 이끌어 와서 그들을 덮었다. 너희가 요단 강을 건너서 여리고에 이르렀을 때에, 내가 그들을 너희 손에 넘겨주었다. 너희가 일구지 아니한 땅과 너희가 세우지 아니한 성읍을 내가 너희에게 주어서,

너희는 너희가 심지도 아니한 포도밭과 올리브 밭에서 열매를 따 먹고 있는 것이다." 이렇게 말씀하셨으니, 당신들은 이제 여호와를 경외하면서, 그분을 성실하고 진실하게 섬기십시오. 그리고 여러분은 여러분의 조상이 이집트에서 섬기던 신들을 버리고, 오직 여호와만 섬기십시오. 여호와를 섬기고 싶지 않거든, 조상들이 이집트에서 섬기던 신들이든지, 아니면 당신들이 살고 있는 가나안 땅의 신들이든지, 당신들이 어떤 신들을 섬길 것인지를 오늘 선택하십시오. 나와 나의 집안은 여호와를 섬길 것입니다.'

백성들이 대답하였습니다. '여호와를 저버리고 다른 신들을 섬기는 일은 우리가 절대로 하지 않겠습니다. 여호와 우리 하나님이 친히 우리와 우리 조상을 이집트 땅 종 되었던 집에서 이끌어 내시고, 이 땅에 사는 모든 민족을 우리 앞에서 쫓아내셔서 이 땅을 우리에게 주셨습니다. 그러므로 우리는 여호와를 섬기겠습니다. 오직 그분만이 우리의 하나님이십니다. 그분의 말씀을 따르겠습니다.' 이렇게 이 백성은 하나님과 새롭게 언약을 맺었습니다."

노인이 가죽 부대에서 물을 마시기 위해 잠시 말을 멈추었다. "그러나 그 뒤, 사람들은 끔찍하게도 잘못을 저지르기 시작했습니다. 이 민족은 교만으로 가득 차서는 약속의 땅에서 살고 있던 모든 민족을 내쫓기는커녕 다른 족속과 결혼하기까지 했습니다. 오히려 그들이 얻은 땅에서 안락함을 누리기로 택한 것입니다. 하나님이 하신 일을 보지 못한 그들의 자손들은 여호와를 알지 못했습니다. 이 새로운 세대는 여호와께서 보시기에 악을 행하며 가나안 족속의 신인 바알을 섬겼습니다. 하나님과 맺은 언약을 깨뜨린 것이죠. 그 일로 진노하신 하나님은 그들의 적들이 그들을 파멸하도록 허락하셨습니다. 그러나 여호와께서는 그들을 이끌 지도자를 세우셔서 압제하는 자들에게서 그들을 구원하셨습니다. 우리 민족의 역사 가운데 이 기간을 사사 시대라고 부릅니다.

이스라엘 백성이 지닌 중요한 문제는 하나님이 그들에게 베푸신 큰 일들을 그들이 쉽게 잊는다는 것이었습니다. 그들은 더 이상 그들의 이야기를 하지 않았습니다. 그들이 누구인지 잊어버리고 여호와 하나님을 떠난 채 가나안 족속의 신들을 섬겼습니다. 그들은 여호와께서 보시는 앞에서 이러한 악한 일을 거듭 저질렀습니다.

그래서 여호와께서는 그들을 압제할 나라를 보내셨습니다. 그러면 이 민족은 여호와께 구원해 달라고 부르짖었습니다. 여호와께서는 그들을 구원할 사사를 일으켜 세우셨죠. 그들의 압제자는 진멸당했고요. 그리고 나면 이 민족은 평안을 누렸습니다.

그러나 또다시 그들은 여호와를 저버리고 가나안 족속의 신들을 따랐습니다. 그러면 여호와께서는 그들을 압제할 나라를 보내시고……. 이러한 과정이 거듭 돌고 돌았습니다.

우리 조상은 이 과정을 끊임없이 되풀이했습니다. 그러나 그들이 믿음을 저버렸을 때조차 하나님은 신실하셨습니다. 가나안의 두 족속인 블레셋 족속과 암몬 족속이 다시 한 번 이스라엘 자손에 대항해 일어났을 때 이스라엘 백성은 여호와께 부르짖었습니다. '우리가 우리 하나님을 저버리고 바알을 섬기어, 주님께 죄를 지었습니다.' 여호와께서 이스라엘 자손에게 말씀하셨습니다. '너희가 선택한 신들에게나 가서 부르짖어라. 너희가 괴로울 때에 그들에게 가서 구원하여 달라고 해라.' 그러자 이스라엘 자손이 여호와께 말씀드렸습니다. '우리가 죄를 지었습니다. 주님 뜻대로 다 하십시오. 그러나 오늘만은 우리를 구출하여 주십시오.' 그리고 그들이 자기들 가운데 있는 이방 신들을 제거하고 여호와를 섬기니, 하나님은 이스라엘이 겪는 고통을 보고만 계실 수 없으셨습니다. 이렇게 해서 다시 한 번 하나님은 그분의 백성을 구출할 사사를 세우셨습니다.

사사 시대 초기 사사는 옷니엘, 에훗, 삼갈입니다. 아마 후기 사사들의 이름은 많이 들어 보셨을 겁니다. 바로 기드온과 삼손, 그리고 마지막 사사인 사무엘입니다." 노인은 몸을 돌려 소녀를 살짝 쳐다보았다. "그러나 가장 흥미로운 사사는 드보라일 것입니다. 드보라는 우리 이야기에서 하나님이 그분의 백성을 구원하라고 세우셨을 때 실제로 정권을 차지한 유일한 사사입니다. 이스라엘의 사사로서 드보라는 분쟁을 중재하고 소송에 대해 판결을 내려 주었습니다. 사람들은 그 판결이 거룩하게 드러난 것이라고 생각했고, 그에 따라 드보라는 거룩한 권위로 판례를 내려 지혜로운 공동체를 형성한 것으로 기억되었습니다. 드보라는 하나님의 선지자였습니다.

드보라는 바락을 불러 전쟁에 출전하라고 명령했습니다. 이에 대해 바락은 전쟁이 자신의 전문 분야임에도 드보라의 지도력을 따랐습니다. 드보라의 권위는 하나님의 말씀을 중재하는 자, 즉 사사라는 그의 직임에서 비롯된 것입니다. 오늘 밤 이야기를 시작하면서 들은 말씀은 바로 드보라가 바락에게 한 말입니다. 바락은 그의 부대를 이끌고 가장 강력한 시스라의 철 병거에 맞서 싸워야 했습니다. 사실 이 전쟁은 뻔한 싸움이었죠. 그러나 이 전쟁에서 여호와께서는 다시 한 번 이스라엘 백성에게 기적적인 승리를 안겨 주셨습니다. 홀로 살아남은 시스라는 겐 사람인 대장장이 헤벨의 장막으로 도망쳐 몸을 숨겼습니다. 헤벨은 자신의 민족을 떠나 여호와께 헌신한 사람입니다. 그 장막에서 헤벨의 아내 야엘이 시스라 장군을 죽여 마침내 드보라의 예언대로 성취되었습니다.

드보라는 우리 이야기에서 종종 간과되는 사사이지만, 이스라엘의 사사기에 기록된 모든 사사 가운데 유일하게 온 삶을 통해 정권을 차지하고 사사라는 역할을 감당한 여인입니다. 하나님의 백성으로서 지도력이라는 문제를 생각할 때에는 이 이야기를 기억하는 것이 현명할 것입니다."

소녀에게로 몸을 돌린 노인은 불현듯 소녀에게서 드보라의 모습을 보는 듯했다. 회색 머리칼과 햇빛에 잡힌 주름, 지혜로운 권위로 이야기를 통해 백성을 이끈 여성, 드보라. 노인의 얼굴에 엷은 미소가 번져 나갔다. 소녀는 고개를 갸우뚱거리며 노인이 무슨 생각을 하는지 읽으려 했다. 그 순간, 노인이 자리에서 일어섰다. "사사 시대가 막을 내릴 무렵, 이야기는 이런 말로 끝을 맺습니다. '그때에는 이스라엘에 왕이 없었으므로, 사람들은 저마다 자기의 뜻에 맞는 대로 하였다.' 여호와께서는 아브라함과 이삭, 야곱과 맺은 언약을 지키셨습니다. 그 백성 가운데 어느 누구든 어디에서든 그들과 함께하시겠다는 약속을 말이죠. 그들은 가나안 땅을 정복했지만 열두 지파는 개별적으로 움직이며 그저 느슨하게 연합된 공동체였습니다. 따라서 외부 족속이나 가나안 땅에 남아 있던 다른 족속의 공격에도 취약할 수밖에 없었습니다.

자, 다음번에는 우리 민족의 초대 왕에 대한 이야기를 들려드리겠습니다. 그때가 바로 우리 민족과 우리가 살던 땅에 평화, 즉 샬롬이 임한 시절입니다. 그때 이후로 우리는 그런 평화를 한 번도 경험하지 못했습니다. 다음에 모일 때까지 여러분과 제가 눈의 아들 여호수아가 한 말을 기억하면 좋겠습니다. 그래서 그가 그랬듯이 이곳 바빌론에서 우리도 여호와를 택하고 그분을 섬기길 바랍니다."

노인은 집으로 돌아가기 전, 몸을 녹이기 위해 좀 더 불 가에 머물렀다. 사람들이 하나둘 자리를 털고 일어나기 시작할 때, 무리 너머로 하프 연주자의 노랫소리가 들려왔다. 노인은 연주자가 고른 찬양의 노래에 귀를 기울였다. 그러다 곧 그 노래가 꽤 오래된 노래라는 사실을 깨달았다. 그 노래는 바로 드보라의 노래였다.

깰지어다, 깰지어다, 드보라여
깰지어다, 깰지어다, 너는 노래할지어다.
일어날지어다, 바락이여, 아비노암의 아들이여

네가 사로잡은 자를 끌고 갈지어다.

왕들이 와서 싸울 때에

가나안 왕들이 다아낙에서 싸웠도다.

별들이 하늘에서부터 싸우되

그들이 다니는 길에서 시스라와 싸웠도다.

겐 사람 헤벨의 아내 야엘은 다른 여인들보다 복을 받을 것이니

장막에 있는 여인들보다 더욱 복을 받을 것이로다.

손으로 장막 말뚝을 잡으며 오른손에 일꾼들의 방망이를 들고

시스라를 쳐서 그의 머리를 뚫되 곧 그의 관자놀이를 꿰뚫었도다.

그가 그의 발 앞에 꾸부러지며 엎드러지고 쓰러졌고

그의 발 앞에 꾸부러져 엎드러져서

그 꾸부러진 곳에 엎드러져 죽었도다.

밤하늘을 가르며 무리가 환호하는 소리가 울려 퍼졌다. 노인은 적의 죽음을 축하하는 소리에 당황한 듯 움찔했다. 그러나 이내 노인은 대수롭지 않게 여겼다. 이 노래 역시 이 백성의 이야기에 있는 노래이기 때문이다. 노인은 집으로 가기 전에 좀 더 불의 온기를 느끼며 그 자리에 머물렀다.

제 7 장

왕권

이스라엘의 첫 세 왕

노인은 강을 따라 천천히 걷고 있었다. 오늘 밤 나눌 이야기를 떠올리며 이번 주 내내 깊은 생각에 잠겨 있었다. 이런 노인과 달리 사람들은 하루 종일 들떠 있었다. 오늘 밤 들을 이야기가 이스라엘 역사에서 가장 영화로운 시절이라는 사실을 알고 있었기 때문이다. 사람들은 이미 이스라엘의 첫 세 왕인 사울과 다윗, 솔로몬의 이야기에 매료될 준비가 되어 있었다. 열방이 그들의 왕에게 찬사를 바치던 시절을 떠올리게 될 터였다. 바빌론 왕이 아니라 그들의 왕에게! 노인은 이맛살을 찌푸리며 낮게 중얼거렸다. "아, 모든 이스라엘 백성이 그 시절의 영광을 골고루 누렸던가? 하나님이 왕을 축복하실 때조차 모든 사람이 그 축복을 함께 받았던가?"

누군가가 팔을 잡는 느낌에 노인은 생각을 멈추었다. 기척도 없이 어느새 젊은 음악가가 곁에 와 있었다. "샤밧 샬롬, 어르신."

"샤밧 샬롬, 친구."

청년이 미소를 머금고 물었다. "우리는 여전히 친구인 건가요? 지난주에 제가 그렇게 폭발했는데도요?"

노인도 말없이 미소를 보냈다. 청년의 팔을 붙잡고 조용히 가던 길을 계속 걸어갔다. "물론이지. 질문을 한다는 건 늘 좋은 일이라네." 노인은 걸음을 멈추더니 청년 앞에 마주 섰다. "특히 어떤 대답을 듣게 되든지 들을 마음이 열려 있다면 말일세. 우리가 좋아할 만한 대답이 아니더라도, 심지어 아무 대답이 없더라도 말이야."

청년의 얼굴에 비친 혼란스런 표정을 보며 노인은 허허 하고 웃었다. "내 경험상, 어떤 대답이든 더 많은 질문을 끌고 올 때가 종종 있지. 그렇기 때문에 우리는 여전히 친구라네." 계속 걸어가는 동안 어느새 노인의 말투가 진지해졌다. "알고 있나? 자네가 **이야기**를 들으러 어김없이 찾아오는 것이 내게 힘을 북돋워 준다네. 그리고 자네가 **이야기**에 대해 궁금한 점을 가져오는 것도 말일세."

청년은 하프를 들고 있었다. 그 모습을 본 노인이 청년에게 물었다. "자, 오늘 밤에는 어떤 새로운 노래를 불러 주겠나? 아니면 오늘도 예전에 있던 곡을 자네가 새로 편곡한 노래로 들려주겠나?"

청년이 웃으며 대답했다. "오늘 밤에는 사람들이 제게 그런 기쁨을 허락해 주지 않을 것 같은데요? 일주일 내내 저마다 가장 즐겨 부르는 다윗의 노래를 불러 달라고 어찌나 저를 귀찮게 하던지. 그 노래들을 다 부르려면, 아마 내일 동이 틀 때까지 불러야 할 겁니다!"

빙그레 웃으며 노인이 물었다. "그럼 어떻게 할 건가?"

청년은 건성으로 하프 줄을 튕기면서 대답했다. "허락해 주시면, 다윗의 노래 두 곡을 부르고 싶습니다. 이야기를 시작하기 전에 한 곡, 그리고 끝날 때 한 곡이요."

노인이 허락한다는 뜻으로 고개를 끄덕였다. 두 사람은 불 가에 모여 있는 사람들 곁으로 다가갔다. 사람들은 이야기꾼과 시인을 반갑게 맞이했다. 두 사람은 지난 시간 동안 노인이 늘 앉아서 이야기를 전하던 그 자리로 걸어갔다. 청년은 하프를 조율하고 나서 자리에서 일어섰다. 무리 사이에는 기대에 찬 침묵이 감돌았다. 노래를 시작하면서 청년은 사람들 얼굴에서 미소 띤 표정을 발견할 수 있었다. 이보다 더 사랑받는 다윗의 노래가 있을까? 사람들은 하프 연주자와 함께 목소리를 높여 노래를 불렀다.

여호와는 나의 목자시니
내게 부족함이 없으리로다.
그가 나를 푸른 풀밭에 누이시며
쉴 만한 물가로 인도하시는도다.
내 영혼을 소생시키시고
자기 이름을 위하여 의의 길로 인도하시는도다.

내가 사망의 음침한 골짜기로 다닐지라도
해를 두려워하지 않을 것은
주께서 나와 함께하심이라.
주의 지팡이와 막대기가 나를 안위하시나이다.

주께서 내 원수의 목전에서

내게 상을 차려 주시고

기름을 내 머리에 부으셨으니

내 잔이 넘치나이다.

내 평생에 선하심과 헤세드, 인자하심이

반드시 나를 따르리니

내가 여호와의 집에 영원히 살리로다.

노래가 끝나자 아무도 입을 열지 않았다. 부드럽게 찰랑이는 강물 소리만 다정한 말처럼 사람들 마음을 어루만져 주었다. 노인은 또다시 **이야기**를 시작할 준비를 하며 머릿속에 얽혀 있는 생각들을 정리해 보았다.

그렇게 하는 동안, 마음을 달래 주는 강물 소리 너머로 지금 이들이 처한 포로 생활이라는 아픔이 살아나는 듯했다. 황폐해진 여호와의 집이 떠오르면서 노래가 가져다준 평안이 깨져 버렸다. 오늘 밤 노인은 사람들에게 이스라엘의 위대한 왕들 이야기를 들려줄 것이다. 그리고 성전을 세운 이야기도. 그러나 먼저 그는 왕조차도 때로 잊고 지낸 사실을 기억하라는 요청으로 이야기를 시작할 것이다. "당신들은 이집트에서 종살이하던 것을 기억하십시오."

장작불이 따뜻하게 타오르고 있는데도 노인은 냉기를 느꼈다. 그는 망토를 여미며 기대에 찬 사람들의 얼굴을 바라보았다. 그리고 눈을 감았다. "오늘도 장면 하나를 떠올려 봅시다.

제 7 장

한 남자가 밧줄을 고쳐 잡으며 가까스로 일어서려 하고 있습니다. 그 남자는 등 뒤로 자신과 똑같은 상황에 처한 사람들이 길게 늘어서 있는 광경을 봅니다. 그때 누군가 명령을 내립니다. '당겨!' 남자는 몸을 숙여 있는 힘껏 밧줄을 당깁니다. 두 다리로 강하게 버텨 내다가 한숨을 몰아쉬는 순간, 남자 뒤에서 아주 커다란 바위가 굉음을 내며 바로 앞까지 굴러 떨어졌습니다.

몇 주 동안 남자는 밧줄만 잡아당겼습니다. 그 몇 주 내내 등골이 빠지도록 일하느라 진이 다 빠진 상태였습니다. 남자는 자신이 하는 일이 매우 고귀한 일이라고 스스로를 납득시키려 했습니다. 이 건축 작업에 강제로 동원된 것을 분하게 여기지 않으려고도 했습니다. 그러나 그렇게 할 수 없었습니다. 그에게는 선택권이 없다는 냉혹하고 힘겨운 현실이 놓여 있기 때문입니다. 그 나라의 왕은 그에게 농장을 떠나 성전을 짓는 작업에 동참하라고 명령했습니다. 그래서 지금, 그가 그 자리에 있게 된 것입니다.

주변에 있던 사람들은 이미 깊이 분개하고 있었습니다. 그들은 밤마다 불 가에 모여 분노를 터뜨렸습니다. 그리고 어떻게 이런 일이 있을 수 있느냐며 크게 놀라워했습니다. '하나님이 이집트에서 종살이하던 우리 조상, 그곳에서 고된 노동으로 고통스러워한 우리 조상을 구원하신 일을 거듭 이야기해 오지 않았던가? 그런데 어떻게 이스라엘 왕이 이집트 왕처럼 이렇게 행할 수가 있단 말인가?'

예, 그들은 노예가 아니었습니다. 그렇지만 어쩌겠습니까? 그들에게는 여전히 선택권이 없는 걸요. 그저 일할 수밖에 없었습니다.

그들은 하나님께 구원해 달라고 부르짖을 수도 없었습니다. 그들이 지금 하고 있는 일, 그 일은 바로 하나님이 거주하실 성전을 짓는 일이기 때문입니다. 진정으로 하나님이 가난한 자, 소외당하고 억압받는 자를 돌보신다면, 왜 이런 식으로 하나님의 집을 짓는단 말입니까? 태양이 내리쬐자 남자는 다시 밧줄을 잡아당겼습니다. 여전히 마음속에 의문을 품은 채……."

노인이 눈을 떴다. 몇몇 사람은 혼란스러운 듯 눈살을 찌푸리며 옆에 앉은 사람과 속삭이고 있었다. 분명 그들이 기대한 이야기가 아니었다. 노인은 이야기를 마치기 전에 사람들이 이 의미를 이해하기를 바랐다.

"지난번에 모였을 때, 가나안 땅을 정복한 이야기를 들려드렸지요. 그 땅은 아브라함과 이삭, 야곱에게 약속하신 땅이었습니다. 그리고 그 땅을 정복한 것은 하나님이 이스라엘과 맺은 약속을 성취하신 사건이기도 합니다. 그러나 사사 시대에 이르렀을 때, 이스라엘 백성은 그저 개별적인 지파들로 느슨하게 연결된 공동체일 뿐이었습니다. 하나님이 지시하신 것과 달리 그 땅에 가나안 족속을 남겨 두는 바람에, 그들에게 계속 괴롭힘을 당하면서 미약하게 영토를 움켜쥐고 있을 뿐이었죠. 특히 해안에 다섯 도시를 이루고 있는 블레셋 족속은 우리 조상의 생존을 끊임없이 위협했습니다.

오늘밤 우리는 **하나님 이야기**에서 아주 결정적인 시기에 대한 이야기를 들을 것입니다. 지파 연합체에서 군주국으로 옮겨 간 시기로 우리 민족 역사상 가장 영광스러운 시대가 열리고 다윗 왕조가 세워지는 과정을 볼 수 있을 것입니다.

자, 오늘 이야기는 '한나'라는 한 여성에서 시작됩니다. 해마다 한나와 그의 남편은 언약궤가 있는 실로의 성막에 가서 여호와 하나님께 경배하며 제사를 드렸습니다. 우리 이야기에서 종종 만나 본 여성들처럼 한나도 임신을 하지 못했습니다. 아이가 없었던 거죠.

하루는 실로에 가서 여호와 앞에 기도하며 아들을 달라고 간청했습니다. 한나는 하나님이 아이를 허락하신다면 그 아이를 제사장으로 바치겠다고 서원했습니다. 하나님은 한나의 간절한 마음을 기억하시고 한나에게 아이를 허락하셨습니다. 그렇게 해서 태어난 아이가 바로 사무엘입니다. 삼 년 뒤, 한나는 아들을 데리고 실로에 있는 엘리 제사장을 찾아갔습니다. 엘리 제사장은 사사 시대 말기 대제사장입니다. 한나는 그곳에 사무엘을 남겨 두어 여호와를 섬기게 했습니다.

엘리는 나이가 많고 지혜로우며 여호와 앞에 신실한 사람이었습니다. 그러나 그의 아들들은 행실이 나빴습니다. 그들의 행실은 가나안 족속의 타락이 이스라엘 백성에게 얼마나 큰 영향을 끼쳤는지를 잘 보여 줍니다. 그들은 사람들이 가져온 제물을 여호와께 바치지 않았습니다. 그리고 성막 어귀에서 일하는 여인들과 동침하기까지 했습니다. 엘리는 자신이 죽고 나면 아들들이 하나님과 맺은 언약을 깨는 길로 이스라엘 백성을 인도할 것이라는 생각에 낙담했습니다. 그 무렵 하나님의 사람이 엘리를 찾아와서 말하였습니다. 그의 아들들이 저지른 악한 행실 때문에 제사장직이 다른 사람에게 넘어갔다고 말이죠.

그때에는 여호와께서 말씀해 주시는 일이 드물었습니다. 그런데 어느 날 밤 사무엘이 잠들어 있을 때, 여호와께서 그를 부르셔서 엘리에게 이미 말씀하신 내용을 사무엘에게 확인시키셨습니다. 사무엘은 여호와께서 말씀하신 것을 엘리에게 알리기가 두려웠지만 엘리는 사무엘에게 모든 것을 숨기지 말고 말하라고 요구했습니다. 그래서 사무엘은 모든 것을 말하였고, 엘리도 여호와께서 하신 말씀을 받아들였습니다. 사무엘이 자랄 때에, 여호와께서 그와 함께 계셔서, 사무엘이 한 말이 하나도 어긋나지 않고 다 이루어지게 하셨습니다. 그래서 온 이스라엘은 사무엘이 여호와께서 세우신 선지자임을 알게 되었습니다.

시간이 흘러 또다시 블레셋 사람이 이스라엘에 전쟁을 걸어 왔습니다. 그 싸움에 크게 패한 뒤에 이 하나님의 백성은 예전에 하던 방식대로 행했지요. 무엇을 해야 할지 여호와의 인도를 구한 것이 아니라 실로에서 언약궤를 가져온 것입니다. 그리고 언약궤를 메고 진으로 들어왔습니다. 그들 가운데 언약궤가 있으니 전쟁에 이길 수 있을 것이라고 믿으면서.

그러나 이스라엘은 아주 크게 져서, 많은 군대가 죽었습니다. 블레셋에게 하나님의 궤를 빼앗겼고, 엘리의 두 아들도 이때 전사했지요. 전쟁터에서 일어난 일을 들은 엘리는 그 자리에서 죽고 말았습니다. 그때부터 죽 블레셋은 이스라엘 백성을 압제하였습니다.

그러나 언약궤는 이스라엘에게 돌려주었습니다. 그들 가운데 언약궤가 있을 때에 많은 재앙이 일어났기 때문입니다. 마치 하나님이 이집트에 내리신 재앙과 비슷한 재앙들이었지요.

이십 년이 흘러 사무엘이 이스라엘 온 족속에게 말하였습니다. '여러분이 온전한 마음으로 주님께 돌아오려거든, 이방의 신들을 없애 버리고, 여호와께만 마음을 두고 그분만을 섬기십시오. 그러면 주님께서 여러분을 블레셋 사람의 손에서 건져 주실 것입니다.' 이 말을 듣고 이스라엘 자손은 사무엘이 말한 대로 그들이 택한 가나안 이방신인 바알과 아스다롯 신상들을 없애 버렸습니다.

이스라엘 자손이 모두 모였다는 소식을 들은 블레셋 족속은 그들을 치러 올라왔습니다. 그러나 바로 그날, 여호와께서는 하나님의 백성을 블레셋의 손에서 구원해 주셨습니다. 사무엘은 그 승리를 기념하기 위해 돌을 가져다가 '에벤에셀'^{Ebenezer}이라고 이름 지었습니다. 그리고 이렇게 말했습니다. '우리가 여기에 이르기까지 주님께서 우리를 도와주셨다!' 그렇게 블레셋 사람들은 무릎을 꿇고, 사무엘이 하나님의 백성을 다스리는 동안 다시는 이스라엘 지역으로 들어오지 않았습니다.

사무엘이 늙자, 그의 아들들은 엘리의 아들들처럼 행동했습니다. 뇌물을 받고 치우치게 재판을 했지요. 그래서 이스라엘의 모든 장로가 모여 사무엘을 찾아가 말했습니다. '어른께서는 늙으셨고, 아드님들은 어른께서 걸어오신 그 길을 따라 살지 않습니다. 그러므로 이제 모든 이방 나라들처럼 우리에게 왕을 세워 주셔서 왕이 우리를 다스리게 하여 주십시오.'"

노인은 말을 멈추고 사람들을 둘러보았다. 사람들은 드디어 왕이라는 말이 등장하자 더 귀를 기울이는 듯했다. 이제 그들이 기대하던 이야기가 나오길 간절히 바라고 있었다. 노인은 씁쓸하게 웃으며 이야기를 계속했다. "사무엘은 장로들의 말에 마음이 상하여, 어떻게 해야 할지 주님께 기도를 드렸습니다. 주님은 이렇게 말씀하셨습니다. '백성이 너에게 한 말을 다 들어주어라. 그들은 너를 버린 것이 아니라, 나를 버린 것이다. 그들은 내가 이집트에서 데리고 올라온 날부터 오늘까지, 하는 일마다 그렇게 하더니, 너에게도 그렇게 하고 있다.'

사무엘은 왕을 세울 때 치러야 할 대가를 백성에게 일러 주었습니다. 그러나 그들은 사무엘의 말을 듣지 않고 말하였습니다. '그렇지 않습니다. 우리에게도 왕이 있어야 되겠습니다. 우리도 모든 이방 나라들처럼, 우리의 왕이 우리를 다스리며, 그 왕이 우리를 이끌고 나가서, 전쟁에서 싸워야 할 것입니다.' 결국 여호와께서 사무엘에게 말씀하셨습니다. '너는 그들의 말을 받아들여서 그들에게 왕을 세워 주어라.'

이 당시에 그들의 왕으로 계신 분은 하나님이었습니다. 하나님은 그들 가운데 계시며 성막 안에서 언약궤의 그룹 사이 왕좌에 앉으셨습니다. 그러나 이제 사람들은 모든 이방 나라들처럼 군주를 세워 달라고 요구하고 있는 것입니다.

이 자체가 나쁜 것은 아닙니다. 시내 산에서 율법을 주실 때 모세는 하나님께 이런 말씀을 받아 전했기 때문입니다. '여호와 하나님이 주시는 그 땅에 들어가서 살 때에 왕을 세우려거든 여호와 당신들의 하나님이 택하신 사람을 당신들 위에 왕으로 세워야 합니다. 그 왕은 반드시 겨레 가운데서 세워야 합니다. 왕이라 해도 군마를 많이 가지려고 해서는 안 되며, 많은 아내를 두어 그의 마음이 다른 데로 쏠리게 하는 일이 없어야 합니다. 또한 자기 것으로 재물을 너무 많이 모아서도 안 됩니다.'

하나님은 이스라엘을 다스릴 왕이 지켜야 할 조건을 정해 주셨습니다. 왕은 상비군을 두어서는 안 되며, 결혼이라는 이름으로 다른 나라와 언약 관계를 맺어서도 안 되고, 부를 축적해서도 안 됩니다. 그들은 그들의 필요를 공급하시고, 그들을 보호하시는 하나님만 의지해야 합니다. 그럴 때에 하나님이 참으로 그들 가운데 함께하신다는 것을 이방 나라에 증거할 수 있기 때문입니다. 그렇게 하나님은 왕을 통해 계속 통치하실 것입니다.

백성이 왕을 요구하는 것은 어찌 보면 지극히 당연한 일입니다. 블레셋 족속이 다른 가나안 족속과 동맹을 맺고 연합하여 또다시 위협해 왔을 때, 그들은 전쟁에 이기게 해 달라고 하나님께 구한 것이 아니라 그들을 이끌 왕을 달라고 구했습니다. 우리 조상들은 하나님의 백성으로서 이 세상에서 그들이 맡은 독특한 역할을 받아들이는 대신 '모든 이방 나라처럼' 되고 싶어한 것입니다.

그래서 다시 한 번 하나님은 그들을 찾아가 왕을 세우셨습니다. 그 사람이 바로 이스라엘의 초대 왕, 사울입니다. 사울은 잘생긴 젊은이였습니다. 이스라엘 사람들 가운데 그보다 더 잘생긴 사람이 없었고, 키도 보통 사람들보다 어깨 위만큼은 더 클 정도였으니까요. 사무엘이 사울의 머리에 기름을 부었습니다. 그는 하나님의 백성을 다스릴 왕으로 기름 부음 받은 것입니다.

사울이 왕으로서 맞닥뜨린 첫 과제는 암몬 족속이 길르앗 야베스를 포위한 일이었습니다. 소식을 들은 사울은 함께 싸울 사람들을 불러 모았습니다. 그리고 처음으로 출정한 전쟁에서 사울은 암몬 족속을 전멸하여 그의 왕권을 굳건히 할 수 있었습니다. 그러나 사무엘은 사울이 백성을 다스리는 동안 어려운 시절이 있으리라는 것을 알았습니다. 나중에 이스라엘 백성은 약속된 땅에서 지리적인 경계를 따라 나뉩니다. 북쪽에 열 지파, 남쪽에 두 지파로 말입니다. 통일 왕국의 꿈이 성취되기까지는 수많은 세월이 흘러야 했습니다.

죽을 날이 얼마 남지 않았다는 것을 안 사무엘은 모든 이스라엘 백성을 불러 모아 이렇게 말했습니다. '이제 당신들이 뽑은 왕, 당신들이 요구한 왕이 여기에 있습니다. 여호와께서 주신 왕이 여기에 있습니다. 그러나 이것을 명심하십시오. 만일 당신들이 여호와를 두려워하여 그분만을 섬기며, 그분에게 순종하여 주님의 명령을 거역하지 않으며, 당신들이나 당신들을 다스리는 왕이 다 같이 여호와 당신들의 하나님을 따라 산다면, 모든 일이 잘될 것입니다. 그러나 여호와께 순종하지 않고 하나님을 거역한다면, 여호와께서 손을 들어 조상들을 치신 것처럼, 당신들을 쳐서 멸망시키실 것입니다.

그러나 두려워하지 마십시오. 여호와께서는 당신들을 기꺼이 자기 백성으로 삼아 돕기로 하셨기 때문에, 주님께서는 자기의 귀한 명예를 지키기 위해서라도, 자기의 백성을 버리지 않으실 것입니다. 당신들은 여호와만을 두려워하며, 마음을 다 바쳐서 진실하게 그분만을 섬기십시오. 주님께서 당신들을 생각하시고 얼마나 놀라운 일들을 하셨는가를 기억하십시오. 만일 당신들이 여전히 악한 행동을 한다면, 당신들도 망하고 왕도 망할 것입니다.'

그러나 또다시 그들은 경고에 주의를 기울이지 않았습니다. 블레셋이 힘을 길러 이스라엘을 치러 왔을 때, 사울은 두려웠습니다. 그래서 사무엘이 이스라엘 백성을 위해 여호와께 제사를 드리러 올 때까지 전쟁에 나가지 말라고 말했는데도 사울은 기다리지 못하고 직접 제사를 드렸습니다. 오직 제사장만이 드릴 수 있는 제사를 말이죠.

사울이 한 일을 알아챈 사무엘은 이렇게 말했습니다. '임금님께서는 해서는 안 될 일을 하셨습니다. 여호와 하나님이 명하신 것을 임금님이 지키지 않으셨습니다. 이제는 임금님의 왕조가 더 이상 계속되지 못할 것입니다. 여호와께서는 달리 마음에 맞는 사람을 찾아서 직접 택하신 그를, 당신의 백성을 다스릴 영도자로 세우셨습니다.' 비록 사울은 하나님이 기름 부으신 왕이지만, 그 왕이 이스라엘을 다스린 것은 아닙니다. 이스라엘을 다스리는 분은 하나님입니다. 그렇기 때문에 왕은 하나님의 선지자가 하는 말을 잘 들어야만 하는 것이지요.

그러나 사울은 이 일에서 어떤 깨달음도 얻지 못했습니다. 그는 아말렉 족속에 맞서 군사 작전을 펴는 동안에 또 한 번 왕으로서 적절치 않은 모습을 보였습니다. 여호와께서는 시내 광야에서 하나님의 백성에 대적하여 싸운 아말렉 족속을 벌하여 '완전히 멸하기로' 하셨습니다. 그러나 사울은 그들을 물리친 뒤, 아말렉 왕을 사로잡고 가장 좋은 가축들도 남겨 두었습니다.

사무엘이 찾아갔을 때 사울은 여호와께 제물로 바치기 위해 좋은 가축을 남겨 둔 것처럼 말했습니다. 그러나 사무엘은 사울을 꾸짖었습니다. '여호와께서 어느 것을 더 좋아하시겠습니까? 주님의 말씀에 순종하는 것이겠습니까? 아니면, 번제나 화목제를 드리는 것이겠습니까? 잘 들으십시오. 순종이 제사보다 낫습니다.' 그러고 나서 사무엘은 돌아갔습니다. 사울이 왕이 된 것 때문에 마음이 상한 사무엘은 그 뒤로 죽는 날까지 다시는 사울을 만나지 않았습니다. 하나님은 사무엘을 보내어 새로운 왕에게 기름을 붓게 하셨습니다. 사람이 아니라 하나님이 직접 택하신 왕이지요. 사무엘이 젊은 청년 다윗에게 기름을 부은 그날부터 여호와의 영이 계속 다윗을 감동시켰습니다.

사울에게 간 다윗은 그를 섬기며 사울의 무기를 들고 다니는 사람이 되었습니다. 사울은 다윗을 무척 사랑했습니다. 그때에 블레셋 사람들이 또 이스라엘 민족과 전쟁을 하려고 군인을 모았습니다. 블레셋에는 골리앗이라는 거인 장수가 있었는데, 골리앗은 날마다 이스라엘 민족을 조롱하며 싸움을 걸어 왔습니다. 그렇지만 아무도 골리앗의 도전을 받아들이는 사람이 없었습니다.

정확히 말하자면, 단 한 사람을 빼고는 아무도 없었습니다. 바로 다윗입니다. 사울은 다윗이 골리앗과 싸우러 나가지 못하도록 말렸습니다. '저 자는 평생 군대에서 뼈가 굵은 자이지만, 너는 아직 어린 소년이 아니냐?' 그러나 다윗은 아버지의 양을 보호하기 위해 여러 번 싸운 경험을 이야기하며 끝내는 이렇게 말했습니다. '사자의 목구멍이나 곰의 발톱에서 저를 살려 주신 여호와께서, 저 블레셋 사람의 손에서도 틀림없이 저를 살려 주실 것입니다.'

사울은 다윗에게 갑옷을 입혔지만, 다윗은 그것을 다시 다 벗었습니다. 하나님이 기름 부은 사람인 다윗은 목동이 자주 쓰는 무기인 무릿매로 골리앗을 죽이고, 블레셋을 완패시켜 첫 승리를 거두었습니다."

사람들이 환호했다. 바로 이것, 이 이야기야말로 그들이 그토록 듣고 싶어한 이야기가 아니던가! 그들은 포도주가 담긴 가죽 부대를 들어 올리며 다윗을 위해 축배를 들었다. 누군가가 노인에게도 가죽 부대를 건네주었다. 노인은 한 입 죽 들이키고 나서 이야기를 이어가기 전까지 함께 승리의 기쁨을 누렸다.

"처음에는 사울도 기뻐했지만, 사람들 사이에서 다윗이 점점 인기를 얻자 그를 질투하기 시작했습니다. 사울이 차기 왕으로 세우려고 한 아들 요나단은 다윗과 절친한 사이가 되었고요. 다윗이 더 많은 전투에서 승리할수록 사울은 다윗을 자신의 지배권을 위협하는 인물로 인식하기 시작했습니다.

    질투와 불안에 휩싸인 사울은 여러 번 다윗을 죽이려고 했습니다. 끝내 다윗은 생명을 보전하기 위해 달아날 수밖에 없었지요. 사람들이 그런 다윗을 따르며 오합지졸로 모여들었습니다. 사울은 그가 싸워야 할 눈앞의 적 블레셋에게 쏟아야 할 관심을 상상 속에 그려 놓은 적인 다윗에게 쏟아부으면서 끝까지 다윗을 추적했습니다. 다윗은 사울을 죽일 기회가 두 번이나 있었지만, 그러지 않았습니다. 왕을 죽이기를 꺼렸지요. 그러나 사울은 그리 자비로운 사람이 아니었습니다. 한 마을에서 다윗에게 안식처를 마련해 주었다는 소식을 들은 사울은 그 마을에 사는 사람들을 모조리 죽였습니다. 여호와의 제사장 85명까지도 말이지요.

    이러는 동안 사무엘이 죽었습니다. 블레셋 족속은 또다시 이스르엘 평야에 군대를 집결시켰습니다. 이 일 때문에 사울은 전투와 관련하여 여호와께 물었으나 여호와께서는 그에게 아무런 대답도 하지 않으셨습니다. 자신의 권력이 가장 밑바닥이던 그때, 사울은 무당을 찾아가 이미 죽고 없는 사무엘을 불러 만나고자 했습니다. 살아 있을 때에는 귀를 기울이지 않았던 그 선지자에게 사울이 들은 말은 그가 전쟁에서 질 것이라는 내용이었습니다. 그리고 생명마저도 잃게 될 것이라고 했습니다.

    블레셋 족속은 전차를 몰고 와 이스라엘 군대를 급습하고 모든 사람을 죽였습니다. 사울의 많은 아들도, 요나단마저도 죽임을 당했지요. 사울은 사로잡히지 않고 치명상을 입은 채 도망쳤지만 자기 칼을 뽑아서 그 위에 엎어져 죽었습니다. 스스로 목숨을 끊는 부끄러운 기록을 남기고 통치의 막을 내린 것입니다."

축제와 같던 분위기는 달아오를 때만큼이나 빠르게 식어 버렸다.

"이 소식을 들은 다윗은 사울과 요나단, 그리고 그들과 함께 전투에서 죽어 간 수많은 사람들 때문에 몹시 슬퍼했습니다. 사울이 죽고 권력에 공백이 생기자 그를 따르던 장수들은 남아 있는 사울의 가족 가운데 자신이 지지하는 자를 왕으로 세우기 위해 서로 왕위를 빼앗으려고 했습니다. 다윗은 여호와께 무엇을 해야 할지 여쭈었습니다. 여호와께서는 그에게 남쪽 헤브론으로 가라고 말씀하셨습니다. 그곳에서 유다 지파는 다윗에게 기름을 부어서 유다 사람의 왕으로 삼았습니다.

이스라엘의 모든 지파가 헤브론으로 다윗을 찾아가서 '우리는 임금님과 한 골육입니다. 전에 사울이 왕이 되어서 우리를 다스릴 때에, 이스라엘 군대를 이끄신 분이 바로 임금님이십니다'라고 말할 때까지, 왕위를 차지하기 위해 서로 다투는 전쟁은 계속되었습니다. 이렇게 해서 장로들은 이스라엘 열두 지파를 다스리는 왕으로 다윗에게 기름을 부었습니다. 이것으로 하나님의 백성은 마침내 한 왕 아래 하나로 연합하게 되었습니다.

다윗은 남쪽 지파와 북쪽 지파 사이에 흐르는 긴장을 잘 알고 있었습니다. 그렇기 때문에 그는 수도로 삼을 도시를 선택하는 데 매우 신중했습니다. 그때 예루살렘에는 이스라엘에게 정복당하지 않은 여부스 족속이 250년 동안 살고 있었습니다. 그 지역이 남쪽과 북쪽 사이에 자리 잡고 있는 것을 본 다윗은 군대를 이끌고 가서 그 도시를 정복했습니다. 이렇게 해서 예루살렘은 이스라엘의 수도, 다윗 성이 되었습니다.

다윗이 이스라엘의 왕이 되었다는 소식을 블레셋 사람이 듣고, 온 블레셋 사람이 다윗을 잡으려고 올라왔습니다. 이 말을 들은 다윗은 이 전쟁에서 어떻게 해야 할지를 여호와께 여쭈었습니다. 여호와께서는 다윗에게 해야 할 바를 알려 주셨고, 다윗은 정확히 그 말씀대로 따랐습니다. 모든 블레셋 군대를 쳐서 없애고 150년 만에 그 땅에서 블레셋 족속을 몰아내어 이스라엘 땅으로 삼아 평화를 유지했습니다." 노인이 다시 한 번 건배를 들자 사람들은 이 유명한 승리를 축하하며 환호했다. "예루살렘에 정권을 세운 다윗은 그곳을 종교적인 수도로 삼기 위해서 예루살렘으로 언약궤를 옮겨 왔습니다. 언약궤를 실은 수레 행렬이 예루살렘으로 들어올 때 다윗은 기쁨에 겨워 주님을 경배하며 춤을 추었습니다. 그러고 나서 여호와께 제사를 드리고 백성에게 복을 빌어 주었습니다.

여호와께서 모든 원수에게서 다윗 왕을 안전하게 지켜주신 덕에 왕은 이제 왕궁을 세우고 그곳에서 살게 되었습니다. 그렇지만 다윗을 성가시게 만드는 일이 하나둘 생겨났지요. 하루는 다윗이 하나님의 선지자 나단에게 말했습니다. '나는 이렇게 휘황찬란한 궁에서 지내는데, 하나님의 궤는 아직도 휘장 안에 있습니다. 그래서 여호와께서 거하실 아름다운 집을 지으려고 합니다.'

그러나 여호와께서 나단을 통해 다윗에게 이렇게 전하셨습니다. '나는 이스라엘 자손을 이집트에서 데리고 올라온 날로부터 어떤 집에서도 살지 않고, 오직 성막에 있으면서 옮겨 다니며 지냈다. 내가 내 백성 이스라엘에게 집을 지어 주지 않은 것을 두고 말한 적이 있느냐?'"

노인이 다시 말을 멈추었다. 이번 주에 들려줄 **이야기**를 생각할 때마다 노인의 마음속에 떠오르는 질문이 있었다. 그는 앉아 있는 사람들에게 그 질문들을 던져 보면 어떨까 고민하고 있었다. 이 사람들이 이해할까? 그러나 곧 노인은 혼자 조용히 미소를 지었다. 노인 자신이 스스로에게 정직하지 못할 거라면, 어떻게 이 사람들에게 스스로 질문하도록 권할 수 있단 말인가? "이번 주에는 성전에 대해 궁금한 점이 있었습니다." 노인이 입을 열었다.

노인이 들려주던 이야기의 리듬이 끊기자 분위기가 술렁거렸다. 소녀도 호기심이 일었는지 자세를 고쳐 앉았다. 아마 노인이 하려는 질문이 오늘 저녁에 시작한 이야기를 설명해 줄 것이다.

"우리는 하늘과 땅을 지으신 창조주 여호와를 섬깁니다. 그런데 우리가 하나님이 거하실 곳으로 무엇을 지을 수 있을까요? 그리고 우리는 왜 그곳을 짓고 싶어할까요?"

잠시 질문이 허공을 맴돌았다. 또 다른 누군가, 바로 소녀가 다시 질문을 던질 때까지. "그렇지만 하나님은 성막에 살지 않으셨나요?"

목소리가 들리는 쪽을 찾아 누구인지 보려고 노인이 몸을 돌렸다. "그렇단다, 애야. 하나님은 성막에 거하시면서 하나님의 백성과 함께 지내셨지. 그렇지만 성막은 성전과는 많이 다르단다." 노인은 다시 군중을 향했다. "장막은 움직입니다. 그러나 성전은 한 곳에 가만히 있지요. 성막에 계신 하나님은 광야를 거쳐 백성을 이끄셨습니다. 하나님이 임재하신 구름이 움직이면, 백성도 성막을 정리하고 그 구름을 좇았습니다. 더 이상 말뚝을 뽑아 하나님이 이끄시는 곳으로 움직이지 않아도 되면서 잃은 것은 무엇입니까? 우리가 건물을 짓는 이유는 그 건물이 우리를 형성하기 시작한 것을 발견하기 위해서만입니까? 우리는 그 건물에 거하실 하나님보다 건물 자체에 더 공을 들이지 않나요?" 노인은 잠시 말이 없다가, 낮은 목소리로 아주 간신히 말을 이었다. 사람들은 노인의 말을 들으려고 집중해서 귀를 기울여야 했다. "'이것은 여호와의 성전이다, 여호와의 성전이다, 여호와의 성전이다.' 우리는 저런 기만적인 말들을 믿었습니까?"

사람들이 투덜대는 소리가 시끄럽게 들려왔다. 그들은 이런 말을 들으려고 온 것이 아니었다. 누군가가 비통한 듯 외쳤다. "어차피 성전은 사라졌습니다. 다 옛날 일이라고요."

노인도 힘없이 한숨을 쉬며 말했다. "압니다, 나도 알아요." 마음 깊이 느껴지는 감정의 소용돌이에 노인은 마음이 아파왔다.

그때 무거운 분위기 사이로 가냘픈 목소리가 들렸다. "그러면 다윗은 왜 여호와를 위해 성전을 짓고 싶어했을까요?" 소녀의 질문으로 노인은 갑자기 빨려 든 어두운 웅덩이에서 빠져나올 수 있었다.

그는 등을 곧게 펴고 소녀에게 대답했다. "다윗은 아름다운 집을 지어서 하나님을 영화롭게 하려고 했단다. 주변에 있는 다른 나라에서 그들이 섬기는 신을 위해 성전을 지은 것처럼 말이다. 그렇지만 방금 들었다시피, 하나님은 백성에게 성전을 지어 달라고 하신 적이 없었지." 노인이 미소를 지어 보였다. 다시금 이야기로 돌아갈 길을 찾게 해 준 소녀가 무척 고마웠다. "아마도 또다시 하나님은 그들이 있는 곳에서 그분의 백성을 만나셨을 겁니다.

여호와께서 나단을 통해 왕에게 말씀하셨습니다. '너의 생애가 다하여서, 네가 너의 조상들과 함께 묻히면, 내가 네 몸에서 나올 자식을 후계자로 세워서, 그의 나라를 튼튼하게 하겠다. 바로 그가 내 이름을 드러내려고 집을 지을 것이며, 나는 그의 나라의 왕위를 영원토록 튼튼하게 해 주겠다. 내가, 사울에게서 나의 헤세드, 나의 총애를 거두어 내 앞에서 물러가게 하였지만, 너의 자손에게서는 총애를 거두지 아니하겠다. 네 집과 네 나라가 내 앞에서 영원히 이어 갈 것이며, 네 왕위가 영원히 튼튼하게 서 있을 것이다.'

그렇게 해서 하나님은 다윗과 맺은 언약을 새롭게 하셨습니다. 하나님이 다윗 이전에 있던 족장들과 그러셨듯이 말이죠. 하나님이 다윗에게 이렇게 말씀하신 것입니다. '너는 나를 위한 집, 성전을 짓지 못할 것이다. 그러나 나는 너를 위한 집, 왕조를 세울 것이다.' 그리고 이 왕조는 영원히 지속될 것입니다."

청년이 끼어들었다. "그런데 우리는 왕이 없지 않습니까? 그 영원한 왕조가 지금은 대체 어디 있단 말입니까?"

"하나님이 우리 민족과 맺으신 언약에 신실하실 거라고 믿는다면," 노인이 대답했다. "우리는 다윗의 또 다른 자손을 기다려야 합니다. 기름 부음 받은 또 다른 자손, 하나님과 맺은 언약에 신실하도록 우리 백성을 이끌어 줄 자손 말입니다."

"얼마나 기다려야 하는데요?" 청년이 대꾸했다.

노인이 한숨을 쉬고 말했다. "나도 모른다네, 친구." 노인은 사람들에게로 몸을 돌려 이야기를 계속했다. "다윗의 군대가 승리하고 예루살렘에서 그의 권력이 굳건해지면서 이스라엘은 메소포타미아에서 이집트에 이르기까지 가장 강력한 왕국이 되었습니다. 그러다 보니 아마도 다윗은 그러한 권력에 안일했던 모양입니다. 그 다음 해 봄, 이스라엘은 북쪽으로 암몬 사람을 무찌르고 랍바를 포위하였습니다. 그런데 그때 다윗은 다른 왕들과 달리 전쟁터에서 군대를 이끌지 않고 예루살렘에 머물러 있었습니다. 그리고 그곳에서 다윗은 하나님과 맺은 언약을 깨뜨렸습니다. 바로 그의 군대 장관인 헷 사람 우리야의 아내 밧세바와 동침한 것입니다. 결국 다윗은 자신의 죄를 숨기기 위해 우리야를 죽이라고 명령했습니다.

다윗의 권력이 최고조에 달했을 때, 선지자 나단은 다윗에게 그의 죄를 직면시켰습니다. 이것은 이스라엘 역사를 살펴볼 때 선지자가 맡은 가장 중요한 역할이었지요. 다윗의 뒤를 이은 다른 왕들과 달리 그는 나단의 질책을 받아들이고 죄를 회개했습니다. 그리고 자신이 저지른 잘못에 따르는 결과도 받아들였지요.

정말이지 다윗과 같은 왕은 없었습니다. 그가 다스리는 동안 이스라엘 열두 지파를 하나로 모으고, 수세기에 걸친 가나안 정복을 드디어 완성하였습니다. 다윗은 예루살렘을 정치적이고 종교적인 권위를 지닌 도시로 굳게 세우고, 이스라엘을 그 지역에서 가장 힘 있는 나라로 만들었습니다.

그러나 앞에서 들었듯이, 죄는 결코 개인적인 일이 아닙니다. 죄는 언제나 사회적인 행위입니다. 다윗이 지은 죄는 나라를 혼란에 빠뜨렸습니다. 그래서 그는 그의 혈족인 남쪽 지파와 북쪽 지파가 평화로운 관계를 유지하도록 힘겨운 과정을 거쳐야 했지요. 다윗의 아들 압살롬이 왕좌를 차지하려고 한 것입니다. 우리 이스라엘 민족에게 진정한 황금기를 안겨 준 솔로몬이 왕위에 오르기 전까지 그 과정은 계속되었지요.

죽을 때가 되었을 무렵, 다윗은 아들 솔로몬에게 하나님과 맺은 언약에 신실하라고 당부했습니다. 솔로몬은 그렇게 해야 할 이유가 충분했습니다. 그는 하나님이 약속하신 땅을 받았고, 전 지역에서 가장 강한 나라의 왕이었으니까요. 하나님은 언약을 지켰습니다. 그러면 솔로몬은 어땠을까요?

솔로몬이 통치하는 사십 년 동안, 이스라엘은 한 번도 전쟁을 치르지 않았습니다. 그들은 더없이 좋은 경제 호황을 누리고 정치적으로도 번영했습니다. 솔로몬은 모든 세계에 가장 지혜로운 사람으로 알려졌습니다. 진짜로 그는 백성을 잘 다스릴 수 있도록 다른 것이 아닌 지혜를 하나님께 간구하기도 했습니다. 그래서 하나님이 그의 간구를 들어주신 것입니다. 솔로몬은 우리 민족의 지혜를 거의 모두 기록했습니다. 그것이 바로 잠언, 전도서, 아가서입니다. 그렇지만 솔로몬에 대해서 많은 사람이 기억하는 것은 바로 예루살렘에 성전을 세운 일입니다."

노인이 물을 한 모금 마셨다. 이제 오늘 밤 이야기가 끝나 가고 있었다. "오늘 밤 이야기를 시작한 부분으로 다시 되돌아가 봅시다. 솔로몬은 그의 정치적이고 종교적인 권위를 예루살렘에 집중하기 위해 엄청난 건축 사업을 시작했습니다. 자기 자신이 살 거대한 왕궁을 세운 것입니다. 그는 국가를 안전하게 지켜 줄 전략적 요충지인 하솔, 므깃도, 게셀에 있는 도시를 요새로 만들었습니다. 양곡 저장 성읍들과 병거 주둔 성읍들, 기병 주둔 성읍들도 세웠습니다. 그리고 그 자체로 경이로운 성전을 지었습니다." 이야기를 더 하기 전에 노인은 사람들을 둘러보았다. "외딴 마을에서 강제로 노동력을 징집해 와서는 석 달에 한 달은 왕의 건축 사업에 참여하여 일하도록 했습니다. 솔로몬은 그의 엄청난 자원과 부를 보호하기 위해 엄청나게 많은 자원과 부를 사용한 것입니다."

젊은 음악가가 다시 그를 보며 물었다. "잠깐만요! 강제 노역꾼으로 성전을 지었다고요? 솔로몬이 건물을 짓는 데 자기 백성을 강제로 일하게 만들었다는 말씀이세요?"

"그렇다네." 노인이 대답했다. "열왕기서를 보면 솔로몬이 양곡 저장 성읍과 병거 주둔 성읍, 기병 주둔 성읍을 세울 때* 강제 노역꾼을 동원했다고 분명하게 적혀 있네. 자네가 원한다면 노예라

---

* 역설적이게도 이런 성읍들은 이집트에서 본 딴 것이다.

고 부를 수도 있을 걸세. 그들 중에는 이스라엘이 정복한 민족뿐만 아니라 이스라엘 백성도 있었다네."

청년은 화가 났는지 식식거리며 말했다. "그럼 솔로몬 왕은 또 다른 이집트를 세운 거군요. 우리 민족은 또다시 노예가 되어 벽돌을 만들었고요!"

노인이 한숨을 내쉬었다. "이제는 자네도 내 질문을 이해하지 않을까 싶네만. 솔로몬은 그의 백성을 노예에서 해방시키신 하나님을 위해 성전을 지었다네……. 바로 노예를 시켜서 말일세." 사람들도 이 말을 이해했는지 무거운 침묵이 흘렀다.

"성전을 바친 그날, 여호와께서 솔로몬에게 이렇게 경고하셨습니다. '너와 네 자손이 나를 따르지 아니하고 등을 돌리거나, 내가 네게 일러 준 내 계명과 율례를 지키지 아니하고 다른 신들을 섬겨 그들을 숭배하면, 나는 내가 준 그 땅에서 이스라엘을 끊어 버릴 것이고, 이 성전을 외면하겠다. 이 성전이 한때 아무리 존귀하게 여김을 받았다고 하더라도, 이곳을 지나가는 사람마다 놀랄 것이고 "어찌하여 여호와께서 이 땅과 이 성전을 이렇게 되게 하셨을까?" 하고 탄식할 것이다. 그러면서 그들은 "이스라엘 백성이 자기들의 조상을 이집트 땅으로부터 이끌어 내신 여호와 그들의 하나님을 버리고, 다른 신들에게 미혹되어, 그 신들에게 절하여 그 신들을 섬겼으므로, 여호와께서 이 온갖 재앙을 그들에게 내리셨다" 하고 말할 것이다.'"

침묵은 더 깊고 무거워졌다. 사람들은 저마다 마음속으로 황폐해진 성전의 모습을 떠올렸던 것이다.

"비참한 일이지만 솔로몬은 하나님의 경고를 무시했습니다. 거대한 건축 사업과 함께 솔로몬은 병거 1,400대, 기병 12,000명에 이르는 예비군을 만들었습니다. 상선대를 만들고 자신을 위해 엄청난 부를 축적했습니다. 해마다 그가 모은 공물의 양은 금 666달란트*나 되었습니다. 또한 그는 세계 곳곳에 있는 왕과 귀족의 딸들과 결혼하고 그들과 언약 관계를 맺었습니다. 여호와께서 왕에게 하지 말라고 명한 모든 것을 솔로몬은 따르고 있었던 것입니다. 이 모든 것은 솔로몬으로 하여금 여호와를 섬기는 데서 떠나 여호와께서 보시기에 악한 일을 저지르게 만들었습니다. 솔로몬은 아내들을 위해 이방 신을 섬기는 산당을 짓고, 그들에게 제사를 지냈습니다.

솔로몬은 하나님의 음성을 듣지 않았지만, 하나님은 다윗과 맺은 약속 때문에 솔로몬이 사십 년 동안 이스라엘을 다스리도록 하셨습니다. 이렇게 해서 우리는 우리 민족 역사상 황금기라고 생각하는 시기의 끝에 도달하게 됩니다.

자, 잠시 솔로몬 통치가 지닌 거대한 아이러니를 생각해 봅시다. 그리고 그것이 지닌 경고에 주의를 기울여 봅시다. 솔로몬이 이룬 위대한 업적은 세 가지로 특징지을 수 있습니다. 풍요와 억압과 고정된 종교. 하나님이 모세를 통해 맺으신 언약은 솔로몬 통치 기간에 거의 완전히 뒤집어졌습니다. 그러나 그가 다스리는 동안 이스

---

* 666이라는 숫자는 악하고, 그릇되고, 하나님께 대항하는 것을 나타내는 문화적 지표이기도 하다.

라엘은 그 지역에서 기적과도 같았습니다. 하나님의 백성은 다른 모든 나라들처럼 되어 버렸습니다.

우리가 비록 이곳에 포로로 잡혀 있긴 하지만, 그 시대와 가장 동떨어진 지금, 이 이야기는 우리를 진지하게 생각하도록 이끌어 줍니다. 우리가 언약에 신실하려면, 우리는 솔로몬 통치가 지닌 세 가지를 똑같이 저지르지 않도록 조심해야 하기 때문입니다.

우리를 둘러싼 고통과 우리가 다른 사람에게 끼치는 고통 모두를 알아차리지 못할 만큼 풍요로운 경제, 소외된 사람의 울부짖음을 듣지 못하거나 침묵시키는 억압적 정치, 삶의 기준을 유지하도록 하나님이 우리에게 주신 고정된 종교로, 우리가 듣고 싶지 않은 말을 하는 선지자를 침묵시키려 하는 것."

여기까지 말하고 나서 노인은 젊은 음악가를 바라보았다. "자네가 오늘밤을 위해 고른 다윗의 다른 노래로 오늘 이 시간을 마무리할 수 있을까 싶네만, 어떤가?"

청년은 다시 한 번 하프를 들고 일어섰다. 그는 순간 마음 깊이 아픔을 느끼며 사람들이 노래를 부르도록 선창하기 시작했다.

오, 자애로우신 하나님!
주의 헤세드, 사랑에 따라
주의 많은 긍휼을 따라
내 죄악을 지워 주소서.
나의 죄악을 말갛게 씻으시며

나의 죄를 깨끗이 제하소서.
무릇 나는 내 죄과를 아오니
내 죄가 항상 내 앞에 있나이다.
내가 주께만 범죄하여
주의 목전에 악을 행하였나이다.

하나님이여 내 속에 정한 마음을 창조하시고
내 안에 정직한 영을 새롭게 하소서.
나를 주 앞에서 쫓아내지 마시며
주의 성령을 내게서 거두지 마소서.
주의 구원의 즐거움을 내게 회복시켜 주시고
자원하는 심령을 주사 나를 붙드소서.
그리하면 내가 범죄자에게 주의 도를 가르치리니
죄인들이 주께 돌아오리이다.

주께서는 제사를 기뻐하지 아니하시나니
그렇지 아니하면 내가 드렸을 것이라.
주는 번제를 기뻐하지 아니하시나이다.
하나님께서 구하시는 제사는 상한 심령이라.
하나님이여 상하고 통회하는 마음을
주께서 멸시하지 아니하시리이다.

청년이 하프를 내려놓고 노인에게 몸을 돌려 손을 내밀었다. 노인은 그 손을 잡고 자리에서 일어났다. 이번에도 노인은 청년의 팔에 자신의 팔을 얹고 걸어갔다. 사람들은 자리를 떠나기 전에 서로에게 인사를 하고 집으로 돌아갔다. 많은 사람이 깊은 생각에 잠긴 채로.

제 8 장

자만

분열되는 왕국,
포로로 잡혀간 백성에게 선포하는
선지자의 예언

안식일. 해가 지고 날이 어둑해질 무렵, 노인이 또다시 강을 따라 내려오고 있었다. 그는 천천히 걸으며 그가 살아온 세월의 무게와 그의 민족이 겪어 온 포로 생활의 무게를 느끼고 있었다. 노인은 누구보다 안식일의 중요성을 잘 알았다. 그날은 하나님이 허락하신 아름다운 쉼의 선물이자, 백성이 그들 스스로에게 쉽게 부여하는 활동의 노예에서 해방되는 날이다. 안식일이라는 이 선물은 노인이 백성에게 받아들이고 택하라고 다독이며 회유하고 애원하는 모든 민족, 다시 말해서 모든 창조세계로 확장되었고, 그는 그렇게 하는 사람들이 늘어나는 것을 보며 기뻐했다. 그러나 관절이 삐걱거리고 등이 아파 오고 걸음이 느려지면서 노인은 자신이 내일 일하지 않아도 된다는 것에 크게 감사하고 있음을 스스로 인정했다.

어디선가 웃음소리가 들려왔다. 노인은 그의 민족이 함께 빵을 먹으려고 모인 곳에서 흘러나오는 불빛을 바라보았다. 사람들이 웃는 소리가 듣기 좋았다. 수년 동안 그들의 삶에 기쁨이라고는 거의 없었으니까. 그는 음식을 나눌 때 솟아나는 기쁨의 소리를 즐기고 있었다.

그리고 나서 노인은 한숨을 내쉬더니 다시 걷기 시작했다. 오늘 밤 그는 이스라엘과 유다의 왕에 대해 이야기하면서 **이야기**를 마칠 것이다. 이야기는 바로 이곳, 그들이 포로로 잡혀 있는 바빌론에서 끝나게 된다. 그리고 그는 알고 있었다. 그렇게 이야기를 마칠 때, 사람들의 웃음소리도 이내 잦아들 것이라는 사실을.

노인은 이야기가 왜 그들이 처한 포로 생활에서 끝나는지를 그의 민족이 이해하길 바라면서 **이야기**를 들려주었다. 그는 잠시 멈추어서 스스로를 바로잡았다. 아니, **이야기**는 포로 생활에서 끝나지 않는다. 하나님이 하나님의 선지자를 통해 언젠가는 그의 백성이 약속된 땅으로 돌아갈 것이라고 말씀하시지 않았는가?

그러나 그들이 돌아갈 때, 그들은 어떤 백성이 되어 있을까? 바로 그것이 문제였다. 포로 생활에서 겪은 그들의 경험이 그들을 바꿀 것인가? 언약을 깨뜨렸기 때문에 그들이 하나님의 심판을 겪었다는 사실을 그들이 이해할 것인가? 그것을 이 경험에서 배울 수 있을 것인가? 그들은 아브라함, 이삭, 야곱의 하나님을 충실하게 믿어 다시 언약에 신실할 것인가? "제발, 그렇게 되기를……." 노인은 조용히 기도했다.

노인은 사람들 사이로 걸어갔다. 손에는 이 몇 주 동안 노인에게 격려와 희망이 되어 준 소녀의 어머니에게 받은 빵과 과일이 조금 들려 있었다. 아마도 소녀의 세대는 달라질 것이다. 아마도.

자리에 앉은 노인은 누군가가 그에게 건네준 포도주 가죽 부대에서 포도주를 따라 빵을 적셔 간단히 식사를 했다. 그가 달콤한 과일을 맛보고 있을 때, 젊은 음악가가 노인 옆으로 와서 앉았다. "샤밧 샬롬, 어르신."

"안식일의 평화가 자네에게 임하기를 바라네, 젊은 친구."

청년은 주저하며 말을 꺼냈다. "사람들이 오늘밤 제게 노래를 한 곡조 부탁했는데요, 노래하기 전에 어르신께 허락을 받고 싶습니다."

노인은 호기심이 생기는지 눈썹을 추켜올렸다. "사람들이 부탁한 노래가 무엇인데 그러나?"

"몇 주 전에 부른 새로운 노래도 이 곡에서 영감을 얻었습니다."

노인은 자신이 생각하는 노래 첫 소절을 조용히 불러 보았다. 청년은 노랫소리를 듣고 고개를 끄덕였다. 노인은 어떻게 해야 할지 잠시 생각에 잠겼다. "그렇게 하게. 사람들에게 그 노래를 불러 주게나. **이야기**를 다시 한 번 듣기 전에 우리 함께 포로 생활의 고통을 온몸으로 느껴 보세나."

청년이 일어섰다. 그 모습을 보고 사람들은 하나둘 입을 다물었다. 청년은 하프를 들고 연주를 시작했다.

하나님이여 주께서 어찌하여 우리를 영원히 버리시나이까.

어찌하여 주께서 기르시는 양을 향하여

진노의 연기를 뿜으시나이까.

옛적부터 얻으시고 속량하사 주의 기업의 지파로 삼으신
주의 회중을 기억하시며
주께서 계시던 시온 산도 생각하소서

영구히 파멸된 곳을 향하여 주의 발을 옮겨 놓으소서.
원수가 성소에서 모든 악을 행하였나이다.
주의 대적이 주의 회중 가운데에서 떠들며
자기들의 깃발을 세워 표적으로 삼았으니

그들은 마치 도끼를 들어
삼림을 베는 사람 같으니이다.
이제 그들이 도끼와 철퇴로
성소의 모든 조각품을 쳐서 부수고
주의 성소를 불사르며
주의 이름이 계신 곳을 더럽혀 땅에 엎었나이다.
그들이 마음속으로 이르기를 우리가 그들을 진멸하자 하고
이 땅에 있는 하나님의 모든 회당을 불살랐나이다.

주께서 어찌하여 주의 손 곧 주의 오른손을 거두시나이까.
주의 품에서 손을 빼내시어 그들을 멸하소서.
하나님은 예로부터 나의 왕이시라.
사람에게 구원을 베푸셨나이다.

주의 멧비둘기의 생명을 들짐승에게 주지 마시며

주의 가난한 자의 목숨을 영원히 잊지 마소서.

그 언약을 눈여겨보소서.

무릇 땅의 어두운 곳에 포악한 자의 처소가 가득하나이다.

학대받은 자가 부끄러이 돌아가게 하지 마시고

가난한 자와 궁핍한 자가 주의 이름을 찬송하게 하소서.

하프 연주자가 자리에 앉자, 노인이 천천히 무리를 살펴보았다. 몇몇 사람의 얼굴은 눈물로 얼룩져 있었다. 분노를 억누르며 얼굴을 찌푸리고 있는 사람도 있었다. 어떤 사람들은 멍하니 허공만 바라보고 있었다. 기쁨과 온화함을 느끼는 영혼일지라도 그들은 노랫가락이 어둔 밤 속으로 사라지면서 그런 기쁨과 온화함도 소멸하는 것을 느끼고 있었다.

노인은 음악가를 바라보았다. 무리를 통해 흘러간, 겉으로 드러나지 않은 분노와 절망을 그가 토로하리라 기대하면서. 청년은 노인이 쳐다보고 있는 것을 알았지만 아무 말도 하지 않았다. 이번만은 노인도 청년의 얼굴에 나타난 감정을 읽을 수 없었다.

다시 무리에게 몸을 돌리는 순간, 노인은 자신의 눈에서 뜻밖의 눈물이 흐르고 있다는 사실을 깨달았다. 노인은 그의 백성이 왜 포로로 잡혀 있는지를 알았다. 성전이 왜 황폐해졌는지도 알았다. 그러나 이해한다고 해서 고통이 사라지는 것은 아니었다. 노인은 손등으로 눈물을 훔치고, 조용히 기도하며 이야기를 계속했다.

"이곳 바빌론에 포로로 끌려올 무렵, 저는 젊은 청년이었습니다. 꽤 오래전, 우리 민족이 처음으로 추방된 때였지요. 젊은 하프 연주자 친구가 연주한 노래가 아직도 내 심금을 울리는군요. 우리가 포로가 되어 고향을 떠날 때, 마지막으로 눈을 돌려 예루살렘을 바라본 기억이 납니다. 예루살렘을 바라보며 저는 '다시 저 아름다운 도시를 볼 수 있을까', '우리 가운데 누군가는 또다시 성전에서 예배할 수 있을까' 하고 생각했습니다.

수년 동안 저는 여호와께서 우리를 위해 일하실 것이라는 희망을 붙들고 살아왔습니다. 제가 음악가라면, 아마도 우리 젊은 친구가 이곳에서 한 것처럼 많은 노래를 지었을 것입니다. 우리 민족 대부분이 그렇듯이 저도 여호와의 임재가 성전에 남아 있는 한 언젠가는 하나님이 우리를 위해 일하시고 우리에게 나라를 회복하실 것을 믿습니다. 우리는 고향으로 돌아갈 것입니다." 노인은 잠시 숨을 골랐다. "그런데 이 모든 것이 에스겔 선지자가 환상을 본 그 밤에 바뀌었습니다."

이 말에 나이 든 사람들은 동요했다. "그렇습니다. 여러분 가운데에는 그날 밤을 기억하는 분도 계실 것입니다. 그 시절, 저는 여러분처럼 밤마다 무리 속에 섞여 앉아서 우리에게 이스라엘의 이야기를 들려주는 장로들에게 질문을 했지요. 아브라함과 이삭, 야곱, 모세와 여호수아, 다윗과 솔로몬의 이야기들 말입니다. 우리 백성 가운데 있던 선지자가 우리에게 **이야기**를 들려줄 때 우리는 재빠르게 귀 기울이지 못했습니다. 우리는 바빌론에서 포로로 지내는 것이 언약을 지키지 못한 우리의 교만과 자만에 대해 하나님이 심판하시는 것이라는 사실을 믿지 않았습니다. 우리는 하나님의 백성이며, 언젠가 하나님은 우리의 아픔을 신원하시고, 새로운 출애굽을 가져오실 것입니다. 바로 압제에서 구원받고, 포로지에서 환향하는 것입니다.

우리는 그렇게 믿었습니다. 그날 밤 전까지는 말입니다."

노인의 눈에 다시 눈물이 그득했다. 그러나 이번에는 눈물이 뺨을 타고 흐르는 것을 그냥 내버려 둔 채 이야기를 이어 나갔다. "그날 밤, 저는 깊은 잠에 빠져 있었습니다. 그런데 갑자기 무슨 소리가 들려왔습니다. 고통과 괴로움에 울부짖는 소리였습니다. 지금 이 순간에도 그 소리가 들리는 것 같습니다. 눈을 비벼 졸음을 내쫓고 나서 옷을 입고 소리가 나는 곳을 찾으려고 오두막을 나와 이리저리 헤맸습니다.

소리가 나는 곳으로 가 보니 에스겔 선지자가 계셨습니다. 그 분은 비틀거리다가 넘어지면서도 계속 뭐라고 중얼거리고 있었습니다. '사라졌다, 사라졌어······.' 우리는 에스겔 주위로 모여들었지만, 그 분은 우리를 알아보지 못했습니다. 그 분의 눈은 다른 곳을 바라보고 있었습니다. 그 분은 하염없이 눈물을 흘리며 훌쩍이고 있었습니다. 그러더니 어느 순간 우리를 알아보았습니다. 우리는 기대에 찬 눈빛으로 그 분을 바라보고 있었지요. 몇몇은 조롱하는 눈빛으로, 또 몇몇은 두려운 눈빛으로······. 그 분은 우리를 보더니 처음에는 화를 냈습니다. 그러고는 점점 우리를 측은히 여겼습니다.

제가 침묵을 깨고 물었지요. '어르신, 무슨 일이십니까? 뭘 보신 겁니까?'

선지자는 속삭이듯 혼잣말만 되풀이했습니다. 그 말을 듣기 위해 온 신경을 기울여야만 했습니다. '사라졌어, 사라져 버렸어.'

우리는 그 분이 무슨 말을 하는지 알아듣지 못했습니다. 에스겔 선지자는 고개를 들어 우리를 바라보더니 천천히 한 사람씩 얼굴을 쳐다보았습니다. '자네들의 희망, 그것이 사라졌다네.'

저는 무서운 나머지 간청하기 시작했죠. '수수께끼 같은 말씀은 그만두시고, 자세히 좀 알려 주십시오.' 바로 그때 그 분은 모든 것을 뒤바꿀 말씀을 시작했습니다.

'내가 자네들에게 경고했지만 자네들은 듣지 않았지. 여호와께서 말씀하신 대로, 예루살렘이…… 파괴되었네.'

저마다 입에서 숨이 멎는 소리가 터져 나왔습니다. '그럴 리가요. 사실이 아닐 겁니다.' 누군가가 말했습니다. '어떻게 아셨죠?' 또 다른 누군가가 물었습니다. 그때 우리는 모두 울고 있었습니다.

'그게 다가 아니라네.' 선지자께서 계속 말씀하셨습니다. '성전이……'

'성전이, 뭐요?' 누군가 소리쳤습니다.

'성전이 불탔네.'

사람들은 외마디 비명을 질렀습니다. 저는 제가 들은 말을 도무지 믿을 수가 없었습니다. 감정에 휩싸여 떠는 에스겔 선지자의 얼굴에는 눈물이 흘러내렸습니다. 에스겔 선지자가 말했습니다. '나는 여호와의 영광이 그룹들에게서 떠올라 성전 문지방으로 옮겨 가고, 성전에는 구름이 가득 차고, 안뜰은 주님의 영광에서 나오는 광채로 가득 찬 광경을 보았다네…… 그러고 나서 주님의 영광이 성전 문지방을 떠나, 그룹들 위로 가서 머물렀지. 그룹들은 날개를 펴고 땅에서 떠올라 가고 이스라엘 하나님의 영광이 그들 위에 머물렀다네.'

그 분은 잠시 말이 없다가 다시 입을 열었습니다. '여호와의 영광이 이 도시에서 떠올라 갔네.' 에스겔 선지자는 여호와의 임재가 떠나는 모습을 본 것입니다. 하나님은 더 이상 성전에 계시지 않았습니다. 우리는 잠시 동안 망연자실한 채 그곳에 서 있었습니다. 그리고 울기 시작했지요."

노인이 사람들을 쳐다보았다. "여러분 가운데 대부분은 마지막 추방 때 이곳으로 오셨을 겁니다. 여러분은 에스겔 선지자가 환상으로 본 것을 두 눈으로 똑똑히 확인하셨겠지요. 여러분이 그 모습을 볼 때, 우리 마음은 찢어졌습니다. 감정의 무게에 짓눌렸습니다. 사람을 죽일 것만 같은 분노와 좌절, 비통함과 절망……. 그러나 그러한 상황에서도 하나님의 선지자들은 계속 예언을 선포했습니다. 그런데 우리는 들었나요? 우리는 그들이 말하는 **이야기**를 들을 수 있었나요? 정말로 내가 말하려고 하는 그 **이야기**를 말입니다."

노인이 물을 마시기 위해 말을 멈추었다. 그는 그의 민족에게 익숙한 아픔을 느끼고 있었다. 그들이 이해하기를, 그리고 그 이해가 그들을 회개로 이끌기를 간절히 바라고 있었다. 옆에 앉아 있는 젊은 음악가의 어깨에 손을 얹은 채 노인은 힘겹게 몸을 일으켰다. "오늘밤에는 이스라엘 왕의 이야기가 어떻게 막을 내리는지 들려드리겠습니다. 이제 이야기는 지금 이 시기까지 다다랐습니다.

여러분은 우리 민족 역사의 황금기인 다윗과 솔로몬 통치 당시 이야기를 들어보았습니다. 다윗이 다스리는 동안 약속의 땅은 모두 정복되고 이스라엘 열두 지파가 한 왕 아래 하나로 연합되었습니다. 솔로몬 통치 아래에서 이스라엘은 메소포타미아에서 이집트에 이르는 전 지역에서 가장 강력한 나라가 되었지요. 그 나라의 영광을 보러 아주 먼 곳에서도 사람들이 찾아올 정도였습니다.

그런데 하나님이 가장 풍요로운 축복을 베푸신 가운데에서도 솔로몬은 여호와 하나님과 맺은 언약을 저버리고 백성을 우상 숭배로 인도하였습니다. 다른 많은 외국 여자와 결혼하여 그 나라의 이방 신을 받아들인 것입니다. 사회적인 억압, 특히 북쪽에 있는 열 지파를 억압하고, 상비군을 세우며, 자신을 위해 부를 축적하는 등 솔로몬은 언약을 버리는 행위를 저질렀습니다. 비록 여호와를 위해 예루살렘에 거대한 성전을 짓긴 했지만 그의 삶은 여호와의 이름을 영화롭게 하지 못했습니다. 솔로몬은 하나님의 백성이 부름 받은 비전을 놓쳐 버린 것입니다.

삶을 마감할 무렵, 솔로몬은 자신이 이룬 것을 보며 이렇게 결론을 내렸습니다. '헛되고 헛되다. 모든 것이 헛되다.' 아마도 솔로몬은 그의 삶, 그러니까 부와 쾌락을 추구한 삶이 헛되다는 사실과,

지식이 가져다준 고민, 정치적 권력의 불확실성, 그리고 우리는 누구나 언젠가는 죽을 것이라는 피할 수 없는 진실을 깨달은 것 같습니다. 그의 삶이 어떠했는지를 인정하면서 솔로몬은 후대 사람들에게 조언하는 글을 남겼습니다. '할 말은 다 하였다. 결론은 이것이다. 하나님을 두려워하여라. 그분이 주신 계명을 지켜라. 하나님은 모든 행위를 심판하신다. 선한 것이든 악한 것이든 모든 은밀한 일을 다 심판하신다.'

그러나 솔로몬의 뒤를 이은 사람들은 그의 조언에 귀를 기울이지 않았습니다. 솔로몬은 사십 년 동안 예루살렘에 머물며 온 이스라엘을 다스렸습니다. 그가 죽고 난 뒤, 그의 아들 르호보암이 왕이 되었습니다. 북쪽 열 지파는 새로이 왕이 된 르호보암에게 대표를 보내어 이런 요청을 했지요. '임금님의 아버지께서는 우리에게 무거운 멍에를 메우셨습니다. 이제 임금님께서는, 임금님의 아버지께서 우리에게 지운 중노동과 그가 우리에게 메운 이 무거운 멍에를 가볍게 해주십시오. 그러면 우리가 임금님을 섬기겠습니다.' 유다에 있는 르호보암의 원로들은 그들의 요구를 들어주라고 조언했지만, 르호보암과 함께 자란 젊은 신하들은 다르게 말했습니다. 르호보암은 유다 원로들이 아닌 젊은 친구들의 조언을 따르기로 하고 북쪽 열 지파에 말을 전했습니다. '내 아버지가 당신들에게 무거운 멍에를 메웠소. 그러나 나는 이제 그것보다 더 무거운 멍에를 당신들에게 메우겠소. 내 아버지는 당신들을 가죽 채찍으로 매질하였지만, 나는 당신들을 쇠 채찍으로 치겠소.'"

젊은 음악가가 소리쳤다. "그래서 르호보암이 아버지 솔로몬보다 더 이집트 왕에 가까운 왕이 되었군요?"

노인이 고개를 가로저었다. "아마 르호보암도 그렇게 생각했을 걸세. 어쩌면 그는 자기 이름이 아버지보다 훨씬 더 유명해지길 바랐을지도 모르지. 그렇지만 그렇게 되지는 않았다네. 르호보암 왕이 일꾼을 모으기 위해 강제 노동 감독관 아도니람을 보냈는데, 열 지파가 모여서 그를 돌로 쳐 죽인 일이 일어났다네. 이스라엘 왕국이 다시 한 번 둘로 나뉘는 반역이 시작된 걸세. 남쪽 유다 지파를 제외한 북쪽 이스라엘 열 지파로 말이야.

이스라엘은 여로보암이 왕이 되어 다스렸습니다. 금방이라도 내전이 일어날 것처럼 보였지만, 하나님이 르호보암에게 선지자를 보내서 동족과 싸우지 말라는 말을 전하셨지요. 그때만큼은 왕도 여호와의 말씀에 순종했습니다. 그러나 르호보암과 유다 지파는 여호와께서 보시기에 악한 일을 하였습니다. 그들이 지은 죄는 조상들이 저지른 죄보다 더 심했습니다. 이스라엘 자손은 여호와께서 그들 앞에서 내쫓으신 나라들이 지킨 그 혐오스러운 관습을 그대로 본받았습니다. 르호보암이 즉위한 지 5년째 되던 해에 이집트 왕이 예루살렘을 치러 올라와서, 솔로몬이 성전에 모아 놓은 보물을 하나도 남기지 않고 다 가져갔습니다.

그 뒤로 르호보암과 여로보암이 살아 있는 동안, 그들 사이에는 늘 전쟁이 있었습니다. 르호보암이 죽고 그의 아들 아비야가 뒤를 이어 왕이 되었는데, 아비야는 그의 아버지가 지은 죄를 모두 그대로 따라갔습니다.

이렇게 해서 이스라엘 왕과 유다 왕이 다스리는 장황하고도 끝없는 이야기가 시작됩니다. 각 왕이 주변 국가의 악한 행위를 받아들인 모습을 보면 어떻게든 선왕을 능가하려고 애쓰는 것처럼 보일 정도입니다. 나라는 둘로 찢어져, 다윗이 애써 이룬 통일 왕국은 영원히 부서져 버렸습니다.

그러나 하나님의 백성은 그들이 받은 부르심에서 버림받지 않았습니다. 하나님은 계속해서 선지자들을 보내어, 언약에 신실하고 악한 행위를 그치며 다시 여호와의 이름을 부르도록 그 백성을 돌이키려 하셨습니다.

이스라엘 왕 아합이 다스리는 동안, 하나님은 여호와의 말씀을 전하기 위해 엘리야 선지자를 보내셨습니다. 아합은 앞선 모든 왕보다 더 심하게 하나님을 진노하시게 한 왕이었습니다. 갈멜 산 꼭대기에서 극적인 마지막 결전을 치르며 하나님의 선지자 엘리야는 바알과 아세라 선지자 850명과 맞붙어 이스라엘 백성이 누구를 섬겨야 하는지를 똑똑히 보여 주었습니다. 여호와 하나님을 섬겨야 하는지, 아니면 그들이 받아들인 이방 신들을 섬겨야 하는지. 여호와 하나님은 불을 보내 그분의 능력을 보이시고 하나님의 선지자 엘리야의 손을 들어주셨습니다. 이것을 본 백성은 일어나 거짓 선지자들을 모두 죽였습니다.

그러나 그들은 이내 옛 습관으로 다시 돌아갔습니다. 이어서 보좌에 오른 왕들은 모두 그들의 하나님과 맺은 언약을 깨뜨리는 길로 이스라엘 백성을 이끌었습니다."

사람들 속에서 누군가가 외쳤다. "우리에게 필요한 사람은 또 다른 엘리야입니다! 바빌론의 신을 이길 수 있는 하나님의 선지자 말입니다. 그들에게 우리 하나님이 여호와이심을 보여 줄 선지자가 필요합니다."

노인이 대답하기도 전에 젊은 음악가가 더 크게 말하였다. "하나님이 엘리야를 통해 하신 일은 단순히 이방 신들에게 하나님의 능력을 보여 주신 것이 아닙니다. 그것은 이스라엘을 위한 것입니다. 우리 조상들이 다시금 언약에 신실하도록 부르신 것이지요." 그는 노인을 바라보면서 계속 사람들에게 이야기했다. "우리에게는 **이야기**가 있습니다. 또 다른 엘리야가 온다고 해서 우리 마음을 바꿀 수 있을까요?"

청년이 한 말에 노인은 놀라 눈썹을 치켜 올렸다. 무리 속에서는 화가 난 듯 중얼거리는 소리가 들려왔다. 노인이 말을 이었다.

"이야기는 사마리아에서 이스라엘을 다스리는 왕이 된 호세아 왕 이후 비극적인 방향으로 진행됩니다. 앗시리아의 살만에셀 왕이 그를 치러 올라오자, 호세아 왕은 그에게 항복하고 조공을 바쳤습니다. 그러나 호세아는 압제의 멍에를 벗어 버리려고 애쓰면서도, 여호와께 구원해 달라고 간구하는 대신 이스라엘의 오랜 적인 이집트 왕에게 도움을 요청하는 사절을 보냈습니다. 호세아가 배반한 것을 알게 된 살만에셀 왕은 사마리아를 점령하고 이스라엘 열지파 사람들을 앗시리아로 끌고 갔습니다. 그곳에서 이스라엘 사람들은 앗시리아 문화에 동화되어 그들의 정체성을 영원히 잃어버리고 말았습니다. 이렇게 된 것은 이 백성이 여호와 하나님의 음성에 순종하지 않았기 때문입니다. 그들은 또다시 우상을 숭배하는 유혹에 넘어지고, 여호와와 맺은 언약을 깨뜨렸습니다. 그들은 모세가 전한 명령을 저버리고 쇠를 녹여 부어 두 송아지 형상을 만들어 섬겼습니다. 심지어 자녀들을 불살라 제물로 바치는 일도 저질렀습니다. 그래서 여호와께서 그들을 그 땅에서 쫓아내시어, 결국 우리 유다 지파만 남게 된 것입니다.

이스라엘이 포로로 끌려갔을 때, 유다에서는 히스기야가 왕이 되었습니다. 그는 이스라엘의 하나님 여호와만을 신뢰하고 조상 다윗이 한 모든 것을 그대로 본받아 여호와께서 보시기에 올바른 일을 하였습니다. 여호와께서 모세에게 명하신 계명들을 준수하였지요. 그는 앞선 왕들이 세운 산당을 헐어 버리고 아세라 목상을 찍어버렸습니다. 여호와께서는 늘 그와 같이 계셨으며, 그는 앗시리아 왕에게 반기를 들고 그를 섬기지 않았습니다.

그때 앗시리아의 정권을 장악한 산헤립이 유다를 침략하고 예루살렘을 포위하였습니다. 그러나 히스기야는 이웃 나라에 도움을 요청한 앞선 왕들과 달리 여호와의 이름을 불렀습니다. 그래서 이사야 선지자가 그를 찾아와 이렇게 말했습니다. '왕께서 여호와께 기도하셨기 때문에 하나님이 그분의 명성을 지키기 위해서라도 이 도성을 보호하여 구원하고, 그분의 종 다윗을 보아서라도 그렇게 하겠다고 말씀하셨습니다.' 그날 밤에 주님의 천사가 나아가서 앗시리아 군사를 쳐 죽였고, 유다 땅은 다시 평안해졌습니다.

그러나 죽기 전, 히스기야는 바빌론 왕이 보낸 대표단을 반가이 맞이한 일이 있었습니다. 바빌론 왕은 앗시리아와 싸우기 위해 히스기야에게 도움을 요청하러 대표단을 보낸 것입니다. 어리석게도 히스기야는 그들에게 성전의 부와 아름다움을 과시했습니다. 이에 이사야 선지자가 그를 찾아가 말했습니다. '주님이 말씀하십니다. "그날이 다가오고 있다. 그날이 오면, 네 왕궁 안에 있는 모든 것과, 오늘까지 네 조상이 저장하여 놓은 모든 보물이, 남김없이 바빌론으로 옮겨 갈 것이다."' 이 말을 들은 히스기야는 슬퍼한 것이 아니라, 자기가 살아 있는 동안만이라도 평화와 안정이 계속된다면 그것만으로도 다행이라고 생각하였습니다.

히스기야가 죽고 난 뒤, 그의 아들 므낫세가 그의 뒤를 이어 왕이 되었습니다. 므낫세는 앞선 왕들이 행한 길을 따라 여호와께서 보시기에 악한 일을 하였습니다. 그리고 므낫세의 뒤를 이어 왕이 된 그의 아들 아몬도 여호와께서 보시기에 악하게 행동했습니다."

"선한 왕은 한 사람도 없었나요?" 소녀가 물었다.

노인은 소녀 쪽으로 고개를 돌려 대답했다. "아니, 한 사람 있었지. 이 이야기에서 가장 어두운 시기에 마지막 희망의 빛줄기와도 같은 사람, 바로 요시야 왕이란다. 요시야는 여호와께서 보시기에 올바른 일을 하였고, 그의 조상 다윗의 모든 길을 본받아 곁길로 빠지지 않았단다. 그는 황폐해져 무너진 성전을 다시 수리하도록 명령을 내렸지. 이 일이 진행되던 가운데 일꾼들이 율법 책을 발견했단다. 벌써 수십 년 전에 잃어버린 율법 책을 말이다. 그들은 그 책을 요시야에게 가져갔어. 율법 책을 읽으면서 요시야는 이 백성이 하나님의 언약에서 얼마나 멀리 떨어져 있는지를 깨닫고는 크게 애통했단다.

요시야 왕은 이스라엘에 일어난 일이 유다에도 일어날까 봐 두려웠지. 그래서 선지자에게 사람을 보내어 여호와의 말씀을 가져오게 했단다. 여선지자인 훌다가 요시야 왕을 찾아와 이렇게 말했지. '이스라엘의 하나님 여호와의 말씀입니다. "이곳이 황폐해지고 이곳 주민이 저주를 받을 것이라는 내 말을 들었을 때에, 너는 깊이 뉘우치고, 나 주 앞에 겸손하게 무릎을 꿇고, 옷을 찢고, 내 앞에서 통곡하였다. 그러므로 내가 네 기도를 들어준다. 나 주가 말한다. 그러므로 내가 너를 네 조상에게로 보낼 때에는, 네가 평안히 무덤에 안장되게 하겠다."'

요시야 왕은 모든 백성을 성전으로 모이게 했단다. 그리고 그곳에서 훌다 선지자가 전한 여호와의 말씀에 대한 응답으로, 하나님이 그들에게 행하신 이야기를 듣게 한 뒤 다시 한 번 하나님과 맺은 언약을 새롭게 했단다."

노인은 고개를 가로젓더니 사람들에게로 몸을 돌렸다. "참으로 안타깝게도, 그러한 부흥이 지속된 것은 겨우 한 세대뿐이었습니다. 요시야의 아들도 앞선 왕들만큼이나 악한 일을 행했기 때문입니다. 하나님은 계속해서 선지자를 보내서서 하나님의 백성이 여호와께 돌아오게 하시려고 애쓰고 호소하셨습니다. 선지자들은 이스라엘 백성에게 '너희는 북쪽 지파가 포로로 끌려가는 것을 보지 않았느냐! 그 일이 너희에게는 일어나지 않을 것이라고 생각하지 마라!'라고 경고했지만, 그들은 계속 그 말을 무시했지요."

잠시 말을 멈추더니 노인은 고개를 숙였다. 이제 자신의 이야기가 시작될 순간이었다. 그는 고개를 들더니 떨리는 목소리로 이야기를 계속했다.

"그러나 나를 포함한 여러분의 조상은 자만심에 가득 차서 우리는 재앙을 면했다고 생각했습니다. 어쨌든 우리는 예루살렘에 성전이 있었으니까요. 우리 가운데 하나님이 임하여 계시다고 생각했지요. 그러니 우리에게 어떻게 그런 재앙이 일어날 수 있겠습니까? 그러나 재앙은 아주 가까이에 있었습니다.

하나님은 우리에게 경고하실 마지막 선지자를 보내셨습니다. 바로 '눈물의 선지자' 예레미야입니다. 그는 우리에게 닥칠 운명을 보았을 뿐 아니라 자신의 말에 귀 기울이지 않는 이스라엘 백성을 생각하며 울었습니다. 예레미야에게는 그토록 눈에 훤한 일을, 그 누구도 알지 못했으니까요. 그는 백성을 향한 하나님의 고통이 어떻게든 무감각한 우리의 자만심을 뚫고 들어가기를 소망했습니다.

예레미야는 주님의 성전 문에 서서 큰 소리로 외쳤습니다. "'나 만군의 여호와, 이스라엘의 하나님이 말한다. 너희의 모든 생활과 행실을 고쳐라. 그러면 내가 이곳에서 너희와 함께 머물러 살겠다.

'이것이 여호와의 성전이다, 여호와의 성전이다, 여호와의 성전이다' 하고 속이는 말을, 너희는 의지하지 말아라. 너희가 모든 생활과 행실을 참으로 바르게 고치고, 참으로 이웃끼리 서로 정직하게 살면서 나그네와 고아와 과부를 억압하지 않고, 이곳에서 죄 없는 사람을 살해하지 않고, 다른 신들을 섬겨 스스로 재앙을 불러들이지 않으면, 내가 너희 조상에게 영원무궁하도록 준 이 땅, 바로 이곳에서 너희가 머물러 살도록 하겠다.

그런데도 너희는 지금 전혀 무익한 거짓말을 의지하고 있다. 너희는 모두 도둑질을 하고, 사람을 죽이고, 음행하고, 거짓으로 맹세하고, 바알에게 분향하고, 너희가 알지 못하는 다른 신들을 섬긴다. 너희는 이처럼 내가 미워하는 일만 저지르고서도, 내 이름으로 불리는 이 성전으로 들어와서, 내 앞에 서서 '우리는 안전하다' 하고 말한다. 너희는 그런 역겨운 모든 일들을 또 되풀이하고 싶어서 그렇게 말한다. 그래, 내 이름으로 불리는 이 성전이, 너희의 눈에는 도둑들이 숨는 곳으로 보이느냐? 여기에서 벌어진 온갖 악을 나도 똑똑히 다 보았다. 나 여호와의 말이다.'"

보십시오. 우리는 이렇게 자만심에 가득 차 있습니다. 우리는 열 가지 말씀을 하나같이 지키지 않았습니다. 그러면서도 감히 하나님께 복을 구하러 하나님의 성전에 계신 여호와께 나아갔습니다. 이 얼마나 엄청난 오만입니까! 그런데도 하나님은 우리를 버리지 않으셨습니다. 하나님은 우리를 찾아오셔서 언약에 다시 신실할 수 있는 기회를 주셨습니다. 행실을 바르게 고치고, 약한 자를 돌보며, 더 이상 우상을 섬기지 말라고 말씀하셨습니다."

순간 노인의 어깨가 내려앉았다. "그렇지만 우리는 듣지 않았습니다. 그래서 하나님은 약속하신 대로 우리에게 재앙을 내리셨습니다. 그 재앙은 바로 우리의 건방진 자만 때문이지요. 여호야긴 왕이 유다를 다스릴 때, 바빌론 왕 느부갓네살이 예루살렘을 포위하고 도시를 함락했습니다. 그러고 나서 느부갓네살 왕은 이스라엘의 건장한 장정과 장인, 금 세공인을 모두 포로로 끌고 갔습니다. 예루살렘에 남은 사람이라고는 외딴 시골 지역에 사는 아주 가난한 사람들뿐이었습니다."

다시 한 번 노인이 눈물을 훔쳐 냈다. 이야기를 들려주는 내내 끊임없이 눈물이 흐르고 있었다. "포로로 살아가면서도 우리는 하나님과 맺은 언약을 지키지 못했습니다. 그리고 언약을 지키지 못한 건 이스라엘에 남은 사람들도 마찬가지였지요."

노인은 찬찬히 무리를 둘러보았다. 많은 사람이 발끝만 쳐다보며 노인의 시선을 피하고 있었다. "십 년 뒤, 시드기야 왕이 다스리는 동안 바빌론의 느부갓네살 왕 제 십구 년 다섯째 달 칠 일에, 바빌론 왕의 근위 대장이 예루살렘으로 왔습니다. 그는 주님의 성전과 왕궁과 도시의 모든 건물을 불태워 버렸습니다. 그리고 바빌론의 모든 군대가 예루살렘의 사면 성벽을 헐어 버렸지요. 도성 안에 남아 있는 나머지 사람들은 모두 포로로 잡혀갔습니다.

이렇게 해서 우리는 역사상 가장 처참한 상황에 와 있습니다. 무엇보다도 하나님이 더 이상 성전에 거하시지 않기 때문입니다. 우리 믿음은 우리와 언약을 맺으신 여호와 하나님이 아닌, 성전에 바탕을 두고 있습니다. 바로 우리 가운데 여호와께서 거하시는 그곳 말입니다. 우리는 성전에 하나님이 임재하시기만 한다면 우리가 어떻게 살든지 아무 문제가 없다고 생각하는 경향이 있습니다. 수세기 동안 하나님이 불순종하는 그분의 백성에게 엄청난 인내를 보여 주셨는데도 우리 민족이 하나님과 맺은 언약을 거듭 깨뜨리자, 결국 우리는 심판을 받았습니다. 바로 선지자들이 우리에게 경고한 대로 말이지요. 우리는 참으로 그 땅에서 찢겨 포로로 끌려가게 되었습니다. 이스라엘 열 지파가 그랬듯이 말입니다. 이렇게 해서, 우리가 지금 이곳에 있는 것입니다."

무거운 침묵이 무리를 감쌌다. 누구도 감히 그 침묵을 깨지 못했다. 누군가가 작은 목소리로, 모두 묻고 싶었지만 차마 꺼내지 못한 질문을 던질 때까지 말이다. 누나의 손을 꼭 잡은 채 자그마한 소년이 물었다. "아바……, 이게 **이야기**의 끝인가요?"

노인이 눈을 들어 자신을 주시하는 무리의 얼굴을 하나하나 바라보았다. 그는 나이에 맞지 않게 슬퍼 보이는 소년을 바라보았다. 갑자기 노인이 허리를 곧게 세우고 가슴을 폈다. 마치 가슴속에 다시금 희망이 샘솟는 것처럼. 그리고 큰 소리로 선포했다. "아니란다!"

노인의 외침에 사람들이 고개를 쳐들었다. 저마다 눈에서 눈물을 닦고 몸을 앞으로 기울였다. 노인의 선언에 담긴 희망찬 어조를 이해하려고 애쓰면서 말이다.

"우리 하나님은 은혜로운 하나님입니다. 우리가 마땅히 받아야 할 재앙 속에서도 여호와께서는 언약에 신실하실 것을 약속하셨습니다. 우리가 신실하지 않을 때에도 말입니다." 사람들 몸이 점점 더 노인 쪽으로 향했다. 그들은 노인이 그렇게 믿는 이유를 듣고 싶었다. "에스겔 선지자는 악몽만 꾼 것이 아닙니다. 그는 아름다운 환상도 보았습니다. 하루는 하나님이 그에게 찾아가 말씀하셨습니다. '언젠가는 내가 너희에게 맑은 물을 뿌려서 너희를 정결하게 하며, 너희의 온갖 더러움과 너희가 우상들을 섬긴 모든 더러움을 깨끗하게 씻어 주며, 너희에게 새로운 마음을 주고 너희 속에 새로운 영을 넣어 주며, 너희 몸에서 돌같이 굳은 마음을 없애고 살갗처럼 부드러운 마음을 주며, 너희 속에 내 영을 두어, 너희가 나의 모든 율례대로 행동하게 하겠다. 그러면 너희가 내 모든 언약을 지키고 실천할 것이다. 그때에는 내가 너희 조상에게 준 땅에서 너희가 살아서, 너희는 내 백성이 되고, 나는 너희 하나님이 될 것이다.'"

엄마 무릎 위에 앉아 있던 소년이 엄마를 올려다보았다. 소년은 눈빛으로 엄마에게 "진짜예요?"라고 묻고 있었다. 소년의 엄마는 아들에게 부드러운 미소를 지어 보이며 꼭 껴안아 주었다. 그러고는 다시 노인을 바라보았다. 그 순간 소년의 엄마 마음속에는 아주 희미한 희망이 불타오르기 시작했다.

"이사야 선지자의 말을 기억하십시오. 그는 여호와께 구원받은 사람들이 기쁨으로 노래하며 시온으로 돌아오는 날을 보았습니다. 그들에게 영원한 기쁨이 있을 것입니다. 그들은 기쁨과 즐거움을 얻고, 슬픔과 애통은 멀리 사라질 것입니다. 그리고 하나님의 백성의 역사, 즉 아이를 낳지 못하던 사라와 리브가, 라헬과 한나에서 시작되던 그 역사를 다시 꺼내면서 이사야는 이렇게 말했습니다. '임신하지 못하고 아기를 낳지 못한 너는 노래하여라. 해산의 고통을 겪어 본 적이 없는 너는 환성을 올리며 소리를 높여라. 너는 모든 어머니보다 더 많은 자녀를 볼 것이다. 네가 좌우로 퍼져 나가고, 너의 자손이 이방 나라들을 차지할 것이며, 황폐한 성읍들마다 주민들이 가득할 것이다.'"

이 말씀이 어떤 의미인지를 떠올리면서 사람들의 분위기가 점차 밝아졌다. 많은 사람 얼굴에 미소가 번졌으며, 어떤 사람들은 곁에 앉은 이웃을 껴안기도 했다. 노인이 그 모습을 보며 말했다. "그러나 기억하십시오. 이 약속과 함께 하나님은 하나님의 백성에게 기대하시는 것을 상기시켜 주셨습니다. 우리는 여호와 앞에서 금식하며 포로에서 벗어나게 해 달라고 외치지 않았습니까? 우리는 오늘 밤 우리를 대신하여 일하여 달라고 하나님께 간구하는 노래를 부르지 않았습니까?

다시 한 번 이사야 선지자를 통해 하나님의 백성을 향한 여호와의 말씀을 들으십시오. '그들은 날마다 나를 찾으며, 무엇이 공의로운 판단인가를 나에게 묻는다. "주님께서 보시지도 않는데, 우리가 무엇 때문에 금식을 합니까?" 머리를 갈대처럼 숙이고 굵은 베와 재를 깔고 앉는다고 해서 어찌 이것을 금식이라고 하겠느냐? 내가 기뻐하는 금식은, 부당한 결박을 풀어 주는 것, 멍에의 줄을 끌러 주는 것, 압제받는 사람을 놓아주는 것, 모든 멍에를 꺾어 버리는 것, 바로 이런 것들이 아니냐? 또한 굶주린 사람에게 너의 먹을 거리를 나누어주는 것, 떠도는 불쌍한 사람을 집에 맞아들이는 것이 아니겠느냐? 헐벗은 사람을 보았을 때에 그에게 옷을 입혀 주는 것, 너의 골육을 피하여 숨지 않는 것이 아니겠느냐?

이렇게 살아갈 때, 네가 주님을 부르면 여호와께서 응답하실 것이다. 네가 너의 나라에서 무거운 멍에와 온갖 폭력과 폭언을 없애 버린다면, 다른 사람들을 심판하는 자리에 서지 않는다면, 네가 너의 정성을 굶주린 사람에게 쏟으며, 불쌍한 자의 소원을 충족시켜 주면, 너의 빛이 어둠 가운데서 나타날 것이다. 그리고 여호와께서 너를 늘 인도하시고, 메마른 곳에서도 너의 영혼을 충족시켜 주시며, 너의 뼈마디에 원기를 주실 것이다.

여호와는 피곤한 사람에게 힘을 주시며, 기운을 잃은 사람에게 기력을 주시는 분이시다. 오직 여호와를 소망으로 삼는 사람은 새 힘을 얻으리니, 독수리가 날개를 치며 솟아오르듯 올라갈 것이요, 뛰어도 지치지 않으며, 걸어도 피곤하지 않을 것이다.'

예전에는 우리 민족이 강력한 힘을 가지고 있었지만, 보십시오. 지금 우리는 아무 힘이 없는 포로일 뿐입니다. 이사야는 우리 민족에게 놀랄 만한 선물이 될 미래의 그림을 환기시켜 줍니다. 그는 아주 오래된 **하나님 이야기**, 그리고 우리 이야기를 다시 들려줍니다. 바로 하나님이 늘 새로운 일을 행하고 계시다는 것, 하나님이 늘 우리를 위해서 우리 힘으로는 할 수 없는 일을 하고 계시다는 것입니다. 우리가 얻기 위해서 붙잡아야 하는 것이 아니라 순수한 선물로 거저 얻는 것입니다.

선지자가 할 일은 바로 하나님의 백성에게 과거를 떠올려 주고, 앞으로 어떤 일이 놓여 있는지를 알려 주는 것입니다. 그렇기 때문에 우리는 편안히 앉아서 앞으로 일어날 일을 기다리지 않고, 지금 이 순간 우리가 살아가는 방식을 바꿀 수 있습니다. 앞으로 다가올 날들에 대한 약속에 비추어 신실하게 살아가는 것입니다. 선지자가 전하는 말은 거꾸로 들어야 잘 이해할 수 있습니다. 바로 미래가 우리의 지금에 영향을 끼치니까요."

"어르신, 그것이 우리에게는 무슨 의미인가요?" 무리 속에서 누군가가 외쳐 물었다.

"이 말이 뜻하는 바는 늘 같습니다. 우리가 하나님과 맺은 언약을 지키는 것입니다. 우리가 포로로 끌려가기 전 미가 선지자는 우리에게 이렇게 말했습니다. '무엇이 착한 일인지를 하나님이 네게 이미 말씀하셨다. 여호와께서 너에게 요구하시는 것이 무엇인지도 이미 말씀하셨다. 오로지 공의를 실천하며 헤세드를 사랑하며 겸손히 네 하나님과 함께 행하는 것이 아니냐!' 공의를 실천하십시오. 언약을 사랑하십시오. 자만에서 떠나십시오."

잠시 말을 멈추었다가 노인이 다시 말을 이었다. "아마도 우리는 예레미야의 말을 진지하게 받아들여야 할 것입니다. 수년 전 처음으로 이곳에 끌려왔을 때, 그는 우리에게 이런 편지를 썼습니다. "나 만군의 여호와, 이스라엘의 하나님이 말한다. 내가 예루살렘에서 바빌론으로 잡혀가게 한 모든 포로에게 말한다. 너희는 그곳에 집을 짓고 정착하여라. 과수원도 만들고 그 열매도 따 먹어

라. 너희는 장가를 들어서 아들딸을 낳고 그곳에서 번성하여 줄어들지 않게 하여라.'"

사람들 속에서 누군가가 노인의 말을 가로막았다. "우리는 이미 그렇게 하고 있는데요."

노인이 잠자코 말을 이었다. "'또 너희는, 내가 사로잡혀 가게 한 그 성읍이 평안을 누리도록 노력하고, 그 성읍이 번영하도록 나 여호와에게 기도하여라.'"

"바빌론을 위해 기도하라고요?" 조금 전 노인의 말을 가로막은 그 목소리였다. "우리는 우리 민족을 위해서만 기도할 겁니다. 그들을 위해서는 아니라고요. 우리 민족을 축복해야지, 바빌론을 축복할 수는 없습니다."

이러한 선언에 노인은 그 사람을 향해 분노가 치미는 것 같았다. 그렇지만 곧 깊은 피로를 느끼며 마음을 삭였다. "그러니까 자네가 아직 *이야기*를 다 듣지 않았다는 걸세. 하나님이 세상에 있는 수많은 민족 가운데 우리 민족을 선택하신 것은 바로 그 수많은 민족을 축복하기 위해서라네. 하나님이 품으신 목적은 나와 자네를 포로 생활에서 이끌어 내시는 것이 아니라네. 포로로 살아가는 온 세상을 구원하시는 것이지. 우리는 모두 에덴의 동쪽에 살고 있으니까 말일세. 바로 오만과 폭력, 부당함과 자기 방어, 탐욕과 권력 남용이 횡행하는 세상 말이야. 여호와 하나님이 아브라함과 맺은 언약, 세상 모든 민족에게 복이 되리라는 그 언약에 우리가 신실하다면, 아마 우리는 바로 지금 이 순간 우리와 함께 살아가고 있는 민족에게 가장 먼저 복이 되어야 하지 않겠나?"

또다시 침묵이 무리를 덮었다. 저마다 가슴속 깊이 노인의 말이 박혔다. 이스라엘 민족을 둘러보던 노인의 눈이 소녀의 얼굴에 가서 머물렀다. 소녀의 이마에는 주름이 잡혀 있었다. 노인은 다 알고 있다는 듯이 미소를 지으며 물었다. "궁금한 게 있는 모양이로구나?"

소녀가 대답했다. "아까 말씀하신 이사야의 예언에서 여호와를 기다리는 사람은 '독수리가 날개를 치며 솟아오르듯 올라갈' 것이라고 말씀하셨잖아요. 그 말씀이 마치 하나님이 이집트에서 이끌어 내실 때 우리 민족에게 하신 말씀과 비슷하게 들려서요. 그러니까 어쩌면 우리는 여전히 새 출애굽을 기다리고 있는 거 같아요."

노인의 얼굴에 미소가 가득했다. "우리에게 선지자가 있었네요!" 사람들이 웃음을 터뜨리자, 소녀의 얼굴이 빨개졌다. 노인은 진지한 목소리로 말했다. "네 말이 맞다, 애야. 바로 지금 네가 한 말이 아까 네 동생이 물어본 질문에 대답이 되겠구나. **이야기**는 바빌론에서 포로로 지내는 삶에서 끝나지 않는단다. 새로운 출애굽으로 이어질 거거든."

노인이 사람들을 향해 큰 소리로 말했다. "예레미야는 이렇게 말했습니다. '그날이 지금 오고 있다. 그때에는 사람들이 더 이상 "이스라엘 백성을 이집트 땅에서 이끌어 내신 여호와"의 살아 계심을 두고 맹세하지 않고, "이스라엘 백성이 쫓겨 가서 살던 북녘 땅에서 그들을 이끌어 내신 여호와"의 살아 계심을 두고 맹세할 것이다.' 이 새 출애굽은 하나님의 백성인 이스라엘에게만 해당하는 것이 아닙니다. 이사야가 얼핏 보았듯이 새 출애굽은 모든 민족을 위한 것입니다. '그날이 오면, 이스라엘과 이집트와 앗시리아, 이 세 나라가 이 세상 모든 나라에 복을 주게 될 것이다. 만군의 여호와께서 이 세 나라에 복을 주며 이르시기를 "나의 백성 이집트야, 나의 손으로 지은 앗시리아야, 나의 소유 이스라엘아, 복을 받아라" 하실 것이다.'

또한 새 출애굽은 모든 민족을 위한 것만이 아닙니다. 새 출애굽은 사람들을 얽어매던 모든 것으로부터의 구원입니다. 인류가 저지른 일들의 무게에 눌려 신음하고 있던 모든 창조세계가 구원될 것입니다."

"새 출애굽은 언제 일어나나요?" 누군가가 물었다. "언제 하나님은 우리 백성을 포로에서 귀환시켜 주실까요?"

대답하기 전에 노인은 그 질문을 곰곰이 생각해 보았다. "우리가 예레미야의 말을 믿는다면, 우리 포로 생활은 칠십 년이 될 것입니다." 이 말에 사람들은 흥분에 찬 목소리로 옆 사람과 속삭였다. 그들은 전에도 이 말을 들은 적이 있다. 그러나 오늘 밤……, 오늘 밤은 예레미야를 통해 전하신 여호와의 말씀이 진짜로 일어날 것만 같았다. 노인이 사람들을 향해 외쳤다. "그렇지만 포로에서 귀환하는 것이 새 출애굽이라고는 말하지 않았습니다."

다시금 사람들이 조용해졌다. "무슨 말씀이신가요?" 누군가가 물었다.

"새 출애굽은 우리 민족이 포로에서 귀환하는 것보다 훨씬 더 크고 웅대한 그림입니다. 이사야는 하나님의 종 이스라엘이 열방에 빛이 될 것임을 보았습니다. 그렇게 해서 하나님의 구원이 온 세상 끝까지 이르는 것이지요. '보아라, 내가 새 하늘과 새 땅을 창조할 것이니, 이전 것들은 기억되거나 마음에 떠오르거나 하지 않을 것이다.' 하나님의 구원, 하나님의 샬롬이 모든 창조세계를 치유할 것입니다. 이리와 어린 양이 함께 풀을 뜯을 것입니다. 창조세계를 괴롭히는 어떠한 폭력도 더 이상 존재하지 않을 테니까요. 창조세계는 포로에서 풀려날 것입니다. 그렇게 하나님은 또다시 광야를 에덴동산처럼 만드실 것입니다. **하나님 이야기**는 선지자의 환상을 바로 이곳으로 이끌어 가는 것입니다."

이 광활한 광경에 사로잡혀 소녀가 물었다. "**하나님 이야기**가 그러한 곳으로 인도한다면, 실제로 하나님의 백성은 누가 그곳으로 이끌고 가나요?"

"새 출애굽도 모세처럼 또 다른 선지자가 필요할 거야. 모세 자신이 본 것처럼 말이지. 그리고 또 다른 솔로몬도 필요하단다. 다윗의 또 다른 자손이지. 그렇지만 솔로몬처럼 토라를 범하지 않고 온전히 성취할 왕이란다. 이 다윗의 자손은 자신을 위해 재물을 모으거나, 군사력을 키우거나, 가난한 사람을 억압하지 않는 분이시지.

이사야 선지자가 본 것처럼 말이야. '어둠 속에서 헤매던 백성이 큰 빛을 보았고, 죽음의 그림자가 드리운 땅에 사는 사람들에게 빛이 비쳤다. 한 아기가 우리를 위해 태어났다. 우리가 한 아들을 모셨다. 그는 우리의 통치자가 될 것이다. 그의 이름은 "놀라우신 조언자", "전능하신 하나님", "영존하시는 아버지", "평화의 왕"이라고 불릴 것이다. 그의 왕권은 점점 더 커지고 나라의 평화도 끝없이 이어질 것이다. 그가 다윗의 보좌와 왕국 위에 앉아서, 이제부터 영원히, 공평과 정의로 그 나라를 굳게 세울 것이다. 만군의 여호와의 열심이 이것을 반드시 이루실 것이다.'

다니엘 선지자도 포로로 잡혀 있을 때, 환상 가운데 같은 사람을 보았단다. '내가 밤에 이러한 환상을 보고 있을 때에 인자 같은 이가 오는데, 하늘 구름을 타고 와서, 옛적부터 계신 분에게로 나아가, 그 앞에 섰다. 옛부터 계신 분이 그에게 권세와 영광과 나라를 주셔서, 민족과 언어가 다른 뭇 백성이 그를 경배하게 하셨다. 그 권세는 영원한 권세여서, 옮겨 가지 않을 것이다.'"

숭엄한 침묵이 가득했다. 노인의 얼굴에 또다시 눈물이 흘러내리고 있었다. 그러나 이 눈물은 기쁨과 소망의 눈물이었다. "하나님이 아브라함과 이삭과 야곱에게 약속하신 땅으로 우리를 다시 돌려보내실 때, 그러니까 우리 고향으로 다시 돌아갈 때, 그때 우리가 고대할 왕은 이러합니다. 샬롬을 가져올 다윗의 또 다른 자손, 여호와 우리 하나님께 충절을 지켜 언약적 신실함을 이룰 또 다른 모세, 영원한 나라를 다스릴 왕입니다."

노인이 사람들에게 일어서라고 손짓했다. 그는 사람들을 축복하며 말했다. "이제 포로 된 이곳에서 여호와 우리 하나님을 예배합시다. 하나님이 우리를 포로에서 해방하실 그날을 기다리며 우리 이웃이 잘되길 간구합시다. 그리고 이제 오실 왕, 하나님이 기름부으신 그분을 기다립시다. 샤밧 샬롬, 친구들이여."

 노인은 젊은 음악가의 팔에 의지해, 침묵 가운데 자리를 떠나는 사람들 사이에 섞여 숙소로 돌아갔다. 그들 마음에 피어오르기 시작한 희망의 불꽃이 점점 커지고 있었다. 그들은 아직 **이야기가** 끝나지 않았다고 조심스럽게 믿고 있었다.

막간

다른 모든 제국처럼 바빌론도 결국 무너졌다. 바빌론을 정복한 페르시아 제국의 고레스 왕이 다스리던 시절, 우리 민족은 예루살렘으로 귀환했다. 그들은 칠십 년 동안 포로로 지냈다. 예레미야의 입을 통해 전하신 여호와의 말씀 그대로였다. 그동안 그 땅은 우리 민족이 주지 못한 안식을 누렸으리라.

궁금증이 넘치는 어린 여자아이였던 나는 이제 아이들을 키우는 엄마가 되었다. 이 아이들은 하나님이 아브라함에게 약속하신 그 땅에서 태어났다. 나 역시 우리 민족과 함께 돌아왔다. 예루살렘에 도착했을 때, 우리는 고국을 다시 세워야 했지만 주변 나라들은 우리가 성벽 쌓는 것을 방해했다. 성벽은 황폐해지고 성문은 사라졌다. 모든 것이 불에 타 잿더미가 되었다.

느헤미야가 우리를 이끌면서야 성벽과 도시를 재건할 수 있었다. 그 후 에스라의 지휘 아래 성전을 다시 건축하였다. 이전 성전을 본 떠 지은 이 성전을 보며, 솔로몬의 성전을 기억하고 있던 몇몇 사람은 눈시울을 붉혔다.

그러나 그 성전에는 구름도, 쉐키나^{Shekinah} 영광도 없었다. 더 이상 하나님은 하나님의 백성 가운데 뚜렷하게 임하지 않으셨다. 우리에게는 왕도 없다. 땅은 있지만, 여전히 포로나 마찬가지다. 또 다른 이방 지배자에게 착취당하는 새로운 노예일 뿐이다. 그래서 우리는 하나님이 다시 성전으로 돌아오시길, 우리 죄를 용서하시길 기다리고 있다. 우리는 새 출애굽을 기다린다.

간절히, 기다린다.

제 9 장

그리스도

하나님의 사랑과 충실을 구현하신 분,
새 언약으로 가는 길을 열어 주신 분

여자는 뜰에 모인 사람들을 둘러보았다. 여자의 집에 모인 에클레시아*ekklesia*는 오늘 여자가 알고 있는 삶, **이야기**가 가져다준 그 삶에 깊이 감사하고 있었다. 물론, 지금은 힘들고 위험한 시기지만 그에 못지않게 기쁨과 소망도 엄청났다. 여자는 함께 빵을 떼는 사람들을 깊이 사랑했다. **이야기**가 아니었다면, 여자는 지금도 이들 가운데 대부분을 전혀 알지 못했을 것이다.

저녁 식사 후 탁자에 둘러앉아 대화를 나누는 사람들을 뒤로 하고 여자는 손님으로 온 지역 상인에게 몸을 돌렸다. 그는 **이야기**를 몰랐다. 아직까지는. 여자의 머릿속은 이 모든 일이 시작된 그날로 돌아가 있었다. 눈을 감으면 마치 어제 일인 양 자신이 그곳에 있는 것만 같았다. 여자는 상인을 향해 미소를 지어 보이며 말했다. "제게 **이야기**가 시작된 날에 대해 들려드리려고 합니다.

그때 저는 작은 여자아이였죠. 유월절을 보내러 예루살렘으로

---

* 에클레시아는 "집회", "신도", "의회"처럼 다양한 의미를 지닌 헬라어다. 이 단어는 사회적, 정치적 모임을 설명할 때 사용된다. 초대 교회는 스스로를 에클레시아라고 불렀다.

순례를 가는 건 처음이었어요. 예루살렘은 우리 민족이 거룩한 도시라고 여기는 곳이거든요. 보는 것마다 들리는 것마다 어찌나 흥분되던지. 엄청나게 많은 사람이 축제의 노래를 부르고 또 불러 댔죠. 성전에 올라가는 노래였어요. 도시에 다다를 때쯤, 우리는 베다니에서 온 또 다른 무리와 함께 감람산 그늘에서 어울리게 되었답니다. 그 사람들도 노래를 부르고 있었어요. 제가 가장 좋아하는 노래였기 때문에 저도 말 위에 앉아서 함께 노래를 불렀지요.

이는 여호와의 문이라.
의인들이 그리로 들어가리로다.
주께서 내게 응답하시고 나의 구원이 되셨으니
내가 주께 감사하리이다.

그때, 그분을 보았어요. 아버지께서 늘 말씀하시던 그분을요. 사람들이 저처럼 그분을 말 위로 들어 올리는 것 같았어요. 그런데 더 가까이 가서 보니, 그건 말이 아니었어요. 나귀였죠. 사람들은 계속 노래를 불렀고요.

건축자가 버린 돌이
집 모퉁이의 머릿돌이 되었나니
이는 여호와께서 행하신 것이요
우리 눈에 기이한 바로다.

이 날은 여호와께서 정하신 것이라.

이 날에 우리가 즐거워하고 기뻐하리로다.

노래를 부르면서 사람들은 기쁨에 넘쳐 즐거워했어요. 몇몇 사람은 종려나무 가지를 꺾어서 흔들어 댔죠. 그래서 제가 걱정스럽게 바라보던 게 기억나요. 제가 알기로 로마 사람들은 우리 민족의 상징물을 내보이는 걸 허락하지 않았거든요. 그렇지만 그날만큼은 아무도 종려나무 가지를 흔드는 행동이 나쁘다고 생각하지 않는 것 같았어요. 어떤 사람들은 길 위에 나뭇가지를 펼쳐놓기까지 했으니까요. 그리고 또 어떤 사람들은 나귀를 타신 그분이 지나가실 길 위에 자기 옷을 벗어서 펼쳐 놓기도 했고요. 그 모습은 마치 새 로마 장군이 유대 땅으로 들어오는 행진 같았죠. 저는 이 광경이 도대체 무슨 뜻일지 궁금했어요. 그러고 나서 누군가가 노래를 계속했고, 우리는 거듭 같은 부분을 반복했답니다.

여호와의 이름으로 오는 자가 복이 있음이여.

여호와의 이름으로 오는 자가 복이 있음이여.

저는 우리 종교 지도자들을 찾았어요. 그 사람들은 무리와 함께 있지 않더라고요. 아무데서도 보이지 않았어요. 그래서 들떠 있는 이 모든 분위기의 중심이신 그분을 돌아보면서 혼잣말로 물었죠. '당신은 누구시죠?'"

손님은 몸을 앞으로 기울이고 이야기에 집중하고 있었다. "그래서요?" 상인이 물었다. "그 남자는 누구였습니까?"

"그분은 예수 그리스도셨어요. 다윗의 자손, 아브라함의 자손이시죠."

"다윗과 아브라함이라는 사람이 그 남자의 할아버지와 증조할아버지인가 보죠?" 상인이 물었다.

"아닐세!" 여자의 친구인 노인이 상인 오른편에서 끼어들었다. "다윗과 아브라함은 우리 민족의 역사상 가장 중요한 두 인물이라네. 우리 하나님은 아브라함과 언약을 맺으셨지. 그에게 땅과 나라를 주시겠다고 말이야. 다윗은 우리 민족의 위대한 왕이네. 바빌론에서 포로로 지낸 뒤, 수세기 동안 우리는 왕좌에 오를 다윗의 자손을 기다려 왔다네."

"그렇다면 당신들의 예수라는 사람은 고귀한 혈통을 지닌 사람이네요." 상인이 말했다.

"정말 그래요." 자신이 지닌 가장 값진 물건인 두루마리 뭉치를 집으려고 뒤로 손을 뻗으며 여자가 대답했다. "우리 민족은 족보를 매우 중요하게 여깁니다. 당신에게 예수의 족보를 읽어 드려도 될까요?" 상인은 동의한다는 뜻으로 고개를 끄덕였다. 여자는 두루마리를 펼쳐 들고 읽어 내려가기 시작했다. "아브라함은 이삭을 낳았고, 이삭은 이스라엘, 즉 야곱과 유다와 그의 형제들을 낳았다……." 여자는 마흔두 세대의 족보를 읽어 주었다. "……그리고 야곱은 마리아의 남편인 요셉을 낳고 마리아는 그리스도라 하는 예수를 낳았다."*

상인이 이마를 찌푸렸다. "뭐가 문제인가요?" 상인의 모습에 여자가 물었다.

"아, 아닙니다." 상인이 대답했다. "그냥 좀 특이한 족보 같아서요." 에클레시아에 처음 온 몇몇 사람도 우연히 이 대화를 엿듣고는 상인의 말에 동의한다는 듯이 고개를 끄덕였다. 남자가 말을 이었다. "혈통이 네 번 끊기네요. 예수의 조상 가운데 몇몇의 어머니를 포함해서 말이죠."

여자가 빙그레 웃어 보였다. "눈치가 빠르시네요. 맞습니다. 이 족보는 예수의 유산에 네 여성을 포함하고 있습니다."

새로 온 사람 가운데 하나가 말했다. "그렇지만 우리는 가계에 절대로 여자를 넣지 않는 걸요."

"그리고 만약 그렇게 했다면, 저는 그 네 명을 빼 버렸을 겁니다!" 다른 사람이 덧붙였다.

상인이 그들을 돌아보며 물었다. "왜요?"

"말하자면," 방금 말한 새로 온 사람이 대답했다. "여자들의 이야기는 뭐랄까…… 고상하지 않거든요."

상인이 집주인에게로 다시 몸을 돌렸다. 여자가 더 설명해 주길 바라면서. "다말, 라합, 룻, 우리야의 아내 밧세바. 이 여성들의 이야기에는 성적인 은밀함과 비극이라는 그림자가 드리워져 있습니다. 그런 이유 때문에라도 족보에 이 여성들이 등장한다는 사실은 틀

---

* 마태복음 1장에 족보 전체가 나와 있다.

림없이 놀라운 일이지요. 그렇지만 이들의 이야기를 들어 보면 이들이 포함된 것이 그리 깜짝 놀랄 일이 아니라는 걸 알게 될 겁니다. 이 여성들이 공통으로 지닌 무언가가 있거든요." 여자가 자신의 손님을 지나 오랜 친구를 바라보며 말했다.

"이들은 모두 이방인일세." 여자의 친구인 노인이 말했다. "그러니까 이 여성들은 아브라함의 자손이 아니라는 말이지."

"그게 중요한가요?" 상인이 물었다.

"중요할 뿐 아니라 놀라운 일이지요." 집에 모인 다양한 무리의 사람들을 둘러보며 여자가 대답했다. "우리가 이해하기에는 말이죠."

이번에도 상인이 물었다. "예수의 부모는 어떤 사람들인가요? 귀족 신분이었나요?"

그 말에 집주인이 웃음을 터뜨렸다. "세상 사람들의 기준으로 보자면, 아니었습니다. 그렇지만 예수가 태어난 이야기를 보면 이 가족에게 보이는 것이 다가 아니라는 걸 알 수 있습니다. 여호와를 섬기는 천사 가운데 하나인 하나님의 사자 가브리엘이 마리아라는 처녀를 찾아갔습니다. 마리아는 요셉이라는 훌륭한 목수와 약혼한 상태였지요. 가브리엘이 말했습니다. '마리아야, 조금도 두려워할 것이 없다. 하나님께서 너에게 주시는 놀라운 선물이 있다. 네가 임신하여 아들을 낳을 것이니, 그 이름을 예수라고 하여라.* 그는 크게 되어 "지극히 높으신 분의 아들"이라 불릴 것이다. 주 하나

---

* "예수"는 "하나님이 구원하시다"라는 뜻을 지닌 히브리어 이름 예수아(Yeshua)를 헬라어식으로 부른 것이다.

님께서 그에게 그의 조상 다윗의 왕위를 주실 것이다. 그는 영원히 야곱의 집을 다스리고 그의 나라는 영원무궁할 것이다.'

마리아는 이렇게 항변했지요. '하지만 어떻게 그럴 수 있습니까? 나는 남자와 잠자리를 같이한 적이 없습니다.'

가브리엘이 대답했습니다. '성령께서 네게 임하셔서 지극히 높으신 분의 능력이 네 위에 머물 것이다. 그러므로 네가 낳을 아기는 거룩하신 분, 하나님의 아들이라 불릴 것이다.'

마리아는 이 놀라운 소식을 가지고 사촌인 엘리사벳을 찾아갔습니다. 그러고는 찬양의 노래를 불렀습니다.

'하나님이 들려주신 복된 소식으로 내 마음 터질 듯하니,
내 구주 되신 하나님의 노래로 기뻐 춤추리라.
하나님이 나를 주목하심으로, 무슨 일이 일어났는지 보라.
나는 이 땅에서 가장 복된 여자다!
그 앞에 두려워 떠는 이들에게
그의 자비 물밀듯 밀려오네.
오만한 폭군들을 내리치시고
고통당한 이들을 진창에서 건져 내셨다.
가난하고 굶주린 사람들이 잔칫상에 앉으니
야멸친 부자들이 냉대를 당했다.
기억하셔서, 풍성한 자비 드높이 쌓으시며
택하신 자녀 이스라엘을 품으셨다.
아브라함으로 시작해 지금까지,

약속하신 대로, 그의 자비가 정확히 이루어졌다.'"

"정말 아름답고 매혹적인 노래군요." 이렇게 말하고 나서 상인이 물었다. "그런데 그 요셉이라는 사람은 마리아가 하는 이야기를 믿었나요?"

"처음에는 안 믿었지요." 여자가 대답했다. "그래서 요셉을 납득시키기 위해 가브리엘이 찾아갔어요." 상인이 머리를 절레절레 흔들자, 여자가 미소를 지으며 말했다. "이해해요. 예수의 이야기가 꽤나…… 독특하게 시작되지요? 아우구스투스 황제가 제국 전역에 인구 조사를 실시하자 요셉은 마리아를 데리고 고향인 나사렛을 떠나 유대 베들레헴으로 올라갔습니다. 요셉은 다윗의 자손이기 때문에 그곳으로 가야 했거든요. 그곳, 강력한 로마 제국의 후미진 구석에서 예수가 태어났습니다. 예수가 태어난 날 밤, 천사들이 구주이자 그리스도 주께서 나셨다는 소식을 알렸습니다. 그렇기는 하지만 예수는 빌린 구유에 누워 있었고, 그의 탄생을 목격한 사람은 근처에 있던 목자들이 전부였지요.

여드레째 되는 날, 마리아와 남편 요셉은 아기를 데리고 성전으로 올라갔습니다. 토라에 따라 아기를 여호와께 바치고 언약의 증표로 정결 예식을 치르려는 것이었지요. 당시 예루살렘에는 시므온이라는 사람이 있었는데 이스라엘이 구원받기를 바라고 기도하며 살아온 선한 사람이었습니다. 성령께서 그 사람 위에 머물러 계셨고, 일찍이 성령께서 그가 죽기 전에 여호와의 그리스도를 볼 것이라고 그에게 일러 주셨지요.

시므온은 성령에 이끌려 성전으로 들어갔습니다. 마침, 아기 예수의 부모가 율법에 규정한 예식을 행하려고 아기를 데려왔습니다. 시므온은 아기를 품에 안고 하나님을 찬양했습니다. '하나님, 이제 이 종을 놓아주시되 약속하신 대로 저를 평안히 놓아주셨습니다. 제 눈으로 주님의 구원을 보았고, 모든 사람이 볼 수 있도록 밝히 드러났습니다. 이는 이방 나라들에 하나님을 계시하는 빛이요, 주님의 백성 이스라엘에게는 영광입니다.'"

"너희가 오랫동안 기다린 여호와가, 문득 자기의 궁궐에 이를 것이다……."

여자는 이렇게 말하는 청년을 돌아보았다.

"맞습니다." 여자가 말했다. "말라기 선지자는 다시 한 번 하나님의 백성 가운데 여호와께서 돌아와 거하시는 날을 보았습니다. 에스겔도 그날을 보고, 여호와께서 돌아오실 성전의 아름다움을 묘사했지요. 사두개인이 부추긴 덕에 헤롯 왕은 그러한 성전을 재건축하는 데 어마어마한 자원을 썼습니다."

여자의 친구인 노인이 끼어들어 여자의 손님에게 말했다. "사두개인은 우리 민족을 지배하는 엘리트 계층이라네. 제사장이자 왕족인 하스몬가의 후손*이지."

"설명해 줘서 고마워요." 집주인이 계속했다. "헤롯은 그가 다스리는 민족의 마음과 생각을 얻기 위한 술책으로 그러한 계획을 생

---

* 하스몬 왕조는 한 세기 동안 지속되었다. 이때는 바빌론에서 포로로 지낼 때와 그리스도의 시기 사이에서 유일하게 이스라엘이 스스로 통치한 기간이다.

각해 낸 것입니다. 사두개인은 그 계획이 이스라엘의 빛이 또다시 밝게 빛나는 날을 앞당길 것이라고 생각했지요. 지금도 그렇지만, 당시 그들도 쉐키나 영광이 성전으로 돌아오기만을 기다렸거든요. 그렇지만 팔 일 된 아기의 모습으로 하나님의 영광이 진정으로 돌아왔을 때, 그것을 알아차린 사람은 한 노인 시므온과, 노파인 안나 선지자뿐이었습니다.

시간이 얼마 지난 뒤, 유명한 방문객 몇 명이, 즉 동방 박사들이 예루살렘에 도착하여 그 도시를 휘저었습니다. 동방 박사들은 헤롯 왕에게 가서 물었습니다. '유대인의 왕으로 나신 이가 어디에 계십니까? 우리가 동방에서 그의 별을 보고, 그에게 경배하러 왔습니다.' 그 말에 헤롯 왕은 율법 교사들의 말을 따라 그들을 베들레헴으로 보냈습니다. 그 율법 교사들은 베들레헴이라는 작은 마을을 가리켜 미가가 예언한 내용을 알고 있었거든요. '이스라엘을 다스릴 자가 네게서 내게로 나올 것이다.' 헤롯은 자신의 통치를 위협하는 이 존재를 없애려고 했습니다. 그는 군사를 보내어 베들레헴에 사는 두 살이 안 된 사내아이를 모조리 죽였습니다. 이것이 바로 그 악명 높은 '유아 대학살' 사건이지요. 그렇지만 요셉은 꿈에서 본 경고대로 마리아와 예수를 데리고 이집트로 내려가 헤롯이 죽을 때까지 그곳에 머물렀답니다."

여자의 친구가 중얼거렸다. "새로운 출애굽을 가져올 새로운 모세니까." 그렇지만 그의 말을 알아들은 사람은 아무도 없었다. 여자가 이야기를 계속했다.

"우리는 세례 요한이 광야에 나타나기 전까지 예수가 어떻게 살았는지를 잘 알지 못합니다. 세례 요한은 이사야와 말라기 선지자가 예언한 메신저이자, 주님보다 앞서 그 길을 예비한 사람입니다. 바로 포로에서 귀환하는 길을 말이죠.

디베료 황제가 다스린 지 십오 년째 되는 해, 곧 본디오 빌라도가 유대 총독으로 있고, 헤롯이 갈릴리를 다스리고, 그 동생 빌립이 이두래와 드라고닛을 다스리고, 루사니아가 아빌레네를 다스리고, 안나스와 가야바가 대제사장으로 있을 때, 사가랴의 아들 요한이 광야에 있다가 하나님의 말씀을 받았습니다." 여자는 하나님이 이야기 속에 끌어들이신 이 사람들, 예상하지 못한 이 사람들에게 다시 한 번 놀라며 잠시 말을 멈추었다. "하나님의 말씀은 권력이 있는 집안이나 확고한 종교 체계를 통해 임하지 않았습니다. 성전이나 심지어 대제사장을 통해서 온 것도 아니지요. 그 말씀을 받은 사람은 요한이었습니다. 광야에서 떠돌던 요한 말이죠. 하나님은 그곳 광야에서 하나님의 백성과 종종 만나셨습니다.

요한은 요단 강 주변 지역을 두루 다니며, 삶을 고쳐 죄 용서를 받는 세례를 선포했습니다. 그 내용은 이사야 선지자의 글에 기록된 대로였지요. '광야에서 외치는 소리여! 하나님 오심을 준비하여라!' 그에게 세례를 받으러 나온 사람들에게 전하는 요한의 메시지는 매우 직설적이었습니다. '뱀의 자식들아! 이 강가에 슬그머니 내려와서 무엇을 하는 거냐? 너희의 뱀 가죽에 물을 좀 묻힌다고 하나님의 심판을 비켜 갈 것 같으냐? 바꿔야 할 것은, 너희 겉가죽이 아니라 너희 삶이다! 아브라함을 조상으로 내세우면 다 통할 것이라고 생각하지 마라.' 그보다 앞선 다른 선지자들처럼 요한도 사람들에게 아브라함의 자손인 것을 특권으로 여기지 말라고 경고했습니다. 대신 아브라함이 하나님과 맺은 언약에 신실하라고 말했지요.

어느새 사람들의 관심이 고조되고 있었습니다. 그들은 모두 '이 요한이 혹시 메시아가 아닐까?' 하고 궁금해하기 시작했지요. 그러자 요한이 말했습니다. '나는 이 강에서 세례를 주고 있다. 이 드라마의 주인공은 너희 안에 천국의 삶과 불과 성령을 발화시켜, 너희를 완전히 바꾸어 놓으실 것이다.'

예수께서 요한에게 다가오는 것을 보시고, 요한이 외쳤습니다. '보라, 세상 죄를 지고 가는 하나님의 어린양이다.' 예수는 요한에게 세례를 베풀어 달라고 청하셨어요. 요한은 처음에는 그럴 수 없다며 예수를 말렸습니다. 그러자 예수가 물속으로 들어가 이 일은 하나님의 계획이라고 요한에게 말하였습니다. 예수는 그의 백성과 동등하게 세례를 받으려는 것만이 아니었습니다. 그는 왕으로서 하나님의 선지자에게 기름부음을 받으려 하신 것입니다. 다윗이 사무엘에게 기름 부음 받은 것처럼 말이지요.

그렇게 해서 요한은 예수에게 세례를 베풀었습니다. 예수가 물에서 나오면서 기도하실 때에 성령이 비둘기같이 그분 위에 내려오셨지요. 그리고 하늘에서 한 음성이 들려왔습니다. '너는 내 사랑하는 아들이라. 내가 너를 기뻐하노라.' 피조물처럼 비둘기 모습으로 내려오신 성령이 강 주변을 맴돌았습니다. 비둘기는 가난한 사람들이 희생 제물로 바치던 동물입니다. 아마 세례를 받으실 때 예수는 기름 부음 받은 왕이 될 뿐 아니라 자신을 내어 주어야 할 희생 제물도 되신 것일지 모릅니다. 바로 그때부터 그분의 삶이 걸어갈 길이 그분 앞에 놓인 것입니다."

상인이 끼어들었다. "예수라는 사람에게 내려온 그 성령이라는 것은 도대체 무엇입니까? 예수를 아들이라고 말한 그 음성은 또 누구의 목소리이고요?"

여자가 대답했다. "좋은 질문이네요. 바로 이 이야기는 우리가 완전하게 이해하지 못하는 부분을 증명해 주고 있거든요. 우리 민족의 쉐마^{Shema}를 보면 하나님은 한 분이라고 선포하는데, 이 이야기에는 세 분이 있습니다. 어쩌면," 여자는 다시 이야기로 돌아가고 싶은 마음에 이렇게 제안했다. "그리스도의 이야기를 듣고 나서 이 부분을 토론할 수 있을 것 같은데요?"

그가 알았다는 듯 고개를 끄덕였고, 여자는 계속 이야기를 들려주었다. "예수께서 성령이 충만하여, 요단 강을 떠나 성령께 이끌려 광야로 가셨습니다. 예수께서는 광야에서 사십 일을 밤낮으로 마귀에게 시험을 받으셨죠. 그동안 예수께서는 아무것도 드시지 않았고, 그렇게 완전히 지치고 약해진 상태에 있을 때 옛 뱀 마귀가 다가왔습니다.

사십 일이 다 되었을 때 예수께서는 세 가지 시험을 받으셨습니다. 이 시험들은 서로 달랐지만 핵심은 같았습니다. 바로 그분 앞에 놓인 길보다 더 쉽고 안락한 길을 제안한 것이지요. 이 이야기에서 우리는 이스라엘이 광야를 방황하던 시절을 떠올리게 됩니다. 그때 하나님의 장자, 이스라엘은 여호와 하나님을 시험했습니다. 하나님의 아들은 이스라엘과 달리 아버지께 신실했을까요?

마귀가 예수께 말했습니다. '네가 하나님의 아들이거든, 이 돌더러 빵이 되라고 말해 보아라.' 그러자 예수께서 대답하셨습니다. '성경에 기록하기를 "누구도 빵만으로는 살 수 없다. 하나님의 말씀으로 살 것이다."' 하나님은 예수께 금식을 명하셨고, 그것을 끝낼 분도 하나님이셨습니다. 예수는 이 시험을 잘 견디셨지만 이스라엘은 그러지 못했지요. 예수처럼 하나님이 그들을 위해 예비하실 것을 신뢰하지 못하고 만나를 요구했으니까요.

그리고 나서 마귀는 그분을 예루살렘으로 데려가서 성전 꼭대기에 세워 놓고 말했습니다. '네가 하나님의 아들이면 뛰어내려 보아라. "그분께서 천사들을 시켜 너를 보호하고 지키게 하셨다. 천사들이 너를 받아서 발가락 하나 돌에 채이지 않게 할 것이다"라고 성경에 기록되지 않았느냐?'

예수께서 그렇게 하셨다면, 그래서 성전에서 그분이 누구이신지를 온 세상에 드러내셨다면, 그 자리에서 사람들이 그분을 메시아라고 선포했을 것입니다. 그러나 그것은 그분의 아버지께서 그분 앞에 펼쳐 놓으신 길이 아니었습니다. 예수께서는 이렇게 대답하셨습니다. '그러나 "여호와 너의 하나님을 시험하지 말라"라고도 기록되어 있다.' 이렇게 또다시 예수께서는 이스라엘이 이겨 내지 못한 시험을 잘 감당하셨습니다. 이스라엘은 끊임없이 하나님을 시험하기만 했으니까요.

마지막으로 마귀는 그분을 거대한 산 정상으로 데려갔습니다. 마귀는 선심이라도 쓰듯, 이 땅의 모든 나라를 가리키며 말했습니다. '이 모든 것이 네 것이 되어 온갖 영화를 누릴 수 있다. 무릎 꿇고 내게 경배하기만 하면 다 네 것이다.'

확실히 이번 시험은 다른 어느 것보다 강력한 시험이었습니다. 하나님의 계획이 영원한 인자the Son of Man의 왕국을 세우는 것이라면, 그 순간 마귀의 말대로 하기만 하면 아무 고통 없이 그 일을 이룰 수 있으니까요. 그러나 그렇게 하는 것은 이스라엘의 큰 죄인 우상 숭배를 저지르는 것이 됩니다. 여호와가 아닌 다른 것을 예배하는 것이니까요. 예수께서 마귀에게 대답하셨습니다. '사탄아, 물러가라! "여호와 너의 하나님, 오직 그분만을 경배하여라. 일편단심으로 그분을 섬겨라"라고 기록되어 있다.' 다시 한 번 예수께서는 토라에 있는 구절을 인용하여 응수하셨습니다. 토라는 이스라엘 백성에게 그랬듯이 예수의 정체성을 형성하는 데도 깊은 영향을 끼쳤습니다. 이스라엘은 순종하지 못했지만, 예수께서는 신실하셨습니다. 시험이 끝나고 마귀는 떠났습니다. 그리고 천사들이 와서 예수의 시중을 들었습니다."

여자가 이야기를 계속하기 전에 물을 한 모금 마시며 잠시 숨을 골랐다. "광야를 떠나 예수께서는 자신이 자란 갈릴리로 돌아오셨습니다. 예수께서 회당에서 가르치시자 그는 점차 랍비로 알려졌습니다. 그분은 하나님 나라의 복음을 선포하시고, 어떤 질병이든 아픈 사람을 치유하시며, 귀신 들린 사람을 고쳐 주셨어요. 그분은 열두 사람을 부르셔서 그분을 따르고 그분께 배우는 제자로 삼으셨습니다."

"왜 열두 명인가요? 보통 랍비 한 사람이 가르치는 사람 수가 그 정도인가 보죠?" 상인이 물었다.

여자가 친구를 바라보며 말했다. "이 질문에 어떻게 대답하시겠어요?"

노인은 대답할 말을 잠시 생각하였다. "우리 민족은 여호와께서 성전으로 돌아오셔서 다시 우리 가운데 거하실 날을 기다렸다네. 하나님이 성막과 솔로몬의 성전에 거하셨을 때처럼 말일세. 그때 하나님은 이스라엘 열두 지파 가운데 왕좌에 앉아 계셨지. 그래서 예수도 그가 이끄는 대로 따를 열두 제자를 부르신 걸세." 그의 대답이 함축한 바를 충분히 이해했는지 상인은 눈썹을 치켜 올리더니 다시 주인 쪽을 향했다.

"그분이 제자를 선택하신 과정은 사실, 조금도 과장하지 않고 말하자면, 이상했지요." 여자가 계속했다. "학식을 쌓는 곳인 베트 탈무드_Bet Talmud_를 나온 총명한 학생이 아니라 정말 평범한 사람이나 어부, 심지어 로마 제국에 협력하는 세리도 있었으니까요."

"그래서 예수는 그 사람들에게 무엇을 가르쳤나요?"

"예수께서는 말씀과 행동으로 가르치셨어요. 그리고 아주 극적인 방식으로 가르치기 시작하셨죠! 하루는 초대받은 결혼식에 참

석하기 위해 갈릴리 가나 마을을 여행하고 계셨습니다. 그런데 결혼 잔치가 막바지에 이를 즈음, 포도주가 바닥이 나 버렸답니다."

"저런! 큰일 났군!" 상인이 끼어들었다.

여자가 싱긋 웃더니 말했다. "맞아요. 신혼부부는 굉장히 당황했어요. 그때 예수의 어머니가 예수께 그 상황을 알리셨는데 예수께서 이렇게 말씀하셨습니다. '어머니, 그것이 어머니와 내가 관여할 일입니까? 지금은 나의 때가 아닙니다.' 그러나 납득하지 못한 예수의 어머니는 종들에게 무엇이든 예수가 시키는 대로 하라고 일러두었지요. 그곳에는 식사할 때 정결 예식에 쓰는 대략 110리터들이 물항아리들이 있었습니다. 예수께서 종들에게 여섯 항아리에 모두 물을 가득 채우라고 말씀하시고는 일부를 떠내어 결혼 잔치를 맡은 자에게 가져다주라고 시키셨습니다.

잔치를 맡은 자가 물이 변하여 된 포도주를 맛보고서 신랑을 불러 말했습니다. '그대는 지금까지 가장 좋은 포도주를 남겨두었구려!'"

새로 온 사람 가운데 한 사람이 물었다. "왜 예수께서 마음을 바꾸셨을까요? 그분의 때가 되었다고 결정하신 걸까요?"

여자는 대답하기 전에 그 질문을 듣고 곰곰이 생각했다. "글쎄요, 잘 모르겠어요. 그렇지만 아마도 그분이 계신 장소 때문이 아닐까 싶어요. 새로운 언약으로 인도할 공생애를 시작하기에 결혼 잔치보다 더 좋은 장소가 있을까요?

그러고 나서 예수께서는 제자들과 함께 유월절을 보내기 위해 예루살렘으로 올라가셨어요. 성전에 들어섰을 때 예수께서는 가축을 파는 자들과 고리대금업자들을 보시고 채찍을 만들어 그들을 성전에서 쫓아내셨습니다. '이것을 걷어치워라!' 그분이 소리치셨습니다. '내 아버지의 집을 장사꾼의 소굴로 만들지 말아라!'"

이 말에 상인이 움찔 놀랐다. "그 사람은 친구를 많이 얻지 못했을 것 같네요."

여자가 한숨을 내쉬었다. "네, 그 말 그대로였어요. 예수께서 하시는 일을 보고 종교 지도자들은 격분하면서 '당신이 하는 이 일이 옳다고 입증해 줄 신임장을 제시할 수 있겠소?'라고 요청했지요. 그러자 예수께서 그들에게 대답하셨습니다. '이 성전을 헐어라. 그러면 내가 사흘 만에 다시 짓겠다.' 지도자들이 말했습니다. '이 성전을 짓는 데 사십육 년이 걸렸는데, 당신이 사흘 만에 다시 짓겠다는 거요?' 그렇지만 예수께서는 종종 그러셨듯이 이 질문에 대답하지 않으셨습니다. 공생애를 시작하신 바로 그때부터 예수께서는 성전과 성전을 신뢰하는 사람들에게 다가올 심판을 몸소 보이셨습니다. 그렇게 하는 것이 그분을 죽음으로 이끄는 길의 첫 걸음이라는 사실을 잘 아시면서도 말이죠."

상인이 이마를 찌푸렸다. "그렇지만 성전은 여전히 건재합니다. 예수가 말한 건 무슨 뜻입니까?"

여자가 대답했다. "예수께서 성전이라고 하신 것은 그분의 몸을 두고 하신 말씀입니다. 예수께서는 종교 지도자들의 분노가 어디로 향할지 이해하고 계셨거든요."

상인의 이마에는 아까보다 주름이 더 많아졌다. "그럼 그가 자기 몸을 이야기한 거라면, 사흘 만에 '짓겠다'고 말하는 게 어떻게 가능합니까?!"

여자가 미소를 띠며 말했다. "그 질문에 대해서도 나중에 대답해 드릴 수 있을 것 같네요."

상인이 웃음을 터뜨렸다. "저와 함께 있는 게 좋으신가 보네요. 다시 저를 초대하셔서 다음 대화를 계속 이어 가시려고 하는 걸 보면!"

"네." 여자가 대답했다. "맞아요. 솔직히, 예수에 대해서 말하고 쓴 내용을 수용할 수 있을 만큼 큰 도서관은 이 세상에 없으니까요.

예수께서는 종종 종교적이고 사회적인 관습에 맞서셨습니다. 늘 전투적이셨던 것은 아니지만 그 방식은 무척 담대했지요. 예를 들어볼까요? 예루살렘에서 갈릴리로 가실 때, 그분은 가장 짧은 길을 택하셨습니다. 그 길은 우리 민족 가운데 독실한 사람이라면 절대 가지 않을 길이지요. 그 길로 가려면 우리 민족이 싫어하는 사마리아 땅을 지나야 하거든요. 그분이 한 여인과 이야기를 나누는 모습을 본 그분의 제자들은 깜짝 놀랐습니다. 그 여인이 동네 사람들을 데리러 갔을 때는 더욱 그랬고요. 그 여인은 예수의 가르침을 듣고 난 뒤 이틀 동안 그분이 메시아요, 세상의 구주라고 선포했습니다. 이 '아웃사이더들'은 그들보다 앞서 시므온과 요한이 그랬듯이 예수가 누구인지 알았던 거죠.

나사렛에 도착했을 때, 예수께서는 안식일에 회당으로 가서 성경을 낭독하려고 서셨습니다. 이사야 선지자의 두루마리를 건네받으신 예수께서는 다음과 같이 기록된 곳을 찾으셨습니다.

주님의 영이 내게 내리셨다.
주님께서 내게 기름을 부으셔서, 가난한 사람에게 기쁜 소식을 전하게 하셨다.
주님께서 나를 보내셔서, 포로 된 사람들에게 해방을 선포하고,
눈먼 사람들에게 눈 뜸을 선포하고, 억눌린 사람들을 풀어 주고,
주님의 은혜의 해를 선포하게 하셨다.

예수께서 두루마리를 말아 그 맡은 사람에게 돌려주시고, 자리에 앉으셨습니다. 회당 안의 시선이 일제히 그분께 쏠렸습니다. 예수께서 읽으신 부분은 메시아를 이야기하고 있었거든요. 어째서 마리아와 요셉의 아들이 그 부분을 읽은 것일까? 사마리아인들이 한 말을 떠올리며 제자들도 숨을 죽였습니다. 과연 이 사람들은 어떻게 반응할까? 그때 예수께서 이렇게 말문을 여셨습니다. '이 성경 말씀이 바로 지금, 이 자리에서 이루어졌다.'

사람들은 흥분하며 이렇게 말했습니다. '참으로 놀랍다! 우리 가운데 한 명이던 자가 아닌가! 그의 이야기를 들어 보자.' 그렇지만 예수께서는 그 대화를 갑자기 끝내셨습니다. '내가 너희에게 해 줄 말이 있다. 선지자는 자기 고향에서 환영받지 못하는 법이다. 엘리야 시대에 이스라엘에 과부가 많았으나 그가 보냄받은 곳은 그들

이 있는 곳이 아니었다. 하나님은 엘리야를 이방인에게 보내셨다. 또 엘리사 시대에 이스라엘에 나병 환자가 많았으나, 깨끗함을 받은 사람은 시리아 사람 나아만뿐이었다.' 예수께서는 하나님이 그들과 맺으신 언약이 이스라엘만이 아닌 모든 사람을 축복하는 것이라는 사실을 그들에게 상기시켜 주신 것입니다.

이 말에 회당 안에 있던 사람들 모두가 분노로 가득 찼습니다. 그들은 예수를 죽이려고 했지만, 예수께서는 그들에게서 벗어나 자기 길을 가셨습니다. 제자들은 이 모든 일을 기이하게 여겼습니다. 사마리아 사람들은 그분을 메시아라고 인정했지만 정작 그분의 백성은 그렇게 생각하지 않았던 것입니다.

이것이 바로 예수께서 제자들을 가르치신 방식입니다. 말뿐 아니라 직접 행하심으로 가르쳐 보이신 거죠. 그 뒤에 예수께서는 레위라는 세리에게 자신을 따라오라고 부르셨습니다. 레위는 예수를 위해 자기 집에서 성대한 저녁 식사를 베풀었습니다. 그곳에는 많은 세리와 그 밖의 사람들이 큰 무리를 이루어서, 그들과 한 자리에 앉아서 먹고 있었습니다. 바리새파 사람들과 그들의 율법학자들이 예수의 제자들에게 불평하면서 말하였습니다. '어찌하여 당신들은 세리들과 죄인들과 어울려서 먹고 마시는 거요?' 예수께서 대답하셨습니다. '의사가 필요한 사람이 누구냐? 건강한 사람이냐, 병든 사람이냐? 내가 여기 있는 것은 영적으로 건강한 사람이 아니라 죄 때문에 병든 사람을 초청하려는 것이다.'

세례 요한처럼 광야에서 죄인들에게 회개하라고 부르는 것과 예수님처럼 그들과 온전히 섞여 함께 식사를 나누는 것은 다른 일입니다. 그러나 예수께서는 늘 죄 많은 사람들과 함께 지내시고, 죄인의 집에서 빵을 떼시며 식사하는 데 많은 시간을 보내셨습니다."

새로 온 사람 가운데 무두장이인 사람이 뜰을 둘러보았다. "내가 보기에 당신 이웃들도 당신이 우리를 초대한 걸 보며 똑같은 말을 할 것 같군요."

이야기를 계속하면서, 집주인은 피곤한 듯 미소를 지어 보였다. "그렇지만 예수께서는 '계셔야 할' 곳에 계실 때에도 무언가를 각성시키는 버릇이 있으셨죠. 일화 하나를 들자면, 시몬이라는 바리새인이 예수를 식사에 초대했을 때 일입니다."

상인이 끼어들었다. "그럼 바리새인들은 예수를 인정했나요?"

"인정한 사람도 있지만, 대부분은 그러지 않았어요. 그들은 예수를 단순히 동료나 토라를 가르치는 사람으로 여겼거든요. 그렇지만 그들은 그분이 뭐라고 가르치는지 유심히 감시했습니다. 특히 그분이 사귄 사람들에 대해서요.

예수께서는 시몬의 집에 들어가셔서, 상에 앉으셨습니다. 그런데 그 동네에 '이름난 죄인'인 한 여자가 있었는데, 예수께서 바리새파 사람의 집에서 음식을 잡숫고 계신 것을 알고서, 자신이 가진 거래 수단인 향유가 담긴 옥합을 가지고 왔습니다. 그 여자는 울면서 눈물로 예수의 발을 적시고, 자기 머리털로 닦고, 그 발에 입을 맞추고, 향유를 발랐습니다.

예수를 초대한 바리새파 사람이 이것을 보고, 마음속으로 생각했습니다. '이 사람이 선지자라면, 자기를 만지는 저 여자가 누구이며, 어떠한 여자인지 알았을 터인데! 그 여자는 죄인인데!' 예수께서 그가 생각하는 바를 아시고, 여인에게로 돌아서서 시몬에게 설명하셨습니다. '네가 이 여인을 보느냐?'"

여자가 잠시 이야기를 끊었다. "이것은 수사 의문문입니다. 시몬은 그 여인을 보지 않았거든요. 그는 그 여인을 사회적 부류로 규정했습니다. 바로 '죄인'이라고 말이죠. 이 바리새인은 예수를 자신과 같은 부류, 즉 토라를 가르치는 선생으로 여겼습니다. 그러나 그분은 바리새인이 기대하는 방식대로 토라를 지키지 않았지요. 대부분 바리새인이 '불결하다'고 여기는 사람들과 많은 시간을 보내시는 게 두드러지게 눈에 띄였으니까요. 그렇기 때문에 예수는 '죄인의 친구'라는 평판을 얻으신 거죠.

예수께서 시몬에게 말씀하셨습니다. '내가 네 집에 들어왔을 때에, 너는 내게 발 씻을 물도 주지 않았다. 그러나 이 여자는 눈물로 내 발을 적시고, 자기 머리털로 닦았다. 너는 내게 인사하는 입맞춤을 하지 않았으나, 이 여자는 들어와서부터 줄곧 내 발에 입을 맞추었다. 너는 내 머리에 축복하는 기름을 발라 주지 않았으나, 이 여자는 내 발에 향유를 발랐다. 그러므로 내가 네게 말한다. 이 여자는 그 많은 죄를 용서받았다. 그것은 그가 많이 사랑하였기 때문이다. 용서받은 것이 적은 사람은 적게 사랑한다.' 그리고 예수께서 그 여자에게 말씀하셨습니다. '네 죄가 용서받았다.' 그러자 상에 함께 앉아 있는 사람들이 속으로 수군거렸지요. '이 사람이 누구이기에 죄까지도 용서하여 준다는 말인가?' 하고 말입니다.

예수께서는 토라를 가르치는 선생인 이 바리새인들에게 칭찬할 말이 별로 없으셨습니다. 그들의 태도는 이 한 가지 사건만 봐도 잘 나타납니다. 그분은 바리새인들이 이스라엘 백성의 어깨에 몹시도 버거운 짐을 지운다고 믿으셨습니다. 그런데 그들은 그 백성을 돕기를 꺼렸지요. 예수께서는 비유를 들어 그것을 설명하셨습니다. 그분은 종종 비유로 가르치셨어요. '새 포도주를 낡은 가죽 부대에다가 넣는 사람은 없다. 그렇게 하면, 새 포도주가 그 가죽 부대를 터뜨릴 것이며, 그래서 포도주는 쏟아지고 가죽 부대는 못 쓰게 될 것이다. 묵은 포도주를 마시고 나서, 새 포도주를 원하는 사람은 없다. 묵은 포도주를 마신 사람은 묵은 것이 좋다고 한다.'"

"그 비유는 무슨 뜻인가요?" 상인이 물었다.

"그건 당신이 묻는 사람이 누구인지에 따라 달라요!" 여자가 대답했다.

상인이 활짝 웃으며 다시 물었다. "그럼 당신은 예수가 의미한 바가 뭐라고 생각하나요?"

집주인이 몸을 앞으로 기울이며 대답했다. "새 포도주가 바리새인이 만든 율법을 말한다면 이 비유에서 '묵은 포도주'는 토라가 아닐까 해요. 사람들은 토라를 지킬 수 없다고 확신하면서 토라 주위에 '울타리'를 세웠거든요. 바로 인간의 삶에서 모든 세세한 부분을 좌우하려는 율법이죠. 이 '새 포도주'는 '토라'라는 가죽 부대를 터뜨립니다. 토라는 노예 생활과 죄에서 사람들을 해방시키기 위해 주어진 것입니다. 그런데 바리새인이 덧붙인 요구 사항은 그들에게 다시 새로운 멍에를 얹어 주었지요. 예수께서는 언약의 율법인 토라를 폐하러 온 것이 아니라고 말씀하신 것을 기억하십시오. 그분은 토라를 완성하러 오셨다고 말씀하셨습니다."

이 대화에 귀를 기울이던 사람들이 집주인의 말을 곰곰이 생각하고 있을 때, 상인이 입을 열었다. "아까 바리새인이 초대한 식사자리 이야기에서, 당신은 예수가 이 여자, 그러니까 창녀의 죄가 용서받았다고 선언했다는 말을 했어요. 그렇지만 죄를 용서할 수 있는 건 오직 신뿐이죠! 당신네들은 용서를 받으려면 성전으로 가야 하지 않나요? 그 예수라는 남자가 도대체 누구길래 감히 그런 선언을 할 수 있는 거죠?"

얼굴에 미소를 머금은 채 여자가 말했다. "그런 질문을 하는 건 당신만이 아닙니다. 예수께서는 수개월 동안 가르치고 하나님 나라를 맛보여 주는 기적을 베푼 뒤에 제자들과 함께 한적한 곳으로 가서서 기도하셨어요. 그곳에서 그분은 제자들에게 물으셨죠. '사람들이 나를 누구라 하더냐?'

제자들은 이렇게 대답했습니다. '어떤 사람은 세례 요한이 생명을 얻어 돌아온 자라고 하고, 또 어떤 사람은 엘리야, 또 어떤 이들은 다시 살아난 옛 선지자 가운데 하나라고 말합니다.'

그러자 예수께서 제자들에게 물으셨습니다. '그렇다면 너희는 뭐라고 하느냐? 내가 누구냐?'

베드로가 대답했습니다. '주는 그리스도시오, 살아 계신 하나님의 아들이십니다.'"

상인의 이마에 다시 한 번 깊게 주름이 잡혔다. "베드로가 엄청난 말을 했군요."

"맞아요. 예수께서 제자들에게 베드로가 한 말의 의미를 설명하셨습니다. '인자인 메시아는 반드시 많은 고난을 받고, 장로들과 대제사장들과 율법학자들에게 유죄 선고를 받아, 죽임을 당하고 나서, 사흘 후에 살아나야 한다.'

그러자 베드로가 불쑥 이렇게 말했습니다. '주님, 안 됩니다! 주님께 그런 일이 일어나서는 절대 안 됩니다.'"

"저는 베드로가 이해되는데요." 상인이 깊이 생각하더니 말했다. "예수가 오랫동안 기다려 온 바로 그 메시아라면, 당신 민족의 지도자들이 왜 그를 죽인 거죠?"

여자가 한숨을 내쉬었다. "예수는 지도자들이 기대한 메시아가 아니었거든요. 그들은 그들이 그토록 기다려 온 구원을 이루시는 하나님의 방법을 이해하지 못했습니다. 그건 베드로도 마찬가지였죠. 예수께서는 베드로를 꾸짖으셨습니다. '사탄아, 내 뒤로 물러가라. 너는 하나님의 일을 생각지 않는구나.' 그리고 나서 제자들에게 이렇게 말씀하셨습니다. '나를 따라오려고 하는 사람은 자기를 부인하고, 날마다 자기 십자가를 지고, 나를 따라오너라. 누구든지 제 목숨을 구하고자 하는 사람은 잃을 것이요, 누구든지 나와 복음을 위하여 제 목숨을 잃는 사람은 구할 것이다.'

제자들은 예수께서 하신 말씀을 이해하려고 했습니다. 그러나 우리 민족의 종교 지도자들은 그분이 하신 말씀의 의미를 정확히 알았습니다. 다만 그 말씀이 그들의 마음에 들지 않았던 거죠. 때로 그들은 심지어 예수를 보고 귀신 들린 자라고 비난했습니다. 한번은, 예수가 성전에 있을 때 종교 지도자들이 예수께 이렇게 말했습니다. '당신이 미쳤다는 것, 귀신 들렸다는 것을 이제 알겠소. 아브라함도 죽었고 선지자들도 죽었소. 그런데도 당신은 "내 말대로 행하면 결코 죽음을 대면하지도, 맛보지도 않을 것이다"라고 말하다니, 당신이 아브라함보다 크다는 말이오? 당신은 자신이 누구라고 생각하는 거요?'

예수께서 대답하셨습니다. '내가 나를 영광되게 하면, 그것은 헛된 일로 끝나고 말 것이다. 그러나 내 아버지께서 이 순간에 나를 영광의 자리에 두셨다. 나는 그분의 말씀대로 행하고 있다. 너희 조상 아브라함은 희열에 찬 믿음으로 역사의 뒤안길을 굽어보면서 나의 날이 오는 것을 보았다. 그는 그날을 보고 크게 기뻐했다.'

그 말에 종교 지도자들을 예수를 비웃으며 말했습니다. '당신이 쉰 살도 되지 않았는데, 아브라함이 당신을 보았다는 말이오?' 예수께서 그들에게 말씀하셨습니다. '나를 믿어라. 아브라함이 있기 오래전부터 **내가 있다.**'

그들은 예수께서 하신 말씀을 듣고 숨이 턱 막힐 정도로 두려운 마음이 들었습니다. 그들이 보기에 예수께서는 하나님의 신성한 이름인 YHWH를 입 밖에 내는 신성모독을 저질렀기 때문입니다. 게다가 자신을 가리키는 데 그 이름을 쓰기까지 했으니까요. 그들은 신성모독을 한 죄로 돌을 집어 들어 예수께 던지려고 했습니다. 그러나 예수께서는 성전 밖으로 나가 사라지셨습니다.

　예수의 제자들은 그들의 랍비를 뒤따르는 일이 쉽지 않다는 것을 알았습니다. 한 예를 들자면, 집과 가족을 떠나 집 없이 떠돌아다니면서 자신들을 환대해 줄 사람을 의지해 먹을거리와 잠잘 곳을 찾으러 다녀야 했지요. 즉, 예수를 지지하는 사람들에게 후원을 받아야 한다는 뜻입니다. 그들이 이 떠돌아다니는 랍비를 재정적으로 지원해 주었습니다. 예수의 후원자들은 주로 여자들이었습니다. 헤롯의 청지기의 아내 요안나와 수산나 말고도 많은 사람이 있었지요. 남자가 여자의 후원을 받는다는 것은 초라한 일이었습니다. 어쩌면 그래서 부유하고 힘 있는 남자들이 예수의 제자가 되려다가도 떠나 버린 것일지 모르지요.

　그들은 그들 민족의 종교 지도자들의 반대에 부딪혔습니다. 그들은 귀신 들린 사람과도 맞섰습니다. 종종 오해받기도 했고요. 예수의 가족은 그가 '제정신을 잃어 가는' 것은 아닌지 염려했습니다. 때로는 폭풍우조차 그들에 맞서는 것처럼 보였지요! 두세 번 예수께서 갈릴리 호수로 제자들을 보냈습니다. 그들은 그 호수 위로 점점 거세지는 폭풍을 만났습니다. 한번은 예수께서 고물에서 잠들어 계실 때였습니다. 거센 돌풍과 심한 파도도 깨우지 못할 만큼 그분은 몹시 지쳐 있었습니다. 그때 잔뜩 겁을 먹은 제자들이 예수를 깨우며 말했습니다. '랍비여, 우리가 죽게 되었는데도 아무렇지도 않으십니까?'

그러자 예수께서 일어나 폭풍우의 중심을 바라보시고 바람과 파도에게 '고요하고, 잠잠하여라' 하고 말씀하시자, 바람이 그치고 아주 고요해졌습니다.

제자들은 큰 두려움에 사로잡혔습니다. 폭풍이 사라진 뒤에도 여전히 두려워하며 말했습니다. '이분이 누구이기에, 혼란스러운 바다까지도 그에게 복종하는가?'"

여자가 잠시 말을 멈추었다. "정말 이분은 누구셨을까요? 공생애 내내 예수께서는 많은 사람을 치유하셨습니다. 그분은 기적적으로 엄청난 무리를 먹이시기도 하셨습니다."

새로 온 사람이 끼어들었다. "광야에서 먹은 만나처럼 말이죠."

여자가 고개를 끄덕였다. "그분은 우리의 일상을 형성한 토라를 들으려고 산 위까지 그분을 찾아온 많은 무리를 가르치셨습니다. 그러나 그분의 가르침은 랍비와 율법학자와 달랐습니다. 그분은 권위로 가르치셨거든요. 랍비들은 다른 랍비의 가르침에 주를 다는 식으로 가르쳤습니다. 그렇지만 예수께서는 직접 말씀하셨는데, 이런 말씀도 하셨습니다. '"네 이웃을 사랑하고, 네 원수를 미워하여라" 하고 말한 것을 너희는 들었다. 그러나 나는 너희에게 말한다. 너희 원수를 사랑하고, 너희를 박해하는 사람을 위하여 기도하여라. 그러면 너희는 너희의 참된 자아, 하나님이 만드신 자아를 찾게 될 것이다.'"* 이 말을 마치고 나서 여자는 깊은 한숨을 내쉬

---

* 예수께서는 사람들에게 하나님 나라의 삶을 가르치기 위해 "산으로 올라가셨다." 이것이 바로 "산상수훈"(마 5-7장)이라고 알려진 가르침이다. 우리는 토라를 받기 위해 마찬가지로 "산 위로 올라간" 모세 이야기가 메아리치는 것을 들을 수 있다.

었다. "우리 민족은 바리새인의 율법을 지키기란 불가능하다고 불평하지요. 그렇지만 제 생각에는 예수께서 가르치고 살아 내신 토라를 지키는 것보다 바리새인의 율법을 지키는 것이 더 쉽지 않을까 싶어요."

상인이 물을 마시려고 몸을 숙였다. "저는 당신네들의 토라를 모릅니다. 당신 민족을 이끄는 철학에 따르면, 삶에서 가장 중요한 것이 무엇입니까?"

여자가 빙그레 웃었다. "사람들도 예수께 똑같은 걸 물었습니다. 한번은 어느 토라 학자가 예수께 물었지요. '모든 계명 가운데서 가장 으뜸가는 것은 무엇입니까?' 예수께서 대답하셨습니다. '첫째는 이것이다. "이스라엘아, 들어라. 우리 하나님이신 여호와는 오직 한 분이신 여호와이시다. 네 마음을 다하고, 네 목숨을 다하고, 네 뜻을 다하고, 네 힘을 다하여 너의 하나님이신 여호와를 사랑하여라." 둘째는 이것이다. "네 이웃을 네 몸같이 사랑하여라." 이 계명보다 더 큰 계명은 없다.'"

상인은 잠시 이 말을 곰곰이 생각하는 것 같았다. "그러면 사랑이 율법이라는 겁니까?"

여자가 대답했다. "바로 그거예요! 제가 생각할 땐, 그래요, 예수님이 말씀하신 대로라면 사랑이 율법입니다."

새로 온 사람이 참견했다. "어디선가 하나님이 사랑이시기 때문에 사랑이 율법이라는 말을 들은 것 같아요."

여자의 친구인 노인이 대답했다. "그리고 우리는 하나님께 먼저 사랑받았기 때문에 사랑할 수 있는 거라네."

"맞습니다." 지혜로운 친구를 보고 흡족해하며 집주인이 대답했다. "예수께서는 가르치셨습니다. 예수께서는 치유하셨습니다. 예수께서는 귀신을 내쫓으셨습니다. 그분은 심지어 죽은 사람을 살리시기도 했습니다. 볼 수 있는 눈을 가진 사람은 이 하나님 나라의 징표들을 알아차렸지요. 하나님 나라는 깨어진 세상 속에 몰래 들어왔습니다. 그분이 전하는 메시지의 핵심은 또다시 새로운 출애굽을 하는 것입니다. 멍에에서 해방되는 것입니다. 질병의 멍에일 수도 있고, 소외와 차별의 멍에일 수도 있고, 죄의 멍에일 수도 있습니다.

하루는 예수께서 회당에서 가르치고 계셨습니다. 그런데 거기에 열여덟 해 동안이나 병마에 시달리고 있는 여자가 있었어요. 그는 허리가 굽어 있어서, 몸을 조금도 펼 수 없었지요. 예수께서 이 여자를 보시고, 가까이 부르셨습니다. '여자여, 네가 자유케 되었다!' 그러자 여자는 당장 꼿꼿하게 서서 하나님께 영광을 돌렸습니다. 그러나 안식일에 병을 고친 것 때문에 몹시 화가 난 회당장이 여자를 꾸짖었습니다. 그것을 본 예수께서는 그 회당장의 위선을 꾸짖으셨습니다. '너희 사기꾼들아! 너희도 안식일에 자기 소나 나귀를 풀어서 외양간에서 끌고 나가 물을 먹이는 것을 아무렇지 않게 생각한다.'

그리고 나서 예수께서는 참으로 놀라운 말씀을 하십니다. '그런데 내가 사탄에게 십팔 년이나 매여 있던 이 아브라함의 딸을 풀어 주고 그 외양간에서 끌어낸 것이 어째서 문제라는 말이냐?' 그분은 그 여자를 '아브라함의 딸'이라고 부르신 것입니다. 이러한 표현은 우리 민족 사이에서는 들을 수 없는 말이었습니다. 예수께서는 병마에 시달려 몸이 굽은 이 여인을 언약에 충분히 참여할 수 있는 사람으로 만드신 것입니다. 예수께서 여인에게 베푸신 치유는 육체적인 것 이상입니다. 그것은 공동체를 회복하는 것이기도 했으니까요.

공동체를 회복하는 것이 치유의 핵심입니다. 우리 민족의 관습에 따르면 문둥병 같은 질병을 앓는 사람들을 고립시켰습니다. 우리는 '악명 높은 죄인'과도 접촉하지 않았습니다. 그들은 '불결'하기 때문에 우리의 순결도 더럽힐 거라고 믿었거든요. 불결한 사람을 만지면 우리도 불결해진다고 생각한 거죠. 그런데도 예수께서는 거의 늘 누군가를 치유하고, 그들을 만지셨습니다."

"그렇지만 그런다고 예수가 불결해지지는 않았잖아요?" 상인이 물었다.

여자 얼굴에 미소가 번졌다. "말하자면 예수께서는 '흐름을 거스르신' 겁니다. 누군가를 만져서 예수가 불결해지는 것이 아니라 예수가 만져서 누군가가 깨끗해지는 거죠. 질병과 죄가 당신에게 전해지지 않는 한, 누군가와 접촉하는 것은 아름다운 일이지요."

이제 어둠이 깔리기 시작했다. 누군가가 등잔에 불을 켜려고 일어서자, 여자가 손님에게 말했다. "오늘 모임을 끝내기 전에 들려드리고 싶은 이야기가 하나 더 있습니다. 예수께서 예루살렘에 도착하시기 전에 마지막으로 만난 사람 이야기입니다. 제가 아직 어린 아이였을 때 예수께서는 당나귀 위에 앉아 계셨지요.

 예수께서 예루살렘에서 아주 가까운 여리고 근처에 이르셨습니다. 한 눈먼 사람이 길가에 앉아서 구걸하고 있었지요. 그는 무리가 술렁이는 소리를 듣고 무슨 일인지 물었습니다. 사람들이 나사렛 예수께서 지나가신다고 말해 주었어요. 그러자 그가 갑자기 소리쳤습니다. '예수여! 다윗의 자손이여! 저를 불쌍히 여겨 주십시오!' 앞서 가던 사람들이 그에게 조용하라고 했으나, 그는 오히려 더 크게 소리쳤지요. '다윗의 자손이여! 저를 불쌍히 여겨 주십시오!' 예수께서 걸음을 멈추시고 그를 데려오라고 말씀하셨습니다. 그가 가까이 오자 예수께서 물으셨습니다. '내게 무엇을 원하느냐?' 그가 말했습니다. '주님, 다시 보기 원합니다.' 예수께서 말씀하셨습니다. '다시 보아라! 네 믿음이 너를 낫게 했다.'

 그는 즉시 고침을 받았습니다. 그가 고개를 들어서 보니, 앞이 보였습니다. 그는 하나님께 영광을 돌리며 예수를 따라갔습니다. 길가에 있는 사람들도 모두 합류하여 큰 소리로 하나님을 찬양했습니다. 이 눈먼 사람은 예수가 누구인지 알았습니다! 그는 그분을 '다윗의 자손', 즉 메시아라고 불렀고 예수가 누구인지를 믿는 그의 믿음이 그를 낫게 한 것입니다."

 여자가 뜰을 둘러보았다. 그의 몇몇 친구가 비스듬히 앉은 채 꾸벅꾸벅 졸고 있었다. 여자는 상인에게로 돌아서서 말했다. "우리가 지금 나눈 이야기는 나사렛 예수에 관한 이야기 가운데 작은 부분입니다. 그분이 살아가신 삶을 살짝 엿본 것뿐이지요. 당신이 오늘 밤 우리와 함께 지내신다면 좋을 텐데요."

"그렇게 너그럽게 신경 써 주시다니 저야 감사하죠." 상인이 대답했다. "그리고 들려주신 예수 이야기도 아주 흥미로웠습니다. 그 사람은 참으로 놀라운 사람인 것 같군요."

"맞습니다. 그분은 놀라운 분이죠." 여자는 그렇게 말하고 잠시 말이 없었다. "아주 굉장히 말이에요. 괜찮다면, 당신께 한 가지 생각을 더 전해 드려도 될까요?" 상인이 고개를 끄덕였다. 그러자 여자는 뒤에 놓인 작은 두루마리를 집어 들었다. "우리는 운 좋게도 바울이 쓴 편지 몇 장을 사본으로 가지고 있습니다. 아, 바울은 로마 제국 곳곳에 예수의 복음을 전한 사람입니다. 그 편지는 에클레시아 사이에서 돌고 돌면서 유포되었지요." 여자는 편지에서 자신이 바라던 부분을 찾아냈다. "여기 바울이 예수에 대해 쓴 부분이 있네요.

'우리는 아버지께 감사드립니다. …… 하나님께서는 우리를 막다른 길과 어두운 소굴에서 구출하셔서, 그분이 몹시 아끼시는 아들의 나라로 옮겨 주셨습니다. 그 아들은 수렁에서 우리를 건지시고, 반복해서 지을 수밖에 없던 죄에서 우리를 벗어나게 해 주셨습니다. 우리는 이 아들을 보면서, 보이지 않는 하나님을 봅니다. 우리는 이 아들을 보면서, 모든 피조물에 깃들어 있는 하나님의 원래 목적을 봅니다. 모든 것이, 참으로 모든 것이 그분 안에서 시작되고, 그분 안에서 자신의 목적을 찾기 때문입니다. 그분은 만물이 존재하기 전부터 계셨고, 지금 이 순간에도 만물을 유지하고 계십니다.'"

여자는 상인을 뚫어지게 쳐다보며 말했다. "당신은 오늘 밤 우리와 함께 식사를 할 만큼 용감한 분입니다. 당신은 사람들이 우리를 의심스럽게, 그리고 나쁘게 본다는 것을 알고 있으니까요. 그리고 이것이 바로 그 이유입니다. 우리는 예수가 그저 단순히 놀라운 사람은 아니라고 믿습니다. 그분은 육신을 입으신 하나님, 피조물이 되신 창조주이십니다."

상인은 여자의 시선을 맞받으며 말했다. "황제도 비슷한 주장을 내세우죠. 당신들의 예수처럼 그도 스스로 '하나님의 아들'이라고 부릅니다."

잠시 침묵이 흐르고 나서 여자가 말했다. "그래요, 당신 말이 맞아요. 그렇지만 황제는 많은 신 가운데 하나로 경배받습니다. 그를 아들로 삼은 신이 그의 아버지가 됩니다. 우리는 여호와 하나님만 경배합니다. 아브라함과 언약을 맺으신 하나님, 이집트에서 종살이하던 이스라엘의 후손을 구원하신 그 하나님, 예수라는 한 인간으로 우리에게 오신 그 하나님을 말이죠. 그분은 인류에게 의도된 바가 무엇인지를 우리에게 보여주셨습니다."

상인이 여자의 엄청난 주장을 듣고 어떻게 이해해야 할지 몰라 고심했다. "당신이 말한 게 사실이라면, 예수가 살아간 삶을 본받아 사는 것은 불가능합니다. 그가 정말 당신 이야기대로 육체를 입으신 하나님이라면 말이죠. 당신과 나는 일개 보통 사람일 뿐이니까요. 어떻게 우리가 신이자 인간인 그분이 하셨듯이 토라를 살아 낼 수 있다는 희망을 품을 수 있겠습니까?"

여자가 원래 있던 자리에 두루마리를 내려놓았다. 그리고 다른 두루마리를 집어 들었다. "마지막으로 한 번만 더 들어주실래요? 또 다른 바울 편지인데, 한번 들어보세요.

'그리스도 예수께서 자기 자신을 생각하셨던 방식으로 여러분도 자기 자신을 생각하십시오. 그분은 하나님과 동등한 지위셨으나 스스로를 높이지 않으셨고, 그 지위의 이익을 고집하지도 않으셨습니다. 조금도 고집하지 않으셨습니다! 때가 되자, 그분은 하나님과 동등한 특권을 버리고 종의 지위를 취하셔서, 사람이 되셨습니다! 그분은 사람이 되셔서, 사람으로 사셨습니다. 그것은 믿을 수 없을 만큼 자신을 낮추는 과정이었습니다. 그분은 특권을 주장하지 않으셨습니다. 오히려 사심 없이 순종하며 사셨고, 사심 없이 순종하며 죽으셨습니다. 그것도 가장 참혹하게 십자가에서 죽으셨습니다.'"

상인은 무척 당황한 듯했다. "예수가 로마의 십자가에서 죽었다고요?! 그것이 그가 향해 걸어간 죽음이란 말입니까? 그런데도 당신은 그가 하나님이라고 믿어요?"

여자가 싱긋 웃어 보였다. "그래요, 믿기 힘든 일이지요. 그러나 우리는 믿습니다. 예수는 하나님입니다. 그분은 거룩한 능력을 내려놓고 당신과 나처럼 삶을 사셨습니다. 그러나 우리와 달리 예수께서는 죄가 없으셨습니다. 전혀요. 그분이 행한 모든 일은 성령의 능력으로 아버지의 뜻에 복종한 것입니다. 그것이 그분을 참 인간으로 만든 것입니다. 그리고 그것이 우리도 예수처럼 될 수 있다고 믿는 이유입니다. 우리도 아버지의 뜻을 알고 성령의 능력으로 살아갈 수 있기 때문입니다."

"그렇지만 당신들의 예수는 죽었습니다……. 어떻게 하나님이 죽는단 말입니까?"

여자가 일어섰다. 그리고 그가 일어서자 그 집에 모인 다른 사람들도 자리에서 일어났다. 몇몇은 잠에서 깨우기 위해 조금 거세게 밀쳐야 했다. 여자는 상인의 손을 움켜잡으며 말했다. "내일 밤에도 우리와 저녁을 함께하신다면 그 이야기를 들으실 수 있을 겁니다."

그는 여자의 손을 꼭 쥐며 대답했다. "그러죠, 기꺼이."

여자가 친구들에게로 돌아섰다. "자, 이제 작별할 시간이네요. 모두 내일 저녁에 봐요. 평안히 돌아가시고요. 우리 주 예수 그리스도의 은혜가 여러분과 늘 함께하기를 기도합니다." 사람들이 하나둘 떠나는 모습을 보면서 여자는 유독 어두운 밤을 향하여 깊은 생각에 잠긴 듯 보이는 한 손님에게서 눈을 떼지 못했다.

제 10 장

십자가

마지막 유월절,
예수가 친구들과 함께 나눈 사건

또 다른 아름다운 저녁, 뜰 안에 모여 별빛 아래 함께하는 또 다른 식사. 에클레시아가 하나둘 집에 모여들기 시작하자, 여자는 현관 기둥에 서서 오는 사람마다 입맞춤으로 인사하며 맞이했다. 그러고 나서 여자는 그들의 발을 씻어 주기 위해 무릎을 꿇었다. 사람들이 그날 하루 동안 다니며 묻힌 먼지를 씻기 위해 꽃잎이 흩어진 물을 미리 대야에 준비해 두고 있었다. 여자는 허리에 묶어 두었던 수건으로 발을 닦아 주고 사람들을 탁자에 앉게 했다.

상인도 경쾌한 발걸음으로 여자의 집으로 향했다. 특히 오늘은 시장에서 거래가 잘 성사된 운 좋은 날이었다. 게다가 좋은 친구들과 함께할 즐거운 식사가 그를 기다리고 있었다. 오늘 가판대가 한가하던 몇 분 동안, 그의 머릿속은 온통 전날 밤에 들은 놀라운 이야기로 가득 차 있었다. 그는 아브라함 후손의 역사나 문화, 종교를 잘 몰랐지만 그 사람들에 대해 배우는 걸 좋아했다. 그는 대도시의 무역 중심지를 방문해서 그들과 거래하기도 했다. 그렇지만 이 사람들, 즉 "그리스도인"은 그가 만났던 다른 아브라함 후손들과 달랐다. 그들이 섬기는 예수, 그러니까 그의 이야기는 뭐랄까, 정말로 놀라웠다. 만약 그 이야기가 사실이라면……

여자의 집에 도착했을 때, 남자는 집주인에게 따뜻한 환영을 받으며 서로 입을 맞추었다. 그러나 여자가 그의 발 앞에 물그릇을 가져다 놓고 무릎을 꿇었을 때에는 당황하며 뒷걸음질을 쳤다. "뭐 하시는 겁니까?" 상인이 물었다.

여자가 환하게 웃으며 그에게 말했다. "오늘 하루 동안 피곤해졌을 발을 씻어 드리려고요. 상쾌하게 저녁을 드실 수 있을 거예요."

"그렇지만 이건 종이 할 일이잖아요. 여주인이 할 일이 아니라고요!" 남자가 소리쳤다.

"부디 허락해 주세요. 이건 우리가 할 일이에요."

그는 주춤거리며 걸음을 앞으로 내디뎠다. 그리고 의자에 앉아 샌들을 벗었다. 여자가 남자의 발 위에 물을 붓고 부드럽게 발을 씻기는 동안, 남자는 마음이 매우 불편했다. 여자가 수건으로 발을 닦아 줄 때 남자가 물었다. "왜 발을 닦아 주시는 겁니까?"

"그 대답은 오늘 밤 이야기를 들으시면 알게 될 겁니다. 이제 탁자에 가서 앉으세요. 사람들이 모두 도착하면 저도 그리로 가겠습니다."

상인은 뜰로 걸어갔다. 탁자에 기대 앉아 모인 사람들을 둘러보았다. 그는 또다시 의문에 빠져들었다. '도대체 이 사람들은 누구인가? 무엇이 이 사람들을 이렇게 살게 만들었을까?'

****

저녁 식사가 끝나자, 집주인이 잔에 포도주를 따라서 그에게 건넸다. "오늘 밤에도 와 주시다니 정말 기뻐요."

상인이 미소를 지으며 말했다. "당신은 정말 친절한 주인이시네요. 솔직히 고백하자면 저는 당신과 당신 친구들이 공유하는 삶에 무척 흥미가 많습니다. 그렇지만 다른 사람들은 그다지 흥미로워하지 않는다는 걸 알고 있습니다. 오히려 당신들의 공동생활을 방해하지요. 시장에서 당신의 에클레시아를 두고 하는 이야기를 들었습니다. 그다지 호의적이지 않던데, 걱정되지 않으십니까?"

여자가 깊이 한숨을 내쉬고 나서 대답했다. "당연히 걱정되지요. 우리는 다른 사람들처럼 시달리지는 않아요. 그렇지만 우리도 머지 않아 시달리게 되겠죠."

"그러면 왜 이런 삶을 선택하셨습니까?" 그가 물었다. "사람들은 당신네들을 무신론자라고 하더군요. 신랄하게 비판하던데요? 사람들은 당신네들이 그들의 성전에서 경배하지 않아서 이 도시를 다스리는 신의 분노를 사고 있다고 두려워합니다. 당신의 그리스도와 황제를 동시에 경배할 수는 없나요?" 상인은 자신의 새 친구가 진심으로 염려되는 마음에 몸을 앞으로 기울이며 진지하게 말했다. "저는 당신네들이 좋은 사람이라고 장담할 수 있어요. 그러니까 이제는 좋은 시민이 되는 거예요! 황제도 섬기고 당신들의 그리스도도 섬기고. 그렇게 하면 사람들이 분명히 이 사람들도 용서해 줄 거예요." 그가 팔을 크게 휘저으며 여자의 집에 모인 다양한 무리를 가리켰다.

여자는 그의 염려에 감동했다. "우리가 황제를 숭배하는 성전에서 적절한 희생을 치러 카이사르에게 맹세한다면, 그래요, 분명히 우리에게 쏠린 의심과 분노를 피할 수 있겠죠. 그렇지만 그건 우리가 섬기는 그리스도를 배신하는 일입니다."

"당신들의 그리스도는 로마 십자가에 못 박혀 죽었잖아요! 왜 그런 사람에게 충성을 맹세하는 겁니까?" 남자가 흥분을 가라앉히고 나서 다시 부드러운 얼굴로 말했다. "그리고 다른 곳에 있는 당신네 부류는 대화재가 있고 나서 로마에서 십자가에 달렸어요. 왜 카이사르나 도시 원로들의 분노를 사는 위험을 무릅쓰는 겁니까? 그런 위험은 당신네들도 그들과 같은 운명으로 이끌 뿐이잖아요?"

잠시 여자의 두 눈이 다른 곳을 응시했다. 그것은 에클레시아에 있는 몇몇 사람도 똑같이 물어본 질문이었다. 그리고 좋은 질문이었다. 왜 그들은 그런 위험을 감수하는 걸까? 무엇이 여자로 하여금 집으로 사람들을 모아 모임을 이끌게 만들었는가? 무엇 때문에 새로 온 사람들에게 누군가는 반역이라고 말하는 믿음을 가르치고, 단골손님이 다른 곳으로 옮기는 일까지 당하게 해야 하는가?

여자는 뜰을 둘러보다가 그 대답을 찾을 수 있었다. 여자의 눈에서 눈물이 흐르고 있었지만, 여자를 통해 흘러간 것은 따뜻함과 평화였다. "사랑," 여자가 나직하게 말했다. "사랑입니다. 우리가 그런 위험을 무릅쓰는 이유는 사랑 때문입니다."

상인이 여자를 가만히 바라보았다. "사랑이라……. 그 사랑이 죽을 가치가 있나요?"

여자가 대답했다. "때가 된다면, 아니 때가 되어서 당신에게 그렇다고 말할 수 있으면 좋겠어요." 여자가 잠시 멈추었다가 말했다. "더 중요한 건, 이 사랑 때문에 살아갈 가치가 생겼다는 겁니다."

바로 가까이에 기대 앉아 있던 사람들이 여자와 상인의 대화에 귀를 기울였다. 여자가 고개를 들고 친구인 노인을 바라보며 부드럽게 미소를 띠었다. 새로 온 어떤 사람은 애써 눈물을 참느라 눈을 깜박이고 있었다. 여자는 다시 상인에게로 몸을 돌렸다. "그 사랑이 예수를 십자가로 이끌었습니다. 제가 오늘 밤 당신을 다시 초대한 것은 바로 그 이야기를 들려드리기 위해섭니다. 그렇지만 당신도 보시다시피," 여자는 상인이 그랬듯이 팔로 방 안을 휙 두르며 말했다. "이 이야기는 위험합니다. 그래도 들으시겠어요?"

상인이 진지하게 대답했다. "당신들이 공유한 사랑, 당신들이 그렇게까지 위험을 감수하게 만드는 그 사랑을 설명할 거라면, 들어보지요."

또 다른 잔에 포도주를 따르며 여자가 말했다. "그럼, 계속 이야기를 해 드리지요.

어젯밤, 이야기가 끝난 지점으로 돌아가 볼까요? 유월절에 예수께서 예루살렘으로 개선 입성하신 이야기로요. 예수께서 성전의 도시 예루살렘에 도착하셨을 때 사람들은 그를 가리켜 여호와의 이름으로 오신 왕이라고 선포했습니다. 그러나 정작 그분은 우리가 그토록 기다려 온 왕처럼 보이지 않았습니다. 우리 눈앞에 있는 사람은 군마를 타고 병사를 이끄는 군사 지도자가 아니라 당나귀를 타고 슬피 우는 평범한 젊은 남자였으니까요. 예수께서는 그분의 백성을 보며 우셨습니다. 예수를 왕이라고 부르며 환대한 이들 가운데 일부는 몇 날이 못 되어 그를 십자가에 달아 죽이려고 할 것을 알고 계셨거든요. 그리고 다가오는 심판의 날에 그분의 백성이 겪을 일을 생각하시며 우셨습니다. 예수께서 경고하셨지만, 그들은 듣지 않았지요.

예루살렘을 바라보시며 예수께서 말씀하셨습니다. '오늘 너도 평화에 이르게 하는 일을 알았더라면, 좋을 텐데! 그러나 이제 너무 늦었다. 앞으로 네 원수들이 포병대를 몰고 와서 너를 포위하고 사방에서 치고 들어올 것이다. 그들이 너와 네 아이들을 바닥에 메어칠 것이다. 돌 하나도 그대로 남지 않을 것이다. 이 모두가, 너를 직접 찾아오신 하나님을 네가 알아보지도 않고 맞아들이지도 않았기 때문이다.'

대제사장과 율법학자, 성전을 지키는 사람들은 예수가 받은 환영을 눈여겨보았습니다. 그들은 대부분 예수가 사람들에게 인기 있는 것을 보고 극도로 분노했습니다. 그래서 그들은 나사렛에서 온 이 건방진 놈을 없애 버리고 현 상황을 복구할 계획을 세워 행동으로 옮기기 시작했습니다.

다음 날, 예수가 성전에 들어가 환전상을 내쫓기 시작했을 때 그들은 더욱 격분했습니다. 예수께서는 그렇게 하시며 이사야 선지자의 말을 인용했습니다. '내 집은 기도하는 집이 될 것이다. 그런데 너희는 그것을 강도들의 소굴로 만들어 버렸다.' 예수께서는 전체적으로 썩어 빠진 성전 체제에 다가올 하나님의 심판을 몸소 보이신 것입니다.

그러나 성전 엘리트층은 예수를 잡아들일 음모를 꾸미는 한편, 소외된 사람들은 그를 환영하고 아이들은 예수가 가는 곳마다 '호산나, 다윗의 자손이여'라고 외쳐 댔습니다. 유월절 기간 내내 예수는 성전에 계시면서 날마다 사람들을 가르치셨습니다."

상인이 끼어들었다. "왜 예수는 성전에 간 겁니까? 분명히 그는 반대자들을 화나게 만들 거라는 사실을 알았을 텐데요. 조용히 숨어 지내다 축제를 즐기고 집으로 안전하게 돌아가면 어때서요?"

"좋은 질문이네요." 여자가 대답했다. "아마 이야기를 듣다 보면 그 답을 찾을 수 있을 겁니다. 일단, 당신 말이 맞아요. 그분의 행동과 가르침은 그를 반대하는 사람들을 화나게 만들었습니다. 대제사장과 율법학자, 지도자들은 예수를 없앨 방법을 찾으려고 온갖 노력을 기울였으니까요. 그렇지만 사람들과 함께 예수의 말을 한 마디 한 마디 귀 기울여 들으면서도 그들은 핑계 삼을 만한 것을 찾아내지 못했습니다.

다음 날, 예수께서 또 성전에서 가르치시면서 사람들에게 이런 비유를 말씀하셨습니다. '어떤 사람이 포도원을 세우고, 그 포도원을 소작농들에게 맡기고 먼 길을 떠났다. 그는 오랜 시간 동안 떠나 있다가, 때가 되자 수확하려고 소작농들에게 종을 한 사람 보냈다. 그러나 소작농들은 그 종을 마구 때려 빈손으로 돌려보냈다.

주인이 다시 한 번 다른 종을 보내자, 소작농들은 그 종도 멍이 들도록 때려 빈손으로 돌려보냈다. 주인이 세 번째로 종을 보내자, 소작농들은 그 종을 머리부터 발끝까지 두들겨 패서 길거리에 내다 버렸다. 그러자 포도원 주인이 말했다. "이렇게 해야겠다. 내 사랑하는 아들을 보내자. 저들이 내 아들만큼은 존중하겠지.'"

그 비유를 이해하려고 애쓰는 듯 상인의 이마에 깊은 주름이 잡히는 것을 보며 주인이 설명했다. "예수께서는 수세기 전에 이사야 선지자가 선포한 이야기를 다시 들려주고 있는 것입니다. 우리는 이 비유를 이렇게 이해합니다. 포도원은 이스라엘입니다. 주인은 하나님이고요. 그 땅을 맡아 관리하는 소작농은 종교 지도자들이죠. 수확물을 생산하기 때문입니다.

여호와와 맺은 언약을 지키는 것이 이스라엘은 '수확물'을 생산하는 것입니다. 그 수확물이란 바로 이스라엘의 하나님께로 돌아오는 열방의 민족입니다. 그들이 언약을 지키지 못하자, 하나님은 그들이 다시금 언약에 신실하도록 종들을 보내셨습니다. 그러나 우리 민족의 지도자들은 '그 종을 마구 때려 빈손으로 돌려보냈습니다.' 이 종들이 바로 하나님의 선지자입니다. 하나님은 선지자들을 보내서서 이스라엘에게 회개하도록 부르셨습니다. 그런데 이들은 학대당하고, 맞고, 무시당했습니다."

상인이 끼어들었다. "그래서 하나님이 사랑하는 아들을 보내셨군요. 그들이 아들의 말은 들을 거라고 생각하시면서요. 이 비유는 어떻게 끝납니까?"

주인이 계속했다. "예수께서 그들에게 말씀하셨습니다. '아들이 오는 것을 본 소작농들은 재빨리 머리를 맞대고 의논했다. "지금이 기회다. 이 자는 상속자다! 그를 죽이고 우리가 재산을 다 차지하자." 그들은 그 아들을 죽여서 울타리 밖으로 내던졌다.' 그러고 나서 예수께서 사람들에게 물으셨습니다. '포도원 주인이 어떻게 할 것 같으냐? 맞다. 그가 와서 그들을 다 없애 버릴 것이다. 그리고 포도원 관리는 다른 사람들에게 맡길 것이다.'

이 비유를 듣고 예수께서 의미하신 바를 모두 이해한 사람들은 소리쳤습니다. '아닙니다! 그렇게 하면 안 됩니다!' 그러나 예수께서는 물러서지 않으셨습니다. '그렇다면 너희는 "석공들이 내버린 돌이 이제 모퉁잇돌이 되었다"라는 말씀이 왜 기록되었다고 생각하느냐?'"

"예수께서 그들을 겨냥하여 하신 이야기라는 것을 그들은 틀림없이 알았을 겁니다." 상인이 자기 생각을 말했다.

"맞습니다." 여자가 대답했다. "율법학자와 대제사장들은 당장 예수를 잡고 싶었으나 여론이 두려웠습니다. 그래서 대신 그들은 사람들의 눈에서 그분의 평판을 깎아내리려고 했지요. 그들은 '첩자'를 보내서 정치적으로 격론을 일으킬 만한 질문을 던졌습니다. 그렇게 해서 예수를 진퇴양난에 빠뜨릴 계획이었던 거죠. 이런 질문이었어요. '우리가 황제에게 세금을 바치는 것이 옳습니까, 옳지 않습니까?'"

상인이 눈살을 찌푸렸다. "영악한 질문이군요. 예수가 '옳지 않다'라고 대답하면, 그들은 예수를 폭동을 선동한 죄로 체포할 수 있겠죠. 그리고 '옳다'라고 대답하면, 글쎄요, 정복당한 백성 가운데 지배자에게 세금 내는 걸 즐거워할 사람은 아무도 없겠죠. 그래, 예수는 뭐라고 대답했습니까?"

집주인이 미소를 지었다. "그분은 '데나리온 한 닢을 나에게 보여다오'라고 대답하셨습니다. 질문한 사람들 가운데 누군가가 그분에게 동전을 건네 드렸어요. 예수께서 물으셨습니다. '이 동전에 새겨진 형상을 봐라. 누구 얼굴이냐? 그리고 뭐라고 써 있느냐?'

'황제의 것입니다.' 그들이 대답하였습니다.

예수께서 그들에게 말씀하셨습니다. '그러면 황제의 것은 황제에게 돌려주고, 하나님의 것은 하나님께 돌려드려라.'"

상인이 활짝 웃었다. "정말 능수능란한 대답이네요! 아마도 사람들이 모두 입을 다물었겠죠?"

이번에는 여자가 미소를 지어 보였다. "그래요. 그렇지만 예수께서 하신 일은 단순히 현명하게 대답하신 것을 넘어섭니다." 상인이 이해를 못했다는 듯이 눈썹을 치켜 올리는 것을 보고 여자가 말을 이었다. "제게 데나리온 하나를 보여 주시겠어요?" 상인이 지갑에서 동전 하나를 꺼내 여자에게 건넸다. 여자는 잠시 동전을 바라보았다. "동전에 새겨진 형상이 누구 얼굴인가요?"

그는 보지 않고도 대답할 수 있었다. "네로 황제죠." 여자가 다시 살펴보라는 듯 계속 동전을 들고 있자, 순간 상인의 머릿속에 뭔가가 떠올랐다. "신의 형상이군요!"

"그래요." 여자가 말했다. "예수는 그걸 보이신 것입니다. 그분은 사람들에게 동전을 달라고 하셨습니다. 그분에게는 동전조차 없으셨거든요. 그들은 성전에 서 있었습니다. 성전은 바로 '너희는 내 앞에 우상을 만들어서는 안 된다'라고 말씀하신 여호와의 집입니다. 성전 지도자들은 열 가지 말씀의 둘째 말씀을 어긴 것입니다. 그것은 우리 민족이 하나님과 맺은 언약의 핵심인데, 성전 바로 그곳에서 그 말씀을 깨뜨린 것이죠."

여자는 이야기를 계속하기 전에 포도주를 한 모금 마셨다. "종교 지도자들의 위선을 지적하시고 예수께서는 모든 사람이 듣는 자리에서 제자들에게 말씀하셨습니다. '종교 학자들을 조심하여라. 그들은 값비싼 옷을 입고 다니며, 사람들의 치켜세우는 말에 우쭐한다. 언제나 그들은 과부와 같이 연약하고 무력한 사람들을 착취한다. 그들의 기도가 길어질수록, 그들의 상태는 더 나빠진다. 마지막에 그들은 그 값을 치르게 될 것이다.'

그때 예수께서 눈을 들어 부자들이 헌금함에 헌금 넣는 것을 보셨습니다. 성전세를 내는 것이었지요. 성전세는 우리 민족에게 삶의 중심인 성전을 짓는 일에 사용되었습니다. 예수께서는 어떤 가난한 과부가 거기에 동전 두 개를 넣는 것도 보셨습니다. 그리고 말씀하셨습니다. '과연, 이 과부가 오늘 가장 많은 헌금을 드렸다. 다른 사람들은 아깝지 않을 만큼 헌금했지만, 이 여자는 자기 형편보다 넘치도록 드렸다. 자신의 전부를 드린 것이다.'

이곳, 그러니까 고아와 과부, 나그네를 돌보시는 이스라엘의 하나님이 거하시는 집인 성전은 사실 하나님이 가장 마음 쓰시는 사람들의 삶을 크게 망가뜨리는 원인이 되고 있었습니다. 예수께서는 또다시 심판이 다가오는 이유를 가리키셨습니다. 그들이 섬기고 있다고 주장하는 하나님을 저버린 종교 체제에 대한 심판이지요.

하루는 사람들이 모여서 성전에 대해 이야기하고 있었습니다. 그들은 성전이 정말 아름답다고, 성전의 석조물과 기념 헌물들이 수려하다고 말하고 있었지요. 예수께서 말씀하셨습니다. '너희가 그토록 감탄하는 이 모든 것, 이 성전의 돌 하나하나가 결국 잔해더미가 되고 말 것이다.'

그들이 예수께 물었지요. '선생님, 그런 일이 언제 일어나겠습니까?'"

상인이 강한 호기심을 보이며 물었다. "예수가 그 질문에 뭐라고 대답했습니까?"

여자가 대답했다. "그분은 아주 길게 대답하셨는데, 결국은 이런 말로 마무리하셨어요. '이런 일이 일어나기 전에, 사람들이 너희를 체포하고 박해하며 법정과 감옥으로 끌고 갈 것이다. 심지어, 부모와 친척과 친구들마저 너희를 넘겨줄 것이다. 너희 가운데 일부는 죽임을 당할 것이다. 나 때문에 너희를 미워할 사람이 누구인지 아무도 모른다.'" 갑자기 여자가 고개를 떨어뜨렸다. 그 모습을 본 상인이 머뭇거리며 여자의 팔을 살며시 붙잡았다. 여자가 고개를 들어 상인을 바라보면서 얼굴 위로 흘러내리는 눈물 사이로 환한 미소를 지어 보였다. "예수께서는 말씀하셨습니다. '그렇더라도 너희

생명은 내가 보살핀다. 너희는 아무것도 잃지 않을 것이다. 그대로 견뎌라. 그것이 너희가 해야 할 일이다. 끝까지 견뎌라. 그러면 너희는 절대 후회하지 않을 것이고, 결국 구원을 받을 것이다.'"

상인이 조용히 말했다. "그 말들은 예수 자신에게도 현실로 이루어졌겠지요. 그를 대적하는 사람들이 언제 그를 찾아갔나요?"

"예수의 제자 가운데 하나인 가룟 유다가 그분을 배신했습니다." 여자가 대답했다.

"제자 중에 한 명이요?! 아니, 왜요?"

여자가 무거운 한숨을 내쉬었다. "어떤 사람들은 예수께서 개선 입성식 뒤에 대항할 무리를 이끌지 않자 가룟 유다가 좌절했기 때문에 그런 짓을 저질렀다고 생각합니다. 그분은 사람들이 기다려 온 인자가 아니라고 생각한 거죠. 또 어떤 사람들은 동산에서 미혹하고 속이는 자였던 사탄이 그의 주님을 배신하도록 유다에게 속삭였다고 말합니다. 이유가 어찌 되었든, 유다는 대제사장과 성전 지도자들을 찾아가 어떻게 예수를 그들의 손에 넘길지를 의논했습니다."

"그 일은 언제 일어난 거죠?" 상인이 물었다.

"유월절 첫날 밤에요. 성전에서 유월절 양을 잡는 그날, 예수께서는 그들의 스승이자 친구인 자신을 위해 거처를 마련하고 유월절 식사를 준비하도록 베드로와 요한을 보내셨습니다. 빌린 집 다락방에서 그들은 모여 함께 식사를 나누고 다시 한 번 출애굽 이야기를 들었습니다. 하나님이 이집트에서 종살이하던 이스라엘 백성을 어떻게 구원하셨는지를 말이지요. 그들은 늘 그런 식으로 지냈습니다. 그런데 그날 밤은 달랐습니다. 네, 아주 많이 달랐지요.

예수께서 제자들과 함께 탁자에 앉아 말씀하셨습니다. '내가 고난의 때에 들어가기 전에, 너희와 이 유월절 식사를 함께하기를 얼마나 기다렸는지 너희는 모를 것이다. 우리가 하나님 나라에서 다 함께 먹기까지는, 이것이 내가 먹는 마지막 유월절 식사다.'" 여자가 몸을 숙여 잔을 들었다. "예수께서 잔을 들어 축복하시고 말씀하셨습니다. '이 잔을 받아 돌아가면서 나누어 마셔라. 하나님 나라가 올 때까지 내가 다시는 포도주를 마시지 않을 것이다.'" 여자가 잔을 상인에게 건넸다. 상인은 한동안 물끄러미 잔을 바라보고 나서 가만히 입술로 가져갔다. "예수의 제자들이 잔을 나눠 마시면서 서로 이렇게 속삭이는 모습이 상상이 가요. '저 분이 지금 무슨 말씀을 하시는 거야? 저런 말씀은 유월절과는 상관없는 것 같은데 말이야. "고난의 때에 들어가기 전"이라는 건 또 무슨 뜻이지? 점점 무서워지네.'"

그러더니 여자가 앞에 놓인 바구니에서 빵 한 덩이를 집어 들었다. "예수께서 빵을 들어 축복하시고, 떼어서 그들에게 주시며 말씀하셨습니다. '이 빵은 너희를 위해 찢긴 내 몸이다. 나를 기억하여 이 빵을 먹어라.'" 여자가 빵을 둘로 나누어 한 조각을 상인에게 주었다. 상인은 빵을 받아 들고는 깊은 생각에 잠긴 채 천천히 먹었다.

"저녁 식사 후에 예수께서 잔을 가지고 똑같이 하시며 말씀하셨

습니다. '너희를 위해 붓는 이 잔은 많은 이들의 죄를 용서하기 위해 쏟은 내 피로 쓴 새 언약이다.'

이번에도 그들은 예수께서 하신 말씀이 궁금했을 겁니다. '새 언약? 그게 무슨 뜻이람?' 옛 언약은 이집트에 있는 사람들이 양을 잡아서 그 피를 자기 집 문설주에 바른 걸 말합니다. 그렇게 해서 죽음이 그들을 비켜 갈 수 있었지요. 그때 이후로 해마다 이맘때쯤이면 그 사건을 재연합니다. 예수의 말씀이 이해되면서 저는 종종 세례 요한이 예수께 세례를 베풀 때 한 말을 그들이 기억했을지 궁금했습니다. '보라, 세상 죄를 지고 가는 하나님의 어린양이다.'"

여자가 노인에게 몸을 돌렸다. "예수께서 토라를 인용하신 말씀, 기억나세요?"

질문을 듣자마자 그의 머릿속에 말씀이 떠올랐다. "우리 민족이 시내 산에서 언약을 받을 때, 그들은 소를 잡았다네. 모세는 사람들에게 피를 뿌리며 이렇게 말했지. '보라, 이것은 언약의 피다.' 새 언약은 소의 피가 아닌 예수님 그분의 피로 맺은 언약일세." 방을 둘러보며 그가 계속 이야기했다. "또 다른 종 무리가 이 새 언약으로 멍에에서 해방된 걸세. 단순히 이집트나 바빌론, 로마의 멍에가 아닌 죄와 사망의 멍에에서 말이야."

방 안은 침묵으로 가득했다. 모여 있는 에클레시아는 이야기를 들으며 다시 한 번 그 이야기에 사로잡혔다. 그때 상인이 가까스로 마음을 가다듬고 여자에게 물었다. "이게 바로 당신이 믿는 겁니까? 그 '새 언약'이 죄와 사망의 힘에서 당신네 민족을 구원할 수 있다?"

"네." 여자가 대답했다. "우리는 그렇게 믿습니다. 그렇지만 이 새 출애굽은 단순히 우리 민족, 이스라엘에게만 일어나는 일이 아닙니다……." 여자가 뜰에 모인 사람들을 가리켰다. "……보시다시피 말입니다. 유월절 식사를 하며 우리 민족은 모세가 이집트 왕에게 가서 '이스라엘은 내 맏아들이다. 내 아들을 놓아 보내어 나를 예배하게 하라'라고 말한 일을 기억한답니다. 그리고 하나님의 맏아들인 이스라엘을 통해 하나님은 하나님이 어떤 분인지를 다른 나라에도 보이려고 하십니다. 그분과 관계를 맺는 언약으로 그들을 초청하셔서 온 인류를 구원하시려는 것이지요.

유월절마다 우리는 이집트에 있던 우리 조상들이 저마다 맏아들을 살리기 위해 양을 죽인 날 밤을 기억합니다. 그러나 만물의 처음 되신 예수께서는 죽음을 피하지 못하셨어요. 그렇게 그분이 십자가에서 흘리신 피가 만물을 덮어 모든 사람과 모든 것을 구원하였습니다. 예수께서는 모든 피조물을 폭력과 죄와 사망이라는 이집트에서 이끌어 내신 겁니다. 바로 새 출애굽이지요. 빵을 떼고 잔을 나누어 마시기 위해 모일 때마다 우리는 주님의 죽음과 그분이 이루신 일을 선포합니다."

상인이 들은 내용을 이해하려고 애쓰며 물었다. "그의 제자들도 이 내용을 모두 이해했습니까?"

여자가 웃었다. "아뇨, 거의 이해하지 못했어요. 그보다 그들은 예수께서 하나님 나라를 이야기하시면 집중하지 못하고 그들 가운데 과연 누가 가장 큰 자인지를 놓고 말싸움을 벌였지요. 그들이 그러는 동안 유다는 조용히 그 자리를 빠져나갔습니다.

그들의 스승인 예수께서 그 말싸움을 우연히 들으셨습니다. 예수께서는 아버지께서 자기에게 모든 것을 맡기셨다는 것과, 자기가 하나님께로부터 왔다가 하나님께로 돌아갈 것을 아셨지요. 예수께서는 저녁 식탁에서 일어나 겉옷을 옆에 두시고 허리에 수건을 두르셨습니다. 그런 다음에, 대야에 물을 부어 제자들의 발을 씻기고 수건으로 닦아 주셨습니다."

상인이 이제 알았다는 듯 자기 생각을 말했다. "그래서 당신이 제 발을 씻어 준 거군요. 그리고 오늘 밤 이 자리에 모인 다른 사람들의 발도 씻어 주고요."

"맞습니다." 집주인이 대답했다. "하나님의 아들, 다시 오실 왕이신 예수께서 가장 낮은 종이 할 일을 몸소 행하셔서 제자들의 발을 씻어 주셨어요. 제자들의 발을 씻고 나서 겉옷을 입고 다시 식탁으로 돌아가 앉으셨습니다. 그분은 제자들을 한 사람 한 사람 바라보시더니 말씀하셨습니다. '내가 너희에게 무슨 일을 했는지 이해하겠느냐? 너희는 나를 "선생"이라 부르고 "주"라고 부르는데, 맞는 말이다. 내가 정말로 그러하다. 주이며 선생인 내가 너희의 발을 씻어 주었으니, 이제 너희도 서로 발을 씻어 주어야 한다. 내가 너희에게 모범을 보였으니, 너희도 내가 한 그대로 하여라.' 또 계속 이렇게 말씀하셨습니다. '너희는 어떤 사람이 되겠느냐? 저녁을 먹는 사람이 되겠느냐, 저녁을 차려 주는 사람이 되겠느냐? 너희는 오히려 먹고 섬김받으려 한다. 그렇지 않느냐? 그러나 나는 너희 가운데 섬기는 자로 있었다.'"

"그의 백성을 섬기는 왕이라……." 상인이 고개를 저었다. "저도 그런 말을 들어 본 적이 있습니다만, 실제로 그렇게 행하는 왕은 본 적이 없습니다. 그나저나 제자 한 명은 그 자리에 있지 않아서 그 말을 듣지 못했겠군요. 유다는 어디로 간 겁니까?"

"성전 엘리트에게로 갔습니다." 주인이 대답했다. "어디로 가면 예수를 잡을 수 있는지 알려 주려고 간 거지요." 여자가 길을 찾았다는 듯이 다시 하던 이야기를 이어 나갔다. "저녁 식사를 마치고, 예수께서는 전에 자주 다니시던 대로 그의 친구들과 함께 올리브 산에 있는 겟세마네 동산으로 향하셨습니다. 시간도 늦고 어두운데다 그들은 모두 지쳐 있었어요. 예수께서는 마지막 시험 하나를 남겨 두고 계셨습니다. 그분은 혼자서 그 시험을 겪고 싶지 않으셨어요. 그래서 베드로와 야고보, 요한에게 자신이 기도할 때에 함께 기도해 달라고 부탁하시고는 그들과 조금 떨어진 곳으로 자리를 옮기셨습니다.

예수께서는 그곳에서 무릎을 꿇고 기도하셨습니다. 그분은 눈앞에 놓인 결정을 두고 씨름하셨습니다. 바로 다음 날 닥칠 죽음을 받아들이는 일이었지요. 땅에 엎드려 울며 핏방울 같은 땀으로 흠뻑 젖으신 채 계속해서 간절히 기도하셨습니다. '아버지, 이 잔을 내게서 거두어 주십시오.' 그러다가 마침내 예수께서는 땅에서 얼굴을 들어 하늘을 바라보시며 나직이 말씀하셨습니다. '그러나 내

뜻대로 되게 하지 마시고, 아버지의 뜻대로 되게 하여 주십시오.'

그러고 나서 그분은 자리에서 일어나 제자들에게 가셨습니다. 그들은 모두 잠들어 있었지요. 예수께서 제자들을 깨우시고 말씀하기 시작하실 때, 저 멀리 기다란 불뱀이 눈에 들어왔습니다. 타오르는 횃불을 들고 한 무리가 다가오고 있었던 것입니다. 바로 유다가 데려온 사람들이지요.

유다는 곧장 예수께 다가가 입을 맞추었습니다. 그 입맞춤이 바로 체포해야 할 사람을 가리키는 표시였지요. 성전 경비대들이 앞으로 성큼 다가서더니 그분을 붙잡았습니다. 성전 엘리트들과 장로들은 그 모습을 지켜보며 흡족해했고요."

상인이 끼어들었다. "제자들 가운데 누구도 막지 않았습니까? 그들의 주님을 구하지 않았단 말입니까?"

노인이 대답했다. "아닐세, 베드로가 막아섰네. 그는 더듬거리며 칼을 빼 내어 휘둘러 대제사장의 종에게 상처를 입혔지. 그걸 본 예수께서 그를 말리시며 말씀하셨네. '그냥 두어라!' 그러고서 그분은 베드로가 상처 입힌 남자를 치료해 주셨지. 예수께서는 칼로 그분의 백성을 구원하러 오신 게 아니었거든. 그분은 폭력을 끝내기 위해 오신 걸세."

여자가 다시 이야기를 이어 나갔다. "예수께서 자신을 잡으러 온 종교 지도자들을 바라보시며 말씀하셨습니다. '내가 위험한 범죄자라도 되는 것처럼 칼과 몽둥이로 내게 덤벼들다니, 이게 무슨 짓이냐? 내가 날마다 성전에서 사람들을 가르치며 너희와 함께 있었지만, 너희는 내게 손 하나 대지 않았다. 그러나 지금은 너희의 때요, 어둠의 권세가 판을 치는 때다.' 그렇게 해서 예수께서는 끌려가서서 성전 체제에 도전한다는 죄목으로 재판을 받으셨습니다. 스스로 자신들만이 허가받은 거룩한 이야기꾼이라고 여긴 사람들에게 그들이 인정할 수 없는 방식으로 **이야기**를 한다는 이유였죠.

기나긴 그날 밤, 그분은 서로 다른 네 가지 재판을 앞두고 계셨습니다. 네 가지 모두 저마다 익살극 같았죠. 첫 재판은 이스라엘을 다스리는 장로들로 구성된 산헤드린 앞에서 열렸습니다. 예수께서 공의회로 끌려오기 전에 성전 경비대들은 그분을 조롱할 작정이었습니다. 그들을 예수께 눈가리개를 씌우고 때리며 말했습니다. '이봐, 선지자! 이번에 너를 친 사람이 누구냐?' 예수를 공의회로 데려갈 때, 그들은 눈가리개를 벗기고 그분의 옷에 배어들기 시작한 피를 감추려고 애썼습니다. 장로들이 예수께 질문했습니다. '네가 하나님의 아들, 메시아냐?'

예수께서는 더 이상 무력으로 그분을 왕으로 삼을 위험이 없다는 것을 아시고 마침내 모든 사람이 물어 온 그 질문에 답하셨습니다. 그분은 그들에게 이렇게 대답하셨습니다. '나는 스스로 있는 자다.' 대제사장은 옷을 찢으며 소리쳤어요. '신성 모독이오!' 예수께서는 하나님의 이름을 언급한 것입니다. 그리고 나서 그들은 예수를 로마 총독인 본디오 빌라도에게 데려갔습니다."

"어째서 그를 총독에게 데려갔나요?" 상인이 물었다. "총독은 이스라엘 민족 안에서 일어난 종교 사건에 그다지 관심이 없을 것 같은데요?"

여자가 대답했다. "저도 빌라도가 예수를 신성 모독죄로 고발한 사건에는 신경 쓰지 않았다고 생각해요. 그렇지만 빌라도는 예수가 자기 앞에 끌려온 이유를 잘 알고 있었어요. 바로 로마에서만 사형을 선고할 수 있다는 이유에서였지요. 그게 바로 우리 민족의 장로들이 바라는 것이었거든요."

"그렇지만 로마는 신성 모독죄로 사형을 선고하지는 않아요." 그 말에 여자가 대답하기 전까지 상인의 말은 잠시 허공을 맴돌았다. "당연히 우리 민족이 섬기는 하나님을 모독한 죄에는 그렇지요. 맞아요. 성전 지도자들은 범죄를 조작했어요. 예수를 혁명가처럼 보이게 하려고 말이죠. 팍스 로마나$^{pax\ Romana}$를 위협하는 사람, 그 주에 예루살렘에서 체포된 바라바 같은 살인자처럼 보이게 한 거죠.

빌라도는 사람들의 고함 소리를 듣고 예수께 같은 질문을 했습니다. '네가 유대인의 왕이냐?' 예수께서 대답하셨습니다. '나는 스스로 있는 자다.' 빌라도는 예수의 눈을 가만히 바라봤습니다. 그 눈에서는 위협적인 그 무엇도 전혀 느낄 수 없었지요. 그래서 빌라도는 장로들에게 말했습니다. '내가 보니 이 사람에게는 아무 죄도 없소.'

장로들은 예수를 처형해야 한다며 맹렬하게 고집했습니다. 그래서 빌라도는 자칭 유대인의 왕이라고 하는 예수를 헤롯에게 보냈습니다. 아마 그는 '헤롯이 이 일을 처리하겠지'라고 생각했을 겁니다.

마침 헤롯은 오래전부터 예수를 만나고 싶었습니다. 그래서 그는 예수를 보자 질문을 퍼부었지요. 그러나 예수께서는 이 익살극에 품위를 더해 줄 만한 어떤 대답도 하지 않으셨습니다. 헤롯은 그분이 엎드려 기면서 자비를 구걸하길 바랐지만, 예수께서는 그냥 그 자리에 서 계실 뿐이었습니다. 그래서 헤롯 왕은 스스로 왕이라 부르는 이 분을 빌라도에게 돌려보냈습니다. 그러나 그 전에 헤롯의 병사들은 예수를 때리고 조롱하며 그분께 왕의 복장을 입히고 머리에 가시관을 씌웠습니다. 그분의 얼굴을 따라 피가 흘러내리며 맞아서 생긴 피와 함께 온통 뒤범벅되었습니다.

그렇게 해서 예수께서는 다시 빌라도 앞에 서게 되셨습니다. 빌라도는 이미 이 사건을 잘 알고 있었기 때문에 이렇게 판결했습니다. '나는 이 사람을 풀어 주겠소. 이 사람은 무죄요.' 그러자 이제 종교 지도자들이 재판장 바깥에 모아 놓은 사람들이 예수를 십자가에 못 박으라고 외쳐 댔습니다. 빌라도는 매우 난감했지요. 평화를 깨뜨릴지도 모르는 그 상황을 그대로 내버려 둘 수는 없었습니다. 그는 그 상황을 진정시킬 만한 행동을 취해야 했습니다. 그렇지만 어떻게 해야 할지 몰랐죠.

분명 빌라도는 진심으로 예수를 처형하고 싶지 않았습니다. 그는 종교 지도자들의 얼굴에서 증오를 보고 그들을 경멸했거든요. 그러나 그는 무슨 일이든 해야 했습니다. 그래서 비겁하게도 자기 행동에 책임을 지지 않기 위해 예수와 바라바를 데리고 나가 무리에게 말했습니다. '관습에 따르면 나는 유월절에 죄수 한 명을 사면해 줄 수 있소. 어떻게 하면 좋겠소? 당신들의 스승인 나사렛 예

수를 풀어 주면 좋겠소, 아니면 살인자인 이 남자 바라바를 풀어 주면 좋겠소?'

빌라도는 마음속으로 사람들이 예수를 택하길 기대했습니다. 그러나 경악스럽게도 사람들은 한 목소리로 외쳤습니다. '그 자를 죽이시오! 우리에게 바라바를 주시오!' 엄청난 혼란과 충격에 휩싸인 빌라도는 사람들에게 소리쳤습니다. '그러나 무슨 죄목 때문이오?' 이 질문에도 무리는 그저 '십자가에 못 박으시오! 그 자를 십자가에 못 박으시오!'라고 고함만 칠 뿐이었어요. 빌라도는 그들에게 말했습니다. '당신들의 왕을 십자가에 못 박으라는 말이오?' 대제사장들이 대답했습니다. '우리에게 왕은 카이사르뿐이오.'"

새로 온 사람 가운데 하나가 '헉' 하고 숨이 막히는 듯한 소리를 냈다. 여자가 그에게 말했다. "그래요. 신성 모독죄로 예수를 고발한 그 사람들이 바로 신성 모독죄를 저지른 겁니다.

빌라도의 계획은 역효과를 낳은 셈이죠. 무리가 내세우는 요구는 그를 점점 구석으로 몰아 갔으니까요. 자신의 권위를 지키기 위해 빌라도는 이제 예수를 처형해야만 했습니다. 그래서 그는 바라바를 풀어 주고 그들이 원하는 대로 예수를 넘겨주었습니다. 예수를 넘겨받은 병사들은 그분이 서 있을 수 없을 때까지 또 매질을 했습니다. 그리고 나서 그분이 못 박힐 십자가의 가로대를 어깨에 짊어지고 예루살렘 거리를 따라 걸어가게 했습니다. 해골 언덕이라 불리는 골고다, 그분이 죽을 곳으로 말입니다.

제국의 권력과 굳어진 종교가 예수를 대항해 결탁한 가운데 예수께서는 죽음의 장소로 비틀거리며 걸어가셨습니다. 빌라도는 명패를 써서 십자가에 붙였습니다. 그 명패에는 '유대인의 왕 나사렛 사람 예수'라고 적혀 있었어요. 대제사장들이 빌라도에게 '자칭 유대인의 왕'이라고 고쳐 달라고 요구했지만 빌라도는 '나는 쓸 것을 썼다'라고 대답했습니다."

여자가 깊은 한숨을 내쉬었다. "이렇게 해서 예수께서는 십자가에 달리셨습니다. 양 옆에는 두 강도가 매달려 있었고요. 로마 병사들이 십자가를 들어 올려 미리 파 놓은 구멍에 꽂을 때, 예수께서 말씀하셨습니다. '아버지, 이 사람들을 용서해 주십시오. 이 사람들은 자기들이 무슨 일을 하는지 모릅니다.' 함께 달린 강도 가운데 한 사람이 그분을 비웃으며 말했습니다. '네가 그리스도거든, 너를 구원해 보아라! 우리를 구원해 보라고!' 그러나 다른 강도는 이렇게 말했습니다. '예수님, 당신의 나라에 들어가실 때에 저를 기억해 주십시오.'"

상인이 끼어들었다. "그 사람은 왜 그렇게 말했을까요? 예수는 죽어 가고 있었잖아요. 이제 예수 이야기는 끝난 거 아닌가요? 그의 삶은 끝났어요." 그가 방을 둘러보았다. "물론 당신들은 예수의 가르침을 따르면서 그 이야기를 계속 이어 가고 있지요. 예수를 당신네들의 주로 섬기면서 말이에요. 그렇지만 유감스럽게도 대제사장들이 옳은 것 같네요. 당신네들에게는 카이사르 말고는 왕이 없습니다."

여자가 말했다. "그런데 만약 그 죽음이 예수 이야기의 끝이 아니라면 어떨까요?"

상인의 입에서 웃음이 터져 나왔다. "그렇다면야 그 사람은 진짜로 놀라운 사람이겠죠!"

여자는 자신이 진지하다는 것을 그가 알아차릴 때까지 상인의 눈을 응시했다. "죽어가는 남자에게 예수께서는 이렇게 대답하셨습니다. '약속하마. 오늘 네가 나와 함께 낙원에 있을 것이다.'"

상인의 얼굴에는 이 말을 이해하려고 애쓰는 기색이 역력했다. 여자가 말했다. "이야기를 계속해 볼까요? 먹구름이 몰려오고 하늘은 어두워졌습니다. 예수께서 하늘을 향해 이렇게 부르짖으셨습니다. '엘로이, 엘로이, 라마 사박다니?'*Eloi, eloi, lama sabachthani* 이 말은 '나의 하나님, 나의 하나님, 어찌하여 나를 버리셨습니까?'라는 뜻입니다." 여자가 에클레시아를 향해 말했습니다. "예수께서는 십자가에서 돌아가시면서 온 인류의 외침을 대신하셨습니다. 포로 된 자의 외침, 그래서 우리를 해방시켜 달라는 외침이었죠. 에덴의 동쪽에서 멀리 떨어진 곳에서 살아가는 우리의 외침입니다. 그러고 나서 그분은 '다 이루었다'라고 말씀하셨습니다. 그리고 마지막으로 '아버지, 내 생명을 아버지 손에 맡깁니다'라고 하시고는 숨을 거두셨습니다.

이 처형을 담당한 백부장은 그분의 머리에 달린 명판을 보고, 자기도 모르게 그 글을 소리 내어 읽었습니다. '이 사람은 정말 하나님의 아들이다.' 어쩌면 예수의 죽음을 본 사람들 가운데 그 죽음이 뜻하는 바가 무엇인지, 그날 십자가에 달려 죽은 사람이 누구인지를 제대로 이해한 사람은 바로 이 로마 병사 한 명뿐일지도 모릅니다."

상인이 말했다. "그렇지만 왜 예수가 죽었나요? 그의 나라, 그러니까 당신들이 주장하는 대로 그 사람이 하나님이라면, 어째서 그가 가진 거룩한 힘으로 그 나라를 세우지 못했느냐 말입니다. 왜 로마 제국과 동족 가운데 있는 적들을 무너뜨리지 않은 거죠?"

"중요한 질문이네요." 여자가 대답했다. "예수께서 선포하시고 가르치시고 살아 내신 하나님 나라는 로마 제국의 압제에서 자유를 가져다주지 않을 것입니다. 그분의 나라는 다른 모든 나라들처럼 폭력을 휘두르는 억압으로 세워지지도 않을 것입니다. 하나님의 능력은 하나님의 사랑이기 때문입니다. 예수께서 가르치신 많은 비유는 바로 그분의 나라가 이 세상의 나라 가운데에서 성장하리라는 것을 담고 있지요. 마치 큰 나무로 자라는 아주 작은 겨자씨처럼, 밀가루 반죽 덩어리를 부풀리지만 눈에는 보이지도 않는 누룩처럼, 많은 열매를 맺기 위해 땅에 떨어져 죽는 밀알처럼. 바로 이것이 십자가의 신비입니다. 죽음으로 예수께서는 생명을 가져오셨습니다.

사도 바울은 수년 뒤에, 그날 일어난 사건을 떠올리며 이런 글을 썼습니다.

'만물이 그분 안에서 저마다 알맞은 자리를 차지해도 전혀 비좁지 않습니다. 그뿐만이 아닙니다. 깨지고 조각난 우주의 모든 파편이, 그러니까 모든 피조물이 그분의 죽으심과 그분이 십자가에서 쏟으신 피로 말미암아 제자리를 얻고, 서로 어우러져 힘찬 조화를 이룹니다. 바로 여러분은 하나님께서 어떤 일을 하고 계신지를 보여 주는 사례입니다. 한때 여러분 모두는 하나님을 등지고, 하나님께 반역하는 마음을 품으며, 기회 있을 때마다 하나님을 괴롭게 해 드렸습니다. 그러나 그리스도께서는 십자가에서 자기를 완전히 내어 주시고, 실제로 여러분을 위해 죽으셨습니다. 그리스도께서 여러분을 하나님께 데려가셔서, 여러분의 삶을 회복시켜 하나님 앞에 온전하고 거룩하게 하셨습니다.'

여자는 사랑하는 에클레시아에게 설명했다. "**하나님의 이야기**는 우리에게 끊임없이 우리는 우리 자신을 구원할 수 없다고 이야기합니다. 우리는 결코 구원을 이룰 수 없습니다. 우리는 늘 끝내 엉망으로 만들 뿐이지요. 에덴동산에서 일어난 대재앙, 온 인류를 파멸로 몰고 간 그 재앙이 한 가지 변함없는 사실을 낳았습니다. 바로 하나님이 우리를 있는 그대로 만나 주시더라도 우리는 또다시 되돌아가 제멋대로 군다는 거죠.

그래서 마침내 우리는 왜 예수께서 이 **이야기**의 절정이신지를 알게 됩니다. 우리 힘으로는 그 일을 해낼 수 없습니다. 그래서 하나님이 우리 가운데 하나처럼 되셔야 했습니다. 우리를 위해 그 일을 해내시기 위해서 말이죠. 셀 수 없이 많은 어린 양이 죄에 대한 대가로 마땅히 치러야 할 죽음에서 사람들을 구하기 위해 피를 흘렸습니다. 그러나 이제 더 이상 양은 필요 없습니다. 하나님의 어린양이 십자가에서 그 피를 모두 흘렸기 때문입니다. 단번에, 온 인류를 위해서.

예수의 죽음은 새 출애굽을 가져왔습니다. 죄와 사망의 힘에서,

에덴동산에서 쫓겨난 뒤로 온 인류가 겪어 온 하나님과 분리된 상태에서 구원해 주는 새 출애굽을 말입니다. 그 분리가 가져온 아픔을 깊이 느끼는 우리, 이 세상에 존재하는 끔찍한 상처의 고통을 느끼는 우리, '어째서입니까, 하나님? 어째서죠?'라고 부르짖는 우리는 이제 하나님이 예수를 통해 그 모든 것을 어떻게 느끼시는지를 알 수 있습니다. 예수께서 하나님께 보이신 얼굴에는 눈물이 흐른 자국이 선명했거든요.

예수께서 돌아가셨을 때, 지성소를 지키던 성전의 휘장이 둘로 찢어졌습니다. 우리는 예수 안에서 하나님의 백성 가운데 하나님이 임재하신 것을 보았습니다. 그들은 성전 안뜰로는 절대 들어갈 수 없는 자들이었습니다. 병들고, 장애가 있고, 배척당하는 외국인들 말입니다. 그러나 이제 그들은 육체가 되신 하나님을 보고 만지도록 초청받았습니다. 예수의 죽음으로 이제 온 인류가 포로 생활에서 귀환하여 하나님께 돌아갈 수 있는 길이 분명해진 것입니다."

여자가 상인에게 돌아섰다. "이제 당신의 질문에 답해 드리죠. 예수의 죽음이 이야기의 끝 아니냐고요? 아닙니다! 빌라도는 어느 최고의회 의원이 청한 또 다른 요청을 받아들였습니다. 아리마대 요셉이 빌라도에게 예수의 시신을 거두게 해 달라고 청했습니다. 당신도 알겠지만 요셉은 엄청난 위험을 감수하고 있는 것입니다. 로마 사람들은 범죄자를 장사하지 않으니까요. 그들은 사람들에게 경각심을 심어 주기 위해 시체를 썩게 내버려 두지요.

빌라도는 이 모든 사건에서 손을 씻었지만, 아마 그 순간 그는 자신을 지나치게 몰아붙인 성전 엘리트들을 괴롭힐 기회가 왔다고 생각했을 겁니다. 아니면 단순히 예수가 살아 있는 동안보다 죽어서 더 나은 대우를 받을 가치가 있다고 믿었는지도 모릅니다. 이유야 어찌 되었든, 빌라도는 요셉의 청을 들어주었고 요셉은 바위를 깎아 만든 무덤에 예수를 모셔 둘 수 있었습니다.

새로운 한 주가 시작되는 첫 날, 그리고 예수가 죽은 지 사흘째 되는 날까지 제자들은 종교 지도자들이 두려워 숨어 지내고 있었습니다. 의회는 빌라도에게 경비병을 세워 예수의 무덤을 지켜 달라고 청했습니다. 혹시라도 제자들이 예수의 시신을 훔쳐 갈지도 모른다고 생각했기 때문입니다. 어쨌든 그들은 예수가 사흘 만에 부활할 것이라는 이야기를 들었으니까요. 죽은 예수가 미궁 속으로 사라져 버린다면, 그가 살아 있을 때보다 더 위험해질지도 모르기 때문이죠.

그날 아침, 신실한 여자들이 그들의 풍습대로 예수의 몸에 향료를 바르러 무덤을 찾았습니다. 그들은 동산에 있는 무덤을 찾은 첫 사람들이었어요. 그런데 그곳에 도착했을 때, 무덤 입구를 막은 돌이 옮겨져 있지 않겠습니까? 안으로 들어가 보니, 예수의 시신이 보이지 않았습니다! 그곳에는 흰 옷을 입은 두 천사가 앉아 있었습니다. 한 천사는 예수의 시신이 놓여 있던 자리 머리맡에, 다른 천사는 발치에 앉아 있었지요."

여자가 보니 노인이 미소를 짓고 있었다. "이 그룹들^{cherubim}은 하나님이 임재하시는 길을 지키는 자들이라네. 성전의 휘장이 둘로 찢어졌기 때문에 그곳이 이제 지성소가 된 것일세. 그룹들이 임한 그곳이 속죄소가 된 것이지. 그리고 돌이 굴려지면서 이제 지성소가 열린 거야. 새 창조가 시작된 걸세! 이제는 대제사장이 지성소에 들어가기 전에 죄를 용서받기 위해 소를 잡지 않아도 되는 거지. 예수께서, 용서받을 죄가 전혀 없으신 그분께서 이제 우리의 위대한 대제사장이시기 때문이라네. 그분이 우리 죄를 용서하시기 위해 우리 대신 희생 제물이 되신 걸세. 보라, 세상 죄를 지고 가는 하나님의 어린양이로다!"

여자가 다시 이야기를 이어 갔다. "그룹들이 여자들에게 말했습니다. '어째서 너희는 살아 계신 분을 무덤에서 찾고 있느냐? 그분은 여기 계시지 않고, 다시 살아나셨다. 너희가 갈릴리에 있을 때에, 그분께서 자기가 죄인들에게 넘겨져 십자가에서 죽임을 당하고, 사흘 후에 살아나야 한다고 말씀하신 것을 기억하느냐?'

그들이 떠나고 나서, 그들 가운데 한 명인 마리아가 무슨 소리를 들었습니다. 마리아는 주위를 둘러보다가 한 남자가 그곳에 서 있는 것을 보았습니다. 그가 마리아에게 물었습니다. '어찌하여 우느냐? 누구를 찾고 있느냐?'

처음에 마리아는 그분이 동산지기인 줄 알았습니다. 그런데 그분이 말씀하실 때 마리아는 그분이 누구인지 알아보았습니다. 마리아가 소리쳤습니다. '선생님!' 그분은 예수님이셨던 것입니다. 그분이 살아 계셨습니다! 예수께서 말씀하셨습니다. '너는 내 친구들에게 가서 "내가 내 아버지이며 너희 아버지이신 분, 곧 내 하나님이시며 너희 하나님이신 분께로 올라간다"고 전하여라' 마리아는 놀라움을 금치 못하며 제자들에게 그 말씀을 전하기 위해 달려갔습니다."

이제 기쁨으로 환히 빛나는 얼굴을 하고 집주인이 선포했다. "예수께서 살아나셨습니다! 그분이 부활하셨습니다! 죽음이 패했습니다! 나사렛 예수께서는 참으로 하나님의 아들이시며 그리스도시요, 메시아이시며 이스라엘과 온 세상의 소망이십니다! 그분의 죽음으로 우리 죄는 용서받았습니다. 그분의 부활로 우리는 새 생명, 영원한 생명, 충만한 생명을 얻었습니다!

그리고 한 주의 첫날에 그곳 동산에서 새 창조가 시작되었습니다. 하나님은 성서의 언약에 신실하셨습니다. 다음과 같은 성경을 읽은 사람들이 그 말씀이 가리키고 있는 유일한 분을 거절할 때조차도 말입니다. 이사야 선지자가 본 것처럼 말이지요.

'그는 사람들에게 멸시를 받고, 버림을 받고, 고통을 많이 겪었다. 그는 언제나 병을 앓고 있었다. 사람들이 그에게서 얼굴을 돌렸고, 그가 멸시를 받으니, 우리도 덩달아 그를 귀하게 여기지 않았다.

그는 실로 우리가 받아야 할 고통을 대신 받고, 우리가 겪어야 할 슬픔을 대신 겪었다. 그러나 우리는, 그가 징벌을 받아서 하나님에게 맞으며, 고난을 받는다고 생각하였다.

그는 폭력을 휘두르지도 않았고, 거짓말도 하지 않았지만, 사람들은 그에게 악한 사람과 함께 묻힐 무덤을 주었고, 죽어서 부자와 함께 들어가게 하였다.

나의 의로운 종이 많은 사람을 의롭게 할 것이다. 그는 다른 사람들이 받아야 할 형벌을 자기가 짊어질 것이다.

그는 죽는 데까지 자기의 영혼을 서슴없이 내맡기고, 남들이 죄인처럼 여기는 것도 마다하지 않았다. 그는 많은 사람의 죄를 대신 짊어졌고, 죄 지은 사람들을 살리려고 중재에 나선 것이다.'"

경배하는 침묵이 뜰에 가득했다. 여자가 돌아서자 상인이 말했다. "저는 이런 말씀을 한 번도 들은 적이 없습니다. 누군가가 기꺼이 죽을 것이다……. 이 얼마나 위대한 사랑입니까." 그가 머리를 설레설레 흔들었다.

여자가 조용히 말했다. "사람이 자기 친구를 위하여 자기 목숨을 내놓는 것보다 더 큰 사랑은 없다……."

잠시 침묵이 흐른 뒤, 노인이 예수의 말씀을 완성했다. "나와 맺은 언약을 지키는 자가 내 친구다."

여자가 상인에게 돌아섰다. "이것이 바로 우리가 모든 위험을 무릅쓰고 예수를 섬기는 이유입니다. 그분과 맺은 언약을 지키고, 우리가 받은 사랑대로 사랑하는 이유입니다. 이러한 새 출애굽, 즉 언약의 갱신과 죄 용서, 포로 생활의 끝에서 우리는 우리가 단순히 죄의 노예로 지내던 삶에서 벗어난 것만이 아니라는 것을 기억합니다. 우리는 하나님을 섬기기 위해서 해방된 것입니다."

등잔 불빛이 깜빡거렸다. 밤이 깊었다. 여자가 말했다. "오늘 저녁 모임을 마칠 때가 된 것 같습니다. 모임을 마무리하면서 다시 한 번 사도 바울이 빌립보 교회에 쓴 편지를 읽어 드리겠습니다." 여자가 두루마리 하나를 집어 들더니 읽어 내려가기 시작했다.

"'그리스도 예수께서 자기 자신을 생각하셨던 방식으로 여러분도 자기 자신을 생각하십시오. 그분은 하나님과 동등한 지위셨으나 스스로를 높이지 않으셨고, 그 지위의 이익을 고집하지도 않으셨습니다. 조금도 고집하지 않으셨습니다! 때가 되자, 그분은 하나님과 동등한 특권을 버리고 종의 지위를 취하셔서, 사람이 되셨습니다! 그분은 사람이 되셔서, 사람으로 사셨습니다. 그것은 믿을 수 없을 만큼 자신을 낮추는 과정이었습니다. 그분은 특권을 주장하지 않으셨습니다. 오히려 사심 없이 순종하며 사셨고, 사심 없이 순종하여 죽으셨습니다. 그것도 가장 참혹하게 십자가에서 죽으셨습니다.

그러므로 하나님께서는 그를 지극히 높이시고, 모든 이름 위에 뛰어난 이름을 그에게 주셨습니다. 그리하여 …… 모든 것들이 예수의 이름 앞에 무릎을 꿇고, 모두가 예수 그리스도는 주님이시라고 고백하여, 하나님 아버지께 영광을 돌리게 하셨습니다.'

성전 엘리트들이 예수께 부과한 죄목은 신성 모독이었습니다. 그분이 감히 '아브라함이 있기 오래전부터 내가 있다'라는 말로 하나님의 이름을 언급했기 때문입니다. 그러나 하나님 아버지께서는 그분을 지극히 높이시고, 모든 이름 위에 뛰어난 이름을 그분에게 주셨습니다. 바로 하나님의 이름, 야훼, 여호와이십니다. 그렇게 해서 예수의 삶과 죽음이 신원되었습니다. 그래서 우리가 예수를 '주님'이라고 부르는 것입니다. 그분은 진정 하나님이시기 때문입니다."

여자가 자리에서 일어나더니 집으로 돌아가기 전에 에클레시아를 축복했다. 상인도 작별 인사로 여자와 악수를 했다. "당신은 제게 생각할 거리를 많이 주셨습니다."

여자가 웃으며 말했다. "당신이 이해하실 수 있도록 성령께 간구하겠습니다."

그의 이마에 주름이 잡혔다. "이야기 곳곳에서 '성령'이라는 말이 자주 등장하던데, 그게 무슨 뜻입니까?"

상인을 현관으로 데려다 주며 여자가 말했다. "내일 저녁에 또다시 이곳에 오신다면, 그 이야기를 들으실 수 있을 거예요." 길을 따라 내려가는 상인을 바라보며 여자는 그를 위해 기도했다. **이야기에 자신을 내어 주는 것은 사소한 일이 아니라는 사실을 잘 알기 때문이다.** 여자는 어깨에 숄을 두르고는 천천히 집 안으로 걸어 들어갔다.

제 11 장

교회

세상 속으로 예수의 사명을 이어 가는
새 공동체의 초창기 시절

앞에 놓인 대야에 손을 씻고 나서 등을 기댄 채 상인은 새로운 친구들과 함께 나눈 오늘 식사에 만족하고 있었다. '내 사업을 잃게 할지도 모를 친구들이라……' 상인은 속으로 생각했다. 그날 이른 시간, 시장에서 한 남자가 그에게 다가왔다. 그러나 그 남자는 물건을 사러 온 것이 아니었다. "지난 며칠 동안 밤마다 제 옆집에 사는 사람들과 저녁 식사를 하는 걸 봤습니다. 당신이 우리 도시에 자리 잡고 싶으시다면, 당신이 식사할 자리를 신중하게 고르시는 게 좋을 것 같군요." 그 남자는 상인의 대답을 기다리지도 않고 성큼성큼 걸어갔다. 그 기억을 떠올리며 상인이 얼굴을 찌푸리고 있을 때, 집주인이 물었다. "무슨 문제라도 있으세요?"

그는 근심스런 얼굴로 자신을 쳐다보는 여자를 보고는 재빨리 인상을 펴고 미소를 지어 보였다. "아뇨, 아닙니다. 그냥 뭐…… 아, 오늘 시장에서 좀 언짢은 일이 있었거든요. 그게 생각이 나서……. 이렇게 즐거운 모임에서 그런 일을 곱씹어서는 안 되지요."

"그 언짢은 일만 빼면, 장사하는 데 좋은 날이었다고 믿어도 되겠지요?" 여자가 물었다.

"오늘 장사는 한산했어요. 뭐, 그래서 어젯밤에 당신에게 들은 이야기를 생각할 여유가 있었지요." 그는 말을 잇기 전에 잠시 뜸을 들였다. "당신의 예수는 정말로 놀라운 사람입니다. 그렇긴 한데……." 여자는 머리를 한쪽으로 비스듬히 기울이고 남자가 생각을 정리할 때까지 기다렸다. "그 '부활'이라는 이야기 말인데요. 그게 어떤 건지를 알기가 어려웠습니다. 이해하기도 힘들고, 믿어지지도 않고요. 그런데도 당신과 당신 친구들은 확실히 이해하고 믿고 있잖아요.

그래서 물어보고 싶은 게 있습니다. 만약 예수가 정말로 죽었다가 다시 살아났다면, 그 남자는 지금 어디에 있는 겁니까? 당신은 마치 그 사람이 살아 있는 것처럼 말하잖아요. 그런데 도대체 어디에 있습니까? 하루 종일 그 부분에 대해서 생각했는데, 아무런 해답을 찾지 못했습니다. 아마 로마의 신들이 사는 신전에 자리를 잡았을 거라고 말하고 싶지만, 당신네들은 그렇게 믿지 않는다는 걸 알아요. 당신이 말한 '부활'은 그런 뜻이 아니라고 생각하니까요."

상인이 머리를 흔들었다. 그의 얼굴에 씁쓸한 미소가 떠올랐다. "이해할 수 없는 것이 정말 많네요." 그러고서 그는 골똘히 쳐다보며 말했다. "그렇지만 제가 아는 것도 많아요. 당신은 그가 살아 있다고 믿는다는 걸 알아요. 그리고 그렇게 믿기 때문에 당신은 이런 삶을 사는 거고요. 고백하자면, 이상하게도 저 역시 그 삶에 눈길이 가지만, 그 삶이 저를 매우 괴롭히기도 합니다."

여자는 상인의 눈 속에서 그의 고민을 짚어 냈다. "오늘 시장에서 겪은 그 '언짢은 일' 말씀이세요?" 그가 여자의 시선을 피하지 않은 채 고개를 끄덕였다. 여자가 슬픈 기색이 깃든 미소를 보이며 말했다. "이제 당신은 그 삶이 우리, 그리고 우리와 어울리는 사람들에게 어떤 의미인지 알았을 겁니다. 물론 그 일은 정말 유감이에요. 그런데도 오늘 밤에 다시 찾아오셨네요."

그가 여자의 미소에 화답했다. "당연하죠! 당신이 아직 이야기가 남았다고 했으니까요. '성령'이라고 했던가요?" 상인의 얼굴이 진지해졌다. "그리고 저는 예수가 맺은 새 언약이 죄와 사망의 힘에서 사람을 구원할 수 있다고 한 말이 무슨 뜻인지 알고 싶습니다."

"이야기는 삶에 가장 심오한 문제를 제기합니다." 여자가 말했다. "그리고 당신이 궁금해하는 것은 우리 믿음의 핵심에서 얻을 수 있습니다. 바로 우리가 주이자 구주이신 예수께 드리는 충성스런 믿음 believing allegiance 이죠. 아마 제가 당신에게 교회, 우리와 같은 많은 에클레시아의 초창기 시절 이야기를 들려드리면, 몇 가지 답을 얻으실 수 있을 겁니다." 여자가 또 다른 잔에 포도주를 따르고는 이야기를 계속했다.

"죽음에서 살아나신 뒤, 예수께서는 사십 일 동안 몇 번에 걸쳐 제자들에게 나타나셨습니다. 처음에 제자들은 잔뜩 겁을 먹었어요. 그들이 영을 보고 있다고 생각했기 때문입니다. 예수께서 말씀하셨습니다. '두려워하지 마라. 그리고 이 모든 의심에 휩쓸리지도 마라. 내 손을 보고 내 발을 보아라. 정말 나다. 나를 만져 보아라.

머리부터 발끝까지 나를 잘 보아라. 유령은 이런 근육과 뼈가 없다.' 그들은 자기 눈으로 보면서도 여전히 믿을 수가 없었습니다. 너무 좋아서 믿기지 않았습니다. 예수께서 물으셨습니다. '여기에 먹을 것이 좀 있느냐?' 그들은 생선 한 토막을 그분께 드렸습니다. 예수께서는 그것을 받아 그들이 보는 앞에서 드셨습니다."

상인이 끼어들었다. "그럼 예수는 우리처럼 진짜 만질 수 있는 그런 몸을 가졌단 말입니까?" 여자가 대답했다. "그렇기도 하고, 아니기도 합니다." 이마를 찌푸리는 상인을 보며 여자가 빙그레 웃어 보였다. "그분은 만질 수 있는 육체를 가지셨습니다. 그렇지만 그렇지 않기도 했지요. 그 육체는 우리의 육체와 달랐거든요. 이것이 예수께서 우리를 죄와 사망에서 구원하셨다는 것에 대한 당신의 질문과 연결됩니다. 부활은 우리가 어려움에 직면해서도 계속 견뎌 나갈 수 있게 해 주는 소망의 근원입니다. 그리고 그것이 우리로 하여금 지금 우리가 하는 식대로 살아가게 해 줍니다."

상인이 얼굴을 찡그렸다. "그게 바로 제가 이해하지 못하는 부분입니다. 우리 민족에게 몸은 약함과 죄의 근원입니다. 우리는 자유로워지려면 부도덕한 영혼이 몸에서 해방되어야 한다고 믿습니다. 당신네들의 '부활'은 영혼을 또다시 몸의 노예로 만들지 않는 것이 확실합니까?"

여자가 적극적으로 몸을 앞으로 기울였다. "바로 그 점에서 우리 이야기는 당신 이야기와 근본적으로 다릅니다. 우리는 여호와 하나님이 그 모든 것의 창조주시라고 믿습니다. 그리고 하나님의 창조세계는 선합니다. 비록 인류가 지은 죄의 무게 때문에 고통받고 있지만요. 우리가 믿기로 창조주께서는 예수의 부활로 새 창조세계를 시작하셨습니다. 그 창조세계에서는 언젠가 죄와 부패와 죽음의 끝을 보게 될 것입니다. 예수의 부활은 결코 다시 죽지 않을 몸이기 때문입니다. 그렇기 때문에 제가 그분의 몸이 우리 몸과 다르다고 말한 것입니다. 그리고 그렇기 때문에 우리는 당신이 말한 것처럼 구원이란 우리가 죽을 때 우리 영혼이 몸에서 '자유로워질' 것을 뜻한다고 믿지 않습니다. 그것은 죽음이 우리의 원수라는 사실을 부인하는 것이기 때문입니다. 형체를 갖춘 물질적인 생명이 선하다는 것을 부정하는 것이니까요. 부활은 죽음이 패배했다는 뜻입니다."

상인이 이해했다는 듯 고개를 끄덕이자 여자가 이야기를 계속했다. "당신도 알다시피 우리가 '예수는 주님이십니다'라고 말하는 것은 즉 '카이사르는 주님이 아닙니다'라고 말하는 것입니다."

상인이 끼어들었다. "그래서 당신 민족이 억압을 당하고 있는 것 아닙니까? 심지어 박해까지 말입니다."

여자가 대답했다. "맞습니다. 그렇지만 부활은 그 문제를 넘어섭니다. 카이사르, 그리고 어떤 폭군이든 그의 최후 무기는 바로 죽음입니다." 여자가 잠시 말을 멈추었다. 상인에게 생각할 시간을 주기 위해서였다.

갑자기 상인의 얼굴이 밝아졌다. "그렇지만 사람들이 죽음이 패배했다고 믿는다면, 그래서 죽는 것을 두려워하지 않는다면, 그때부터 카이사르의 힘은 어디서 나오게 되나요?"

"바로 그겁니다." 여자가 말했다. "죽음의 전복은 죽음에 의존하는 권력을 지닌 자의 전복을 뜻합니다. 그것은 단지 카이사르에게만 위협이 되는 것이 아닙니다. 힘과 무력적인 강압에 의존해서 다른 사람들을 자신의 뜻대로 움직이게 하려는 모든 사람에게 해당되지요. 예루살렘에 있는 우리 형제자매들은 예수만큼이나 사두개인에게 엄청나게 위협적인 존재입니다. 부활은 하나님이 세상을 바꾸신다는 의미이기 때문입니다. 우리가 아는 것처럼 세상을 뒤집으시는 거죠. 마리아가 예수를 임신했을 때 노래로 선포한 것처럼 말입니다.

'오만한 폭군들을 내리치시고
고통당한 이들을 진창에서 건져 내셨다.
가난하고 굶주린 사람들이 잔칫상에 앉으니
야멸친 부자들이 냉대를 당했다.'"

상인이 깊은 생각에 잠겨 있는 동안 여자는 포도주를 한 모금 마셨다. 그가 말했다. "당신이 한 말을 조금은 이해할 것 같아요. 그리고 그 이야기가 우리 민족이 말하는 이야기와 다르다고 한 말도 옳고요. 그렇지만 여전히 이해가 안 되는 부분이 있어요. 어떻게 예수의 부활이 죽음을 패배시켰다는 거죠? 분명 당신도 죽을 텐데요. 그러면 당신은 어떻게 되는 건가요?"

"예수께서 십자가에 달린 강도에게 말씀하셨듯이, 우리는 예수와 함께 낙원에 있을 겁니다. 그곳에서 우리는 하나님이 모든 충만으로 새 창조를 시작하실 때까지 기다릴 겁니다. 그때 우리는 예수처럼 몸을 얻는 부활에 함께할 것입니다. 그 몸은 결코 죽지 않을 몸이지요. 그리고 우리는 그 세상, 새로운 창조세계에서 영원토록 살 것입니다." 여자가 뒤에 있는 두루마리로 손을 뻗었다. "이것은 바울이 고린도에 있는 에클레시아에 쓴 편지입니다. '이제 그리스도께서는 죽은 사람들 가운데서 살아나셔서, 죽은 사람들의 첫 열매가 되셨습니다.' 새 창조가 그 동산에 있던 예수의 무덤에서 시작되었다면, 그리고 우리가 언젠가는 직접 그 부활에 함께할 운명이라면, 우리는 세상을 구할 하나님의 사명에 함께할 수밖에 없을 것입니다. 다가올 날에 비추어 오늘을 살아가는 것이지요. 예수께서는 제자들에게 '그 나라를 오게 하여 주시며, 그 뜻을 하늘에서 이루심같이, 땅에서도 이루어 주십시오'라고 기도하라고 가르치셨습니다. 하늘의 나라는 하나님의 뜻이 이루어지는 곳입니다. 그리고 하나님의 뜻은 하나님이 만드신 모든 선한 창조세계가 회복되어 다시 한 번 원래대로 온전해지는 것입니다. 하나님의 구원 사역은 인류를 위한 것이기도 하고 인류를 통해 이루어지는 것이기도 합니다. 아브라함과 함께하던 처음부터 하나님은 한 민족을 부르셔서 그 민족을 통해 온 우주를 구원하실 계획이셨어요. 바로 이것이 예수께서 선포하시고 제자들에게 세상으로 나가 선포하라고 하신 복음입니다." 여자가 웃으며 말했다. "아마 곧 그 이야기를 하게 될 거예요. 오늘 밤에도 이야기를 들으신다면 말이죠!

그러나 이야기를 계속하기 전에, 아까 바울이 썼다던 편지에서 다른 부분을 읽어 드리려고 합니다. '죽은 사람의 부활이 없다면, 그리스도께서도 살아나지 못하셨을 것입니다. 그리스도께서 살아나지 않으셨다면, 우리의 선포도 헛되고, 여러분의 믿음도 헛될 것입니다.' 부활이 없다면, 우리는 여전히 죄와 사망의 힘에 사로잡혀 있을 것입니다. 그리고 변변치는 않지만 우리 고통은 아무 보람도 없게 됩니다. 그렇기 때문에 부활이 그만큼 중요한 것입니다."

"이번에도 당신은 내게 생각할 거리를 많이 안겨 주는군요." 상인이 잔에 든 포도주를 다 마시더니 여자와 자기 잔에 포도주를 다시 따랐다. "그래도 이야기를 계속해 주십시오."

여자가 기꺼운 마음으로 순순히 이야기를 시작했다. "부활하신 지 40일이 다 되어 갈 무렵, 예수께서는 제자들을 한자리에 모아 놓고 말씀하셨습니다. '너희는 예루살렘을 떠나지 말고, 내게서 들은 아버지의 약속을 기다려라. 요한은 물로 세례를 주었으나, 너희는 여러 날이 되지 않아서 성령으로 세례를 받을 것이다.' 그 말씀을 듣고 제자들이 예수께 물었습니다. '하나님이 이스라엘에게 나라를 되찾아 주실 때가 바로 지금입니까?'"

여자의 친구가 웃었다. "제자들은 어쩜 이렇게도 예수께서 하신 말씀을 이해하지 못하는지, 원." 그가 여자에게 돌아서며 말했다. "이때에도 예수께서 제자들을 애정 어린 눈빛으로 바라보셨을 모습이 머릿속에 그려지네. 이렇게 말씀하시면서 말이지. '아직도 이해하지 못한 거니? 응?'"

여자가 싱긋 웃었다. 자신도 여러 번 똑같은 생각을 했기 때문이다. 상인이 혼란스러워하는 것을 알아채고는 여자가 설명을 덧붙였다. "제자들이 이해한 '이스라엘'은 여전히 아브라함의 후손에만 한정되어 있었던 거예요. 하나님이 아브라함과 언약을 맺으신 이후부터 계획된 그분의 뜻을 제자들이 이해하기까지는 오랜 시간이 걸렸답니다. 그날 예수께서는 간단하게 말씀하셨습니다. '때는 너희가 알 수 없다. 때를 정하는 것은 아버지의 몫이다. 너희가 받을 것은 성령이다. 성령이 너희에게 오시면, 너희는 예루살렘과 온 유대와 사마리아와 세상 끝까지 가서 내 증인이 될 것이다. 너희는 온 세상에 나가서, 만민에게 복음을 전파하여라.' 이 말씀을 하신 뒤, 예수께서는 그들 눈앞에서 들려 올라가 아버지께로 높임 받으시고 전능하신 하나님 아버지 우편에 앉으셨습니다.

이제 이것은 제자들의 사명이 되었습니다. 예수 안에서 다가올 하나님 나라를 증거하는 자가 되는 것, 새 출애굽, 새 창조세계라는 복된 소식을 성령의 능력으로 세상 끝까지 전하는 것이지요. 이것은 하나님이 이 세상에서 지속적으로 행하신 사명이기도 합니다. 하나님이 아브라함과, 그리고 이스라엘 백성과 맺은 언약을 계속 성취하는 것입니다. 그러나 그들보다 앞선 사람들처럼 제자들도 이해하는 데는 더뎠지요.

제자들은 예수께서 말씀하신 대로 예루살렘에 머물렀습니다. 그곳에는 남자와 여자 모두 합하여 120명 정도가 모였습니다. 그들은 끝까지 예수를 따른 자들이지요. 오순절이 다가오자 이 무리는 다시 한 번 거리를 가득 메웠습니다. 제자들은 오순절에 함께 모여기도했습니다. 그때 갑자기 그곳을 휩쓰는 듯한 맹렬한 바람 소리가 들리더니 그들 가운데에서 불꽃이 솟아올랐습니다. 그 불꽃은 작은 혓바닥처럼 갈라지더니 그들 각 사람 위에 내려앉았습니다."

새로 온 사람 가운데 한 사람이 끼어들었다. "아, 그렇게 표현된 이야기를 알고 있어요. 성막에 거하기 위해 오신 하나님을 묘사하는 이야기 말이에요." 또 다른 사람이 덧붙였다. "솔로몬 성전을 봉헌하던 날에도 하나님이 그곳에 임하셨죠."

"맞아요." 여자가 맞장구를 쳤다. "그래서 예수께서 제자들에게 '내가 떠나는 것이 너희에게 더 낫다. 내가 떠나지 않으면, 성령이 오시지 않을 것이다. 그러나 내가 가면, 그분을 너희에게 보내 주겠다'라고 말씀하신 것입니다. 성령은 바로 우리 가운데 계신 하나님의 임재입니다. 더 이상 건물에 '갇히지' 않으십니다. 살아 있는 교회가 이제 옛날 성막과 성전을 대신하는 것이지요." 여자가 다시 두루마리를 집어 들고 펼쳐서 읽어 내려갔다. "'여러분은 그리스도의 몸인 여러분 모두가 성령의 성전이라는 것을 알지 못합니까?'"

상인이 상당히 혼란스러워하며 물었다. "그렇다면 당신들에게는 신이 셋인 겁니까? 성부와 예수, 그리고 성령?"

"아닙니다." 여자가 대답했다. "우리는 한 분이신 여호와 하나님을 섬깁니다. 그러나 하나님은 관계를 지닌 공동체로 존재하십니다. 성부와 성자, 그리고 성령의 관계죠." 상인이 머리를 흔들자, 여자가 웃었다. "그래요. 이해하기 힘드실 거예요. 저도 제가 지금 드린 말씀 이상으로 설명할 수 있을지 잘 모르겠네요."

여자의 친구가 끼어들었다. "그 부분은 내가 보충할 수 있을 것 같은데?"

"오, 그래 주실래요?" 여자가 반기며 대답했다.

"우리 이야기가 시작될 때, 하나님은 첫 사람 '하-아담'을 만드시고 나서 '하-아담이 혼자 있는 것이 좋지 않다'라고 선언하셨네. 우리 이야기를 보면 하-아담은 하나님의 형상으로 창조되었지. 그래서 우리는 하나님의 형상으로 만들어졌다는 것이 '혼자 있지 않다'는 것도 뜻한다고 이해한다네.

하나님이 혼자 있지 않다는 것은 무슨 뜻일까? 우리에게 그 말은 유일한 창조주 하나님이 관계의 공동체로 존재하신다는 것을 의미한다네. 바로 성부, 성자, 성령으로 말이지."

또다시 상인은 머리를 가로저었다. 그는 이들 사이에서 듣고 있는 이야기에 대해 준비된 것이 아무것도 없었다. 여자가 상인에게 몸을 기울이더니 그의 팔에 손을 얹었다. "나를 믿으세요. 이곳에 모인 많은 사람이 당신과 똑같이 느꼈답니다. 자, 이제 이야기를 계속해 볼게요.

그들 가운데 하나님이 임하시자, 그들은 모두 성령으로 충만해져서 저마다 자신이 알지도, 이해하지도 못하는 말로 말하기 시작했습니다. 그렇지만 그들 주위에는 그 언어를 아는 사람들이 있었고, 그곳에서 일어난 일을 보고 놀라워하며 모여드는 무리도 있었지요. 모여든 사람들이 보니, 그들은 모두 갈릴리 사람들이었습니다. 그런데 그들이 자기네 언어로 말하면서 하나님을 찬양하는 소리를 들은 거예요. 제자들은 그때까지도 자신들이 무슨 말을 하고 있는지 알지 못했습니다. 사람들은 이 말이 뜻하는 바를 궁금해하기 시작했습니다. 몇몇 사람은 그들이 술에 취했다고 말하기도 했지요."

노인이 몸을 앞으로 숙이며 말했다. "내가 또 끼어들어도 괜찮겠나?"

"물론이죠." 여자가 대답했다.

여자의 친구는 상인에게로 돌아섰다. "우리 이야기 초반부를 보면, 이 세상 사람들은 모두 같은 언어를 썼다네. 그런데 오만해진 그들은 거대한 탑을 쌓아서 하늘에 닿아 그들의 이름을 드높이려고 했지."

"바벨탑 말인가요?" 상인이 말했다. "그 이야기는 어디선가 들어본 적이 있어요."

노인이 고개를 끄덕이며 말했다. "그렇다면 자네도 하나님이 내려오셔서 그들의 언어를 혼잡케 하신 일을 알고 있겠군. 그 결과 그들은 세상 끝까지 흩어지게 되었지. 같은 언어를 쓰는 족속끼리 말일세. 그런데 오순절에 하나님은 또다시 내려오셨다네. 이번에는 그들의 언어를 혼잡케 하시기 위해서가 아니라 그들에게 언어를 주시기 위해서였지. 그래서 그날 예루살렘에 있던 모든 열방이 자기네 모국어로 이야기를 들을 수 있도록 말이야. 그렇게 해서 이야기는 예루살렘에서 세상 끝까지 퍼져 나가게 되었다네. 바로 예수께서 제자들에게 가르치신 대로 말이지."

여자가 친구에게 고마움을 표하고 나서 이야기를 계속했다. "베드로가 모인 사람들에게 설명하기 위해 일어섰습니다. 베드로는 사람들에게 제자들이 술에 취한 것이 아니라고 말했습니다. 그들은 요엘 선지자가 보여 준 환상이 성취되는 광경을 보고 있는 것이라고 설명했지요. '마지막 때에 하나님이 모든 사람에게 하나님의 영을 부어줄 것이다. 남종과 여종이 예언할 것이다.'

베드로는 그들의 민족이 최근에 죽음으로 몰아 넣은 나사렛 예수가 바로 그토록 기다려 온 메시아라고 사람들에게 말해 주었습니다. 그리고 하나님이 내내 예수의 정체가 메시아인 것을 보여 주었는데도 그들이 알아보지 못했다고도 말했지요. 이제 죽음에서 살아나신 예수께서 하나님 우편에 앉으셨으며, 하나님의 영이 예수를 따르는 사람들에게 부어졌다고도 말했습니다. 이야기를 마쳤을 때 베드로는 아마도 사람들이 자신에게 돌을 던질 것이라고 예상했을 거예요. 그러나 놀랍게도 온 무리가 무릎을 꿇고 울며 하나님께 용서를 구했습니다. 사도들은 삼천 명이나 되는 사람들에게 예수의 이름으로 세례를 베풀었고, 그들도 성령의 은사를 받았습니다.

그날부터 예수를 메시아로 믿는 사람이 날마다 많아졌답니다. 그들도 세례를 받고 성령의 은사를 받았지요. 교회, 하나님의 백성, 바로 에클레시아가 태어난 것입니다!"

노인이 또 끼어들었다. 그는 상인과 집주인에게 양해를 구하며 이번에는 새로 온 사람들을 향해 돌아섰다. "우리 민족 이스라엘이 시내 산에서 여호와 하나님과 언약을 맺었을 때, 이스라엘이 얼마

되지 않아 스스로 만든 우상, 즉 이집트 사람들이 섬기던 황금 송아지를 섬겨 그 언약을 깨뜨린 일을 기억하실 겁니다. 언약을 깨뜨린 것에 대한 하나님의 심판은 신속하고도 비극적이었지요. 바로 그날 삼천 명이나 되는 사람이 죽었으니까요. 그리고 지금 이곳에서, 첫 백성이 새 언약에 들어간 그날, 약 삼천 명이 제자의 수에 더해졌습니다. 시내 산에서 일어난 일은 잊히지 않았습니다. 하나님은 하나님의 언약에 신실하시니까요. 잃은 것을 되찾은 것입니다."

여자가 그의 오랜 친구에게 다시 한 번 고마워하며 이야기를 계속했다. "그 주가 지나면서 제자들은 줄곧 그들 안에서 그리고 그들을 통해서 일하시는 성령의 능력을 보았습니다. 이전에 목격한, 예수께서 하신 일을 제자들이 해낸 것입니다. 하루는 베드로와 요한이 성전에 들어갈 때였습니다. 그곳에는 태어나면서부터 걷지 못하는 남자가 앉아 있었습니다. 그 남자는 구걸을 하려고 그들을 불렀지만, 더 이상 귀찮게 하지는 않았어요. 그들이 차려 입은 모양새를 보고 그들에게 돈이 없다는 것을 알 수 있었거든요. 그러나 남자에게 진짜로 필요한 것은 돈이 아니었습니다. 그는 걸을 수 있기를 바랐습니다. 그래서 일도 하고, 공동체의 정식 구성원이 되고 싶었습니다. 그래서 베드로는 그에게 다가가 손을 잡으며 말했습니다. '나는 한 푼도 가진 것이 없지만, 내게 있는 것을 당신에게 주겠소. 나사렛 예수의 이름으로 일어나 걸으시오.'

아마 그 남자는 한동안 베드로를 빤히 쳐다봤을 겁니다. 그리고 나서 베드로의 손을 잡고 몸을 일으켜 세웠겠지요. 즉시 남자는 치유되었습니다. 그는 기뻐 뛰기 시작했습니다. 그리고 하나님께 감사드리기 위해 태어나서 처음으로 그들과 함께 성전에 들어갔습니다. 다시 한 번 제자들은 예수께서 어떻게 사람들을 육체적으로 치유하셨는지, 그리고 그 일을 통해 어떻게 그들에게 공동체를 되찾아 주시는지를 깨달았습니다.

하나님은 제자들을 통해 많은 사람을 치유하셨습니다. 제자들은 귀신을 내쫓기도 했지요. 한번은 하나님이 베드로를 통해 죽은 사람을 살리신 일도 있었어요. 도르가라는 여자였는데, 그 여자는 제자 가운데 한 명으로 가난한 사람을 잘 돌보기로 유명했지요.

제자들은 하나님이 예수를 통해 하신 것처럼 자신들을 통해서도 하나님 나라의 징표를 나타내시는 것에 매우 놀랐습니다. 그들은 예수께서 하신 말씀을 기억했습니다. '나를 신뢰하는 사람은 내가 하는 일을 할 뿐 아니라 더 큰 일도 하게 될 것이다. 내가 아버지께로 가서, 내가 한 것과 똑같은 일을 너희도 하게 할 것이기 때문이다. 너희는 기대해도 좋다. 이제부터 내가 누구이며 내가 무슨 일을 하는지 너희가 믿고 무엇이든지 구하면, 내가 다 이루어 주겠다.'

제자들이 자신들을 통해 하나님이 하신 일에 놀라워한 것처럼 그들 주변 사람들도 눈앞에서 벌어지는 일을 보며 매우 기뻐했습니다."

"정말 모든 사람이 기뻐한 것은 아니지요?" 에클레시아에 속한 누군가가 끼어들었다.

"맞아요." 여자가 대답했다. "예수께서 계실 때처럼, 우리 민족의 종교 지도자들은 주변에서 일어나는 일을 달가워하지 않았습니다. 베드로와 요한은 성전에서 사람들에게 **이야기**를 전했다는 이유로 한 번 이상 체포되었지요. 어느 때인가는 우리가 가장 존경하는 랍비 가운데 한 사람인 가말리엘이 백성을 타이르지 않았다면 그 자리에서 죽을 뻔한 적도 있었지요."

여자는 새로 온 사람들을 둘러보며 말했다. "여기 계신 친구 여러분, 우리가 **이야기**를 말한다고 해서, **이야기**의 주인공이신 분께 충성한다고 해서 다른 사람들이 우리를 가혹하게 대하는 것에 놀라지 마십시오. 사도 베드로가 우리에게 쓴 말을 기억하십시오. '그만큼 여러분은 그리스도의 고난에 동참하는 것이니, 기뻐하십시오. 여러분이 그리스도의 이름으로 모욕을 당하면 복이 있습니다. 영광의 영 곧 하나님의 영이 여러분 위에 머물러 계시기 때문입니다.'"

이번에는 다시 상인을 바라보았다. "예수께서는 제자들에게 예루살렘과 유대와 사마리아와 땅 끝까지 이르러 증인이 되리라고 말씀하셨습니다. 태초부터 하나님의 계획은 온 세상에 하나님이 누구이신지를 알리는 것이었습니다. 그들은 아브라함에서 시작된 하나님의 백성이 맡은 사명을 계속 이어 간 것입니다. 이 땅의 모든 족속을 축복하는 것 말입니다. 그러나 처음에 제자들은 이것을 이해하는 데 많은 시간이 걸렸어요. 오순절이 지나고 나서도, 성령으로 충만해진 뒤에도 처음에 그들은 여전히 그 일을 시작하지 않았습니다.

처음에는 예수께서 말씀하신 대로 예루살렘을 떠나지 않고 그곳에 머물렀습니다. 치유받고 싶은 사람들은 그들을 찾아가야 했지요. 그렇지만 스데반이 순교한 뒤, 예루살렘에서 교회를 극심하게 박해하기 시작했습니다. 그래서 사도들*을 제외한 모든 사람이 유대와 사마리아 지역 곳곳으로 뿔뿔이 흩어졌답니다.

사도들은 그때까지도 이방인**은 하나님 나라에 '속하지 않은 자'라고 생각했습니다. 예수께서 살아가시는 동안 어떤 부류의 사람이든 모두를 끌어안으신 것을 목격한 제자들인데도 말이에요. 베드로가 그 사실을 이해하지 못할 때 하나님은 꿈을 통해 베드로에게 직접 말씀하셨습니다. 지붕으로 올라가 기도하고 있을 때, 베드로는 하늘에서 큰 보자기가 내려오는 것을 보았습니다. 그 안에는 토라가 부정하다고 규정한 많은 동물이 들어 있었지요. 그때 베드로는 '베드로야, 어서 잡아먹어라'라는 음성을 들었습니다. 그러나 베드로는 이렇게 대답했습니다. '안 됩니다, 주님. 지금까지 저는 부정한 음식은 입에 대 본 적이 없습니다.'

두 번째로 음성이 들려왔습니다. '하나님께서 깨끗하게 하신 것을 속되다고 하지 말아라.' 그런 일이 세 번 있고 나서, 보자기가 다시 하늘로 들려 올라갔습니다. 베드로가 그 모든 환상이 무슨 뜻인지 생각하며 앉아 있을 때, 낯선 사람들이 들어와서 그를 로마 백부장에게 데려갔습니다. 그 백부장도 베드로와 만나는 환상을

---

* "사도들"(apostles)은 예수의 제자들과, 그 제자들을 따르던 사람들을 뜻하며, "보냄 받은 사람"이라는 의미가 있다.
** "이방인"은 아브라함의 후손이 아닌 사람들을 뜻한다.

보았던 것입니다.

고넬료라고 하는 백부장의 집에 도착해 보니, 고넬료의 가족과 친구들은 벌써부터 베드로를 기다리고 있었습니다. 베드로가 하는 말을 듣기 위해서 모인 사람들이었습니다. 그때에야 비로소 베드로는 하나님이 보여 주신 환상을 이해할 수 있었습니다. 그래서 그는 모인 사람들에게 이렇게 말했습니다. '유대 사람으로서 이방 사람과 사귀거나 그 집을 찾아가는 일이 불법이라는 것은 여러분도 아십니다. 그런데 하나님께서는 나에게, 사람을 속되다거나 부정하다거나 하지 말라고 지시하셨습니다.'

고넬료가 본 환상에 대해 듣고 난 뒤, 그분의 복된 소식을 전하는 베드로의 가슴은 터질 듯했습니다. '이보다 더 확실한 하나님의 진리는 없습니다. 하나님은 차별하지 않으십니다! 여러분이 누구이며 어디 출신인지는 하나도 중요하지 않습니다. 여러분이 하나님을 원하고 그분의 말씀대로 행할 각오가 되어 있다면, 문은 열려 있습니다. 그분은, 예수 그리스도로 말미암아 모든 것이 다시 회복되고 있다는 메시지를 이스라엘 자손에게 보내셨습니다. 이제 그분은, 어느 곳에서든 누구에게든 그 일을 행하고 계십니다.'

그들이 **이야기**를 듣기 위해 베드로를 초청했을 때, 그리고 그가 이야기를 들려주는 동안에 성령께서 그들에게 임하셨습니다. 그들은 다른 언어로 말하고 하나님을 찬양하기 시작했지요. 마치 오순절에 제자들이 그랬듯이 말입니다. 베드로는 놀라운 눈으로 바라보는 사람들을 향하여 말했습니다. '이들에게 물로 세례를 주는 일을 누가 막을 수 있겠습니까? 이 사람들도 우리와 마찬가지로 성령을 받았으니 말입니다.' 그래서 그들도 예수 그리스도의 이름으로 세례를 받았습니다.

그 일이 있고 난 뒤, 베드로는 유대에 있는 교회로 돌아와 이방인도 더 이상 외부에 있는 자가 아니라는 사실을 흥분에 차서 전했습니다. 그러나 그곳에 모인 몇몇 사람은 화를 내며 베드로에게 말했습니다. '당신이 그 무리와 어깨를 맞대고 금지된 음식을 먹으며 우리 이름에 먹칠을 하다니, 도대체 어찌된 일입니까?' 제자들은 그런 말을 얼마나 많이 들었을까요? 예수께서 그분의 친구들과 함께 저녁 식사를 할 때면 바리새인의 입에서 그런 식으로 비난하는 말을 들었으니까요." 여자가 상인을 바라보며 한숨을 내쉬었다. "우리도 그런 말을 정말 자주 듣지요. 베드로가 그동안 있었던 일을 모두 이야기하고 나자 그들은 상황을 이해하고 이방인을 가족으로 부르신 하나님께 영광을 돌렸습니다.

그러나 여전히 그 일을 달가워하지 않는 무리가 있었습니다. 그들은 이방인 신자들이 옛 언약의 징표인 할례를 받아야 한다고 말했지요. 그래야 구원을 얻는다고요. 할례는 새 언약의 징표인 세례로 대체되었지만, 우리 민족 가운데 일부는 그것을 받아들이지 않았습니다. 사도 바울을 포함한 다른 사람들은 이방인에게 할례가 필요하지 않다고 주장했습니다. 그들은 예수를 따르는 사람들이 하나 되는 데 할례가 걸림돌이 된다고 믿었거든요.

그래서 바울은 예루살렘에 가서 하나님이 이방인들에게 행하신 일을 장로들에게 알렸습니다. 그러나 그러고 나서도 그들은 바울과 함께 그 일을 기뻐하기보다는 그 문제로 논쟁을 벌일 뿐이었습니다. 끝내 바울이 자리에서 일어나 의회에 도전하는 말을 꺼냈습니다. '친구 여러분, 여러분도 잘 알다시피, 하나님께서는 이방인들도 이 복된 메시지를 듣고 받아들이기 원하신다는 것을 일찍부터 아주 분명히 밝히셨습니다. 우리의 어떤 겉치레에도 속지 않으시는 하나님께서 우리에게 주신 것과 똑같은 성령을 그들에게도 주셨습니다. 하나님은 우리를 대하신 것처럼 이방인들을 대하셨습니다. 하나님께서는 그분을 믿고 충성하는 이방인들에게 역사하셔서 먼저 그들이 누구인지 깨닫게 하시고 그 중심에서부터 시작해서 그들의 삶을 깨끗케 하셨습니다. 그런데 어찌하여 지금 여러분은 하나님보다 더한 하나님이 되어서, 우리도 우리 조상들도 감당하지 못한 것을 새로 믿은 이 사람들에게 지우려는 것입니까? 주 예수께서 놀랍고도 너그러운 은혜로 우리를 찾아오셔서 구원해 주신 것처럼, 우리 민족이 아닌 이방인들도 그렇게 구원해 주셨다는 것을 우리가 믿지 않습니까? 그렇다면 지금 우리가 무엇을 두고 싸우는 것입니까?'

논쟁이 좀 더 있고 나서, 예수의 이복형제인 야고보가 일어나서 이방인은 할례를 받지 않아도 된다고 선언했습니다. 그들도 교회의 동등한 일원이라고 말이지요. 그는 이방인에게 일어난 일이 수세기 전에 아모스 선지자가 선포한 예언에 들어맞는다고 여겼기 때문에 그토록 강하게 주장한 것입니다. 야고보는 아브라함의 후손과 함께 이방인들이 예수를 따르는 공동체로 세워지는 것이 바로 다윗의 집을 회복하는 것이라고 이해했습니다. 그들이 함께 새 언약 백성을 이루어 가는 것이라고요.

이 일에 대해서 바울은 갈라디아에 있는 에클레시아에 보내는 편지에 이렇게 적었습니다. '그리스도의 집안에는 유대인이나 이방인이나, 자유인이나 종이나, 남자나 여자나 차별이 없습니다. 여러분은 그리스도와 한 가족이니, 바로 여러분이 아브라함의 자손이며, 언약의 약속에 따른 상속자입니다.' 여전히 예루살렘에 있는 장로들은 그 후로도 오랫동안 이것을 받아들이지 않았습니다. 나중에는 바울에게 스스로를 증명하도록 우리 민족의 종교 의식 가운데 하나를 수행하라고 요청하기까지 했지요. 바울이 우리처럼 이방인과 함께 살아가며 아이들에게 할례를 행하지 않는 사람들을 가르친다고 비난하는 사람이 있으니 그들에게도 자신을 증명하라고요. 소문에 귀 기울이지 않고 바울과 그가 이방인들에게 행하는 사역을 변함없이 지지하는 대신 그들은 바울을 비난하는 자들이 요구하는 대로 하라고 바울에게 요청했지요." 여자는 고개를 저으며 말했다. "아직도 여간해서는 믿지 못했던 거죠."

상인이 물었다. "그렇지만 예수의 제자들은, 그 사람들은 이해했지요?"

여자가 대답했다. "그리 오래 걸리진 않은 것 같아요. 베드로를 포함한 제자들은 처음에 예수께서 그들에게 가르치시려고 하신 내용을 전부 다 이해하지는 못한 것처럼 보였습니다. 교회가 점점 커지면서, 그들은 함께 있는 많은 과부에게 날마다 식사를 대접했습니다. 어쨌든 예수께 배운 대로 말이에요. 얼마쯤 시간이 흐르자, 그리스 말을 하는 과부들이 차별을 받고 있다며 불평하는 소리가 커졌습니다.

열두 사도가 모든 사람을 모아 놓고 말했습니다. '우리가 하나님 말씀을 전하는 일을 저버린 채 음식 베푸는 일에 힘쓰는 것은 옳지 못합니다. 그러니 여러분 가운데서, 모두에게 신임을 얻고 성령 충만하여 분별력 있는 사람 일곱을 뽑으십시오. 그러면 그들에게 이 일을 맡기고, 우리는 기도하는 일과 말씀으로 섬기는 일에 헌신하겠습니다.'

아마도 열두 사도는 어찌되었든 식사 준비를 돕는 일이 기도와 말씀보다 덜 중요하다거나 말씀 전하는 일이 더 중요하다고 생각한 것 같습니다. 그들은 마지막으로 함께 나눈 식탁에서 예수께서 하신 말씀을 얼마나 빨리 잊어버리는지요.

'왕들은 위세 부리기를 좋아하고, 권세 가진 사람들은 거창한 호칭 달기를 좋아한다. 너희는 그래서는 안 된다. 너희 가운데 선배는 후배처럼 되고, 지도자는 종의 역할을 맡아라.

누가 더 높으냐? 밥상에 앉은 사람이냐, 시중드는 사람이냐? 밥상에 앉은 사람이 아니냐? 그러나 나는 섬기는 사람으로 너희 가운데 있다.'

그런데도 그들은 '우리가 하나님 말씀을 전하는 일을 저버린 채 음식 베푸는 일에 힘쓰는 것은 옳지 못하다'라고 말했습니다. 그들은 예수의 말씀을 귀담아 듣지 않은 것입니다.

그러나 그 말씀을 이해한 사람들이 있었어요. 과부들을 돌보도록 뽑힌 일곱 명 가운데에는 스데반과 빌립이 있었습니다. 스데반은 나중에 산헤드린 의원들 앞에 서서 **이야기**를 들려준 사람입니다. 그리고 그 일로 돌에 맞아 죽은 사람이지요. 교회의 첫 순교자입니다. 빌립은 사마리아로 가서 복음을 전한 사람입니다. 에티오피아, 즉 세상 끝에서 온 사람에게 **이야기**를 전하고, 아프리카로 돌아가기 전에 그 사람에게 세례를 베풀었답니다. 식사 대접을 도운 이 사람들은 예수께서 제자들에게 말씀하신 대로 행하면서 사도의 역할도 잘 감당했습니다. 반면에 제자들은 예루살렘에 머물면서 하나님 나라에서 누가 진짜로 환영받을지를 두고 말다툼을 벌이고 있었고요.

그러나 제자들도 끝내는 배운 대로 행하여 각자의 길을 떠났습니다. 성령이 이끄시는 곳마다 하나님 나라의 복음인 **하나님 이야기**를 들고 갔습니다." 갑자기 여자가 털썩 주저앉았다. "그들 대부분에게 **이야기**를 말하는 것은 생명을 거는 일이었습니다. 베드로는 대화재*가 일어난 뒤에 로마에서 죽임을 당했습니다. 주님처럼 그도 십자가에 달려 죽었지요. 바울은 참수형을 당했습니다. 로마 시민이었기 때문에 십자가형을 면할 수 있었던 것입니다."

에클레시아는 여전히 깊은 상실감에 빠져 있었다. 이야기를 듣는 사람들의 눈에서 눈물이 흘러내렸다. 상인은 자신도 모르게 눈

---

* "대화재"는 서기 64년에 ("네로의 조작으로") 로마가 불탄 사건을 말한다.

물이 흐르는 것을 깨닫고는 깜짝 놀랐다. "그런데도 당신들은 여전히 그리스도께 충성하기로 선택했군요. 제가 보기에는 당신들도 예수만큼이나 놀라운 사람들이네요."

그 말에 여자는 조용히 고개를 가로저으며 슬픈 미소를 띤 채 말했다. "우리는 그렇게 생각하지 않습니다. 우리는 살아갈 길을 찾은 것입니다. 아름다운, 네, 물론 때로는 희생도 치러야 하는 그런 공동생활이지요. 우리는 하나님이 이루신 새 창조 사역에서 작은 부분을 이룬다는 깊은 소망과 기쁨을 나눕니다. 첫 에클레시아가 행한 코이노니아^{koinonia}*와 같은 것을 경험하는 것이지요." 여자가 점차 기운을 차린 듯했다. "이제 초대 교회의 생활에 대해 들려드리지요.

첫 신자들은 사도의 가르침과, 함께 식사하고 기도하는 교제에 열심을 냈습니다. 주변에 있는 모든 사람이 그들을 경외했지요. 사도들을 통해 온갖 놀라운 표적과 기사가 일어났으니까요! 그리고 모든 신자가 경이로울 정도로 조화롭게 지냈습니다. 모든 것을 공동으로 사용하면서 말이죠. 그들은 소유한 모든 것을 팔아 그 재물을 모아서 서로에게 필요한 것을 채워 주었습니다. 그들은 날마다 성전에서는 예배 훈련을 따르고, 집에서는 함께 식사하며 그 삶을 따랐습니다. 식사 때마다 그들은 하나님을 찬양하면서 서로 축하하고 생동감 넘치며 즐거워하는 시간을 보냈거든요. 사람들은 그 모습을 지켜보았고, 그들이 본 것을 좋아했습니다. 하나님이 구원

---

* "코이노니아"는 헬라어로 "성찬"(communion) 또는 서로의 삶 속에 친밀하게 개입하여 이룬 교제를 뜻한다.

받는 사람들을 더하셔서 날마다 그 수가 점점 많아졌지요.

그들 가운데 가난한 사람이 없도록 그들이 가진 것을 서로 나누면서 그들은 광야를 헤매던 조상들의 이야기, 만나를 준비하신 하나님을 떠올렸습니다. 그들은 모두 늘 충분했지요. 하나님은 그때에도 그들에게 날마다 먹을 양식을 주신 것입니다.

시간이 흐르면서 그들은 하나님의 사명을 받아들여 어디를 가든 이야기를 전했습니다. 마침내 하나님이 늘 계획하신 방식대로, 하나님이 토라에서 알려 주신 모습대로 함께 살아가게 된 것입니다. 그들은 바로 눈앞에서 신명기 말씀이 현실로 이루어지는 모습을 보고 있었습니다. '당신들 가운데 가난한 사람이 없게 하십시오. 그러면 여호와 당신들의 하나님이 당신들에게 주어 차지하게 하시는 땅에서 당신들이 참으로 복을 받을 것입니다. 여호와 당신들의 하나님의 말씀을 잘 듣고, 이 모든 토라를 다 지킨다면 말입니다.'

그들의 공동생활을 지켜본 다른 사람들은 몹시 놀라워했습니다. 그들의 문화에서는 어떤 것으로도 그들이 보고 있는 광경을 설명할 수 없었기 때문입니다. 그리고 그것은 우리 대부분에게도 마찬가지입니다." 여자는 새로 온 사람들에게 돌아섰다. "우리는 우리가 본, 우리 친구들이 살아간 삶 때문에 에클레시아로 모였습니다. 에클레시아에서는 친구가 될 수 없는 사람이 친구가 되고, 함께 떡을 떼며, 가진 것을 서로 나누고, 서로를 거리낌 없이 형제, 자매라고 부릅니다."

상인이 말했다. "우리 민족의 철학자들은 당신이 설명한 우정에 대해, 그리고 내가 본 바로 당신들 모두가 공유한 우정에 대해 인간이 할 수 있는 가장 이상적인 사랑이라고 말합니다. 그것을 성취할 수 있는 사람은 거의 없지만 말이죠. 그러나 여기 있는 여러분, 어부와 여자 사업가, 종과 주인, 젊은이와 노인은 함께 같은 식탁에 앉아 같은 떡을 떼며 같은 잔을 마십니다. 당신들은…… 철학자들이 생각해 낼 수 있는 부류의 사람들이 아닙니다. 그들은 이런 식으로 살아가는 모습을 상상하지 못할 테니까요."

여자가 웃으며 말했다. "그래서 바울이 이런 편지를 쓴 것도 당연하지요. '친구 여러분, 여러분이 이 그리스도인의 삶으로 부름 받았을 때, 여러분의 모습이 어떠했는지 잘 떠올려 보십시오. 나는 여러분 가운데서 가장 영리하고 뛰어난 사람, 상당한 영향력을 가진 사람, 상류층 집안 출신을 그다지 많이 보지 못했습니다. 하나님께서 "잘났다고 하는 사람들"의 그럴듯한 허세를 폭로하시려고, 홀대받고 착취당하며 학대받는 사람들, 곧 "아무것도 아닌 사람들"을 일부러 택하신 것이 분명하지 않습니까? 그렇다면 여러분 가운데 누구도 하나님 앞에서 스스로 자랑할 수 없다는 것은 분명한 사실입니다. 우리가 그리스도인이 되어 누리는 모든 것, 즉 바른 생각, 바른 삶, 깨끗해진 경력, 새로운 출발은 예수 그리스도를 통해 하나님께로부터 주어진 것입니다.'

초대 교회는 확실히 부랑자들이 모인 공동체였지만 사람들은 그들과 함께했고, 그들 가운데 하나님이 행하시는 대로 이끌려 갔습니다. 그들은 알았습니다. 하나님이 아브라함에게 약속하신 언약 가운데 서 있다는 것을요. 바로 하나님의 백성을 통해 세상의 열방을 축복하시겠다는 언약 말입니다. 그들은 대부분 부랑자였는지 모르지만, 교회에는 두드러진 남자와 여자도 더러 있었습니다."

"특히 눈에 띄는 여자들이 많았지." 여자의 친구인 노인이 말하면서 잔을 들어 여자에게 건배하는 시늉을 했다. 그는 상인에게 돌아섰다. "집주인이 짧게 언급한 도르가라는 여자 말고도 루디아라는 여자도 있었네. 루디아는 가장이었지. 바울이 빌립보에서 **이야기**를 전할 때, 루디아는 그 이야기를 듣고 예수께 충성하기로 했다네. 루디아는 고향인 두아디라로 돌아가 그곳에서 **이야기**를 전했지. 그리고 **이야기**를 들은 온 마을 사람이 신자가 되었다네. 가장인 루디아는 그의 집을 교회로 만들어 교회 지도자가 되었고 말일세. 바로 이 친구처럼 말이야.

데살로니가에는 바울과 함께 성경을 연구하고 신자가 된 유명한 그리스 여자들이 있었다네. 브리스길라와 그의 남편 아굴라는 성경에 정통한 아볼로라는 남자를 가르쳤지. 브리스길라는 아볼로가 오해하고 있는 **이야기**를 바로잡아 주었어. 그렇게 가르침을 받고 난 뒤, 아볼로는 고린도로 가서 그곳에 있는 교회를 이끌었다네. 처음부터 하나님은 에클레시아를 이끄는 데 남자와 여자를 모두 사용하셨던 걸세."

여자가 미소를 지으며 오랜 친구에게 잔을 들어 보였다. 그러고 나서 에클레시아를 둘러보며 말했다. "친구 여러분, 늘 그렇듯이 여러분과 함께 나누는 식사에는 기쁨이 넘칩니다. 그렇지만 벌써 시간이 늦었네요. 여러분이 이 집을 떠나기 전에 편지 하나를 더 읽어 드리고 싶습니다." 여자가 뒤로 돌아 손을 뻗더니 소중한 두루마리 하나를 집어 들었다. "이 편지는 베드로가 에클레시아 사이에서 돌려 읽게 하려고 쓴 것입니다. 예수를 따르기로 한 충성을 격려하고 북돋기 위해서 말이지요. 베드로가 생명을 걸어 행한 충성이지요. 이제 그가 쓴 글을 듣고 마음에 새겨 둡시다." 여자가 두루마리를 펼치고 읽기 시작했다.

"'그러니 여러분을 깨끗이 정리하십시오! 악의와 위선, 시기와 악담을 말끔히 치워 버리십시오. 하나님을 맛보았으니, 이제 여러분은 젖먹이 아이처럼, 하나님의 순수한 보살핌을 깊이 들이키십시오. 그러면 하나님 안에서 무럭무럭 자라서, 성숙하고 온전하게 될 것입니다.

살아 있는 돌, 곧 생명의 근원을 맞이하십시오. 일꾼들은 그 돌을 얼핏 보고 내다 버렸지만, 하나님께서는 그 돌을 영광의 자리에 두셨습니다. 여러분은 건축용 벽돌과 같으니, 생명이 약동하는 성소를 짓는 데 쓰일 수 있도록 자신을 하나님께 드리십시오. 거룩한 제사장이 되어, 그리스도께서 인정하시는 삶을 하나님께 드리십시오. 성경에는 이러한 선례가 있습니다.

보라! 내가 돌 하나를 시온에 둔다.
모퉁잇돌 하나를 영광의 자리에 두겠다.

제 11 장

누구든지 이 돌을 신뢰하고 기초로 삼는 사람은
후회할 일이 결코 없을 것이다.

그분을 신뢰하는 여러분에게는 그분이 자랑할 만한 돌입니다.

일꾼들이 내다 버린 돌이
머릿돌이 되었다.

그분을 신뢰하지 않는 자들에게는 걸려 넘어지게 하는 돌, 길을 가로막는 큰 바위입니다.

믿지 않는 자들이 걸려 넘어지는 것은, 그렇게 되도록 정해져 있는 것과 같이, 그들이 순종하지 않기 때문입니다.

그러나 여러분은 하나님께서 택하신 사람들입니다. 여러분은 제사장의 일이라는 고귀한 사명을 감당하도록 선택받았고, 거룩한 백성이 되도록 선택받았으며, 하나님의 일을 하고 하나님을 위해 말하는 그분의 도구로 선택받았습니다. 그것은 하나님께서 여러분을 위해 밤낮으로 행하신 특별한 일, 즉 아무것도 아닌 자에서 중요한 자로, 거절당한 자에서 받아들여진 자로 바꾸신 일을 다른 사람들에게 전하게 하시려는 것입니다.'"

여자는 두루마리를 있던 곳에 다시 놓고 친구들에게 작별 인사를 나누었다. "우리가 누구인지, 그리고 누구에게 속한 자인지 기억합시다. 그리고 **이야기**를 전하러 갑시다. 이 세상에서 하나님의 제사장이 되어 다른 사람들이 새 출애굽, 포로 생활에서 귀환하는 것을 경험할 수 있게 합시다. 더 이상 하나님에게서 그리고 서로에게서 멀리 있지 않게 합시다. 그리고 새 창조 사역에 함께 참여합시다!"

에클레시아가 깊은 밤을 헤치며 돌아가는 동안에도 상인은 여전히 자리를 뜨지 않고 있었다. 상인은 자기 앞을 지나가는 노인의 팔을 붙잡고는 여자에게 돌아섰다. 그리고 두 사람의 얼굴을 똑바로 쳐다보며 말했다. "당신들에게 질문할 게 하나 있습니다."

세 사람은 밤늦도록 소곤소곤 진지한 이야기를 나누었다. 하나였던 질문이 둘이 되고 셋이 되면서 상인은 끊임없이 **이야기를 이**해하기 위해서, 이야기 안에서 그의 자리를 찾기 위해서, 그리고 그가 들은 초청을 받아들이는 것에 담긴 의미를 이해하기 위해서 애쓰고 있었다.

제 12 장

완성

끝을 향해 나아가는 **이야기**를 받아들인다는 것의 의미

한 주를 시작하는 첫 날. 친구들이 함께 식사하기 위해 하나둘 도착하자, 노인은 그의 집에 모여든 무리들을 둘러보았다. 그러는 동안 그의 머릿속은 지금과 매우 비슷한 상황, 그가 처음으로 **하나님 이야기**를 들었던 때로 돌아갔다.

오래전 그때, 무리는 널따란 야외 뜰에 모여 함께 공공연하게 식사를 나누었다. 지금 이 무리는 감히 그렇게 공개적으로 만나지 못한다. 대신 날이 어둑해진 뒤에야 노인의 집 안쪽 방에 모였다. 오랜 세월 전인 당시, 자애로운 집주인의 얼굴이 마음속에 떠오르자 노인 얼굴에 살며시 미소가 번졌다. 거의 삼십 년이 흐른 뒤 이 노인이 자신의 집에서 에클레시아를 맞이할 줄을 누가 상상이나 했겠는가? 이제 그가 새로 온 사람들에게 **이야기**를 들려주는 사람이 될 줄 누가 알았겠는가?

그때 노인은 몇 달 동안 그 도시에 머물면서 여주인과 여주인의 친구에게 **하나님 이야기**를 배웠다. 그에게는 모든 것이 새로웠고, 궁금증이 끊이지 않았다. 그들과 삶을 나누면서 노인은 자신이 그들의 예수를 충성스럽게 믿기 시작했다는 사실을 깨달았다. 그가 섬기던 신을 버리고 대신 그리스도를 섬기기로 결심한 날이 정확히 언제였던가? 기억이 나지 않는다. 그는 어느샌가 더 이상 다른 신들의 사원과 성지에 가지 않았다.

결심한 날이 있다면, 아마도 그가 시장에서 손님에게 다가간 날일 것이다. 사람은 좋지만 더 이상 그에게 물건을 사지 않는 손님이었다. '왜 내 가게에서 물건을 사지 않는 걸까?' 그는 알고 싶었다. 그 손님이 대답했다. "나는 '그리스도인'과는 거래를 하지 않습니다." 노인은 그 말에 망연자실한 채 서 있던 자신의 모습이 그려졌다. 손님이 발걸음을 돌리고 저 멀리 걸어가는 동안 그는 아무 말도 하지 못했다. 그날, 그는 가게 문을 닫고 강을 따라 내려가며 깊은 생각에 잠겼다. 그리고 기도했다. 예수께.

그날 밤, 그는 여자에게 언약의 징표를 얻고 싶다고 말했다. 그의 죄를 용서해 주신 것에 감사하여 세례를 받고 싶었다. 그리고 예수께 충성한다는 것을 정식으로 선포하고, 새로운 피조물로서 하나님 나라를 섬기는 자로 기름 부음 받고 싶었다. 그래서 그는 세례를 받았다. 한 달쯤 지나 가게에 파리만 날리자 그는 여자와 그의 친구를 만나 그의 계획을 이야기했다. 그는 고향 도시로 돌아가 예수의 메시지를 전할 생각이었다. 가족과 친구들에게 **하나님 이야기를 들려주기 위해서**.

고향에 돌아갔을 때 받은 냉대가 떠오르자 그는 어깨가 축 처졌다. 가족과 친구들은 그의 말을 듣기는커녕 가문에 수치를 안겨

제 12 장

주었다며 그를 비난했다. 몇몇은 아예 그에게 말도 걸지 않았다. 그런데도 그는 가게에 오는 손님에게 몇 시간씩 **이야기**를 전했고, 손님 가운데 몇몇은 그의 집으로 찾아가 함께 식사를 하며 이야기를 더 듣기도 했다. 이 몇 안 되는 사람들로부터 바로 그가 주인으로 세워진 에클레시아가 시작되었다. 그 에클레시아가 세월을 거쳐 지금까지 이어져 온 것이다.

예루살렘이 무너진 뒤* 디아스포라로 흩어진 많은 사람이 그가 사는 도시로 모여들었다. 그는 이 피난민들을 환대했고, 그들이 그곳에서 다시 자리 잡을 수 있도록 도와주었다. 그가 자기네 민족의 이야기를 꽤 많이 알고 있는 것을 보고 피난민들이 놀라워하던 모습이 떠오르자 그는 웃음이 났다. 그리고 방을 둘러보면서 예수를 메시아로 받아들이기로 선택한 사람들의 얼굴을 바라보았다.

그들은 로마가 예루살렘을 포위하고 성전을 파괴한 끔찍한 이야기를 전해 주었다. 그가 기억하기로는 예수가 예견하고 그의 민족에게 경고하려고 한 바로 그 사건이었다. 열심당이 폭동을 일으키자 티투스 플라비우스의 부대가 그 도시를 에워싸고는 끝내 완전히 초토화했다. 성곽 토대까지도 모두 파헤쳐 버릴 정도로 말이다. 그렇게 해서 돌 하나도 돌 위에 남지 않았다. 성곽의 한쪽 면만 온전히 남아, 과거 언젠가 그 자리에 얼마나 큰 도시가 서 있었는지를 보여 주고, 제국에 저항하면 어떤 형벌을 받게 되는지를 증언해 줄 것이다.

---

* 예루살렘은 서기 70년 베스파시아누스 황제가 통치하는 동안 로마에 의해 약탈당하고 파괴되었다.

'그렇지만 당신들은 제국의 힘을 위협하기 위해 로마에 저항하는 무기를 들어서는 안 된다.' 노인은 생각했다. 그는 함께 옹기종기 모여 있는 작은 무리의 남녀를 둘러보았다. 등불에 비친 그들의 얼굴에는 약간 걱정하는 듯한 표정이 어려 있었다. 등불 연기는 둘둘 휘감겨 뒤틀리듯 올라가 방의 낮은 천장을 검게 그을려 놓았다. 그는 두기고를 생각하며 손등으로 눈물을 훔쳤다. 그 무리에 속해 있던 두기고는 오늘 처형당했다. 그들의 공동체는 점점 줄어들었다. 몇몇은 죽임 당하고 몇몇은 도망가기도 했다. 자신들이 겪는 박해를 견딜 수 없었던 것이다.

노인은 깊은 한숨을 내쉬었다. 남은 자들에게는 희망의 말, 계속 가야 할 이유가 필요했다. 그들은 하나님께 들어야 했다. 하나님이 그들을 잊지 않으셨다고, 그들이 당하는 고난은 헛된 것이 아니라는 말을 들어야 했다.

노인은 아무도 모르게 힘없이 미소를 지었다. 그에게도 희망의 말이 필요했기 때문이다. 그래서 노인은 다시 한 번 교회들에 돌려 읽힌 편지를 집어 들었다. 그의 형제자매들이 함께 식사하고 있을 때, 그가 말했다. "친구 여러분, 하나님이 교회에 전하는 메시지를 다시 들으십시오.

'이것은 예수 그리스도의 계시입니다. 하나님께서는 앞으로 일어날 일을 하나님의 종들에게 분명히 보여 주시려고 이 계시를 주셨습니다. 하나님은 천사를 통해 이를 공포하셨고, 하나님의 종 요한에게 전해 주셨습니다. 그리고 요한은 자신이 본 모든 것을 말했습니다. 하나님의 말씀, 곧 예수 그리스도의 증언을! 이것을 읽는 독자는 얼마나 복된 사람인지요! 이 예언의 말씀, 이 책에 기록된 모든 말씀을 듣고 지키는 이들은 얼마나 복된 사람인지요!

때가 바로 눈앞에 다가왔기 때문입니다.'"

바로 그때 누군가 문을 두드리는 소리가 들렸다! 몇몇 손님이 기겁하여 자리에서 벌떡 일어섰다. 그러나 잠시 뒤, 익숙한 얼굴이 나타났다. "늦어서 미안합니다. 일이 좀 있었거든요." 사람들은 모두 안도의 한숨을 내쉬며 자리에 앉았다. 그 남자는 몸을 돌려 뒤에 서 있던 두 사람에게 들어오라며 손짓했다. 무리는 낯선 사람들에게 경계하는 듯한 눈빛을 던지면서도 그들이 앉을 수 있도록 자리를 내주고 빵과 포도주를 건넸다. 그러는 동안 늦게 도착한 남자는 친구들에게 설명했다. "오늘, 처형장에 다녀왔습니다."

사람들이 말리기도 전에 그 남자는 말을 계속했다. "압니다, 알아요. 어리석은 짓이죠. 그렇지만 그래야 했습니다. 그들이 몇몇 강도를 목매달아 죽이는 걸 봤습니다. 그러고 나서 두기고를 끌어내더군요. 얼마나 많이 맞았는지 서 있기조차 힘들어 보였습니다. 제가 서 있는 곳에서 돌이 날아가도 이쪽은 한 번도 쳐다보지 않았습니다. 게다가 한쪽 눈은 감겨 있었고요. 그들이 칼을 뽑자 두기고는 어깨를 펴고 하늘을 향해 고개를 쳐들었습니다. 그는 기도하고 있었습니다. 그들이 뒤에서 치자 두기고는 풀썩 무릎을 꿇었습니다."

침묵. 아무도 입을 열지 않았다. 남자의 뺨을 타고 눈물이 천천히 흘러내렸다. "황제의 신성을 모독한 죄라니……. 그들이 죄목을 읽어 내려갈 때, 두기고는 눈을 들어 그들을 바라보았습니다. 저는 그가 이렇게 말하는 걸 두 귀로 똑똑히 들었습니다. '아버지, 저들을 용서해 주십시오. 저들은 저들이 무슨 일을 하는지 알지 못합니다.' 그 순간, 칼이 내리쳐졌고, 우리 형제는 주님께 생명을 드렸습니다.

흐르는 눈물을 멈출 수가 없었습니다. 저도 위험하다는 걸 알았기 때문에 서둘러 그 자리를 떠났습니다. 그리고 오늘밤 이곳에 오기 위해 마을을 가로질러 돌아오고 있었습니다. 그런데 누가 저를 따라왔더군요. 바로 저 두 분입니다." 남자는 두 여인을 가리켰다. "제가 골목으로 몸을 숨기자, 이 분들은 저더러 멈춰 서라고 외치더군요. 저는 두려운 나머지 거의 뛰다시피 가고 있었는데, 무언가가 저를 막아섰습니다.

이 분들이 제게 다가와 주위를 살피더니 이렇게 물었습니다. '혹시 "그리스도인"이세요?' 저는 '아닙니다!'라고 말하고 싶었습니다. 그렇지만 어떻게 그럴 수 있겠습니까? 이 분들은 이미 제가 한 행동을 모두 지켜봤는걸요. 그래서 저는 그렇다고 시인했습니다." 남자는 여자들 가운데 한 명에게 돌아서서 말했다. "제게 하신 말씀을 이 사람들에게도 들려주시죠."

여자는 깊은 관심을 보이며 여자를 바라보고 있는 얼굴들을 바라보았다. "제 친구와 저는 수많은 공개 처형을 지켜봤습니다. 그런데 이상하게도 당신네 그리스도인들은 다른 사람들과 다르더군요.

자비를 구걸하지 않았습니다. 당신들은 황제의 동상에 입 맞추며 목숨을 살려 달라고 하지도 않습니다. 여러분 가운데 몇몇은 집을 잃었다고 알고 있습니다. 우리는 당신들이 파는 물건을 사지도 않습니다. 그런데도 어떻게 살아갈 수 있는 거죠? 사람들은 당신들이 우상 숭배자나 무신론자, 심지어는 식인종이라고 수군댑니다! 우리는 당신들이 어떻게 죽어 가는지 봤습니다. 그리고 당신들이 어떻게 살아가는지도 보고 있고요. 우리는 그것을 설명할 수가 없습니다. 그래서 우리는 그 예수라는 사람을 더 알고 싶어졌습니다. 당신들이 주라고 주장하는 그리스도, 당신들이 기꺼이 목숨을 내어 놓는 그 사람 말입니다. 우리에게 들려주시겠습니까?"

무리가 노인을 쳐다봤다. 예상치 못한 상황에 그는 싱긋 웃어 보였다. "안 그래도 지금 막 예수의 이야기를 하려던 참입니다. 자, 여기 앉으세요. 함께 식사하면서 이야기를 들으시면 좋겠네요." 그들은 대답 대신 미소를 지어 보였다. 지도자는 다시 두루마리를 집어 들더니 이야기를 계속했다.

"'나 요한은, 아시아에 있는 일곱 교회에 이 편지를 적어 보냅니다. 지금도 계시고, 전에도 계셨고, 장차 오실 하나님께서, 또 하나님의 보좌 앞에 있는 일곱 영이, 또 충성스런 증인이자 죽은 자들 가운데서 처음 살아나신 장자이자 지상의 모든 왕을 다스리고 계신 예수 그리스도께서 여러분에게 은혜와 평강을 내려 주시기를 바랍니다.'"

노인은 기대에 찬 얼굴을 하고 있는 사람들을 둘러보았다. "지금 우리는 어두운 시기를 보내고 있습니다. 가족도 잃고 친구도 잃었지요. 우리 가운데 누군가 앞에도 그들이 당한 일이 기다리고 있을지 모릅니다. 또 어떤 사람들은 우리를 떠나 버렸습니다. 우리가 당하는 고통을 견딜 수 없었기 때문입니다. 어쩌면 우리 가운데 몇몇은 그들처럼 떠날 생각을 하고 있을지도 모르지요. 우리는 모두 같은 질문을 품고 있습니다. '왜 하나님은 우리를 악에서 구원해 주시지 않는 걸까?' '얼마나 오랫동안 하나님은 사악한 자들이 형통하도록 내버려 두실까?' '어째서 하나님은 이렇게 멀리 떨어져 계신 채 고통스런 지금 이때에 모습을 드러내시지 않는 걸까?'" 무리를 둘러보니 많은 사람이 고개를 끄덕이고 있었다. 그는 고개를 들어 선포했다. "그러나 하나님은 늘 그곳, 하나님의 보좌에 계셨습니다. 시편 기자도 노래한 것처럼 말입니다. '여호와의 보좌는 하늘에 있음이여, 여호와께서 지켜보시도다. 하나님의 안목이 그들을 감찰하시도다. 여호와는 의인을 감찰하시고 악인과 폭력을 좋아하는 자를 마음에 미워하시도다.' 계시록에서도 줄곧 여호와는 보좌에 계시는 왕이십니다. 인간이 무엇을 하든 상관없이 말이지요. 우리는 로마가 권력을 쥐고 있다고 생각할지도 모릅니다. 어찌되었든, 누구도 로마의 군사력과 경제력에 도전할 수는 없으니까요. 그렇지만 제국은 흥하기도 하고 쇠하기도 합니다. 그러나 하나님은 언제까지나 다스리는 영원한 통치자이십니다.

지금 우리가 겪고 있는 핍박은 우리에게 좁은 시야를 갖게 합니다. 우리는 눈을 들어 보좌를 바라봐야 합니다. 그곳에 알파와 오메가이신 분, 지금도 계시고, 전에도 계셨고, 장차 오실 전능하신 하나님이 앉아 계십니다."

노인은 다시 편지로 눈을 돌렸다. "요한은 어느 주일, 성령 안에 거하고 있을 때 예수 그리스도의 계시를 받았습니다. 그리고 그 계시를 우리와 일곱 교회, 즉 에베소, 서머나, 버가모, 두아디라, 사데, 빌라델비아, 라오디게아에 보냈습니다."

"그 일곱 도시에만 그리스도인이 있나요?"

지도자가 질문한 사람을 쳐다보았다. 방금 들어온 여인 가운데 한 명이었다. "이름이 어떻게 되십니까?"

"헤라입니다." 여자가 대답했다.

"아주 좋은 이름이군요! 제우스의 아내이자, 신들의 여왕, 맞죠?"

여자가 수줍어하며 말했다. "네, 맞아요. 그런데 당신네 그리스도인들은 하나님만이 유일한 신이라고 말하지요. 그렇지 않나요?"

지도자가 무리를 둘러보았다. "그렇습니다. 우리는 알파와 오메가이신 유일한 하나님을 믿습니다. 이스라엘 백성도 마찬가지입니다. 그렇지만 그들은 유일한 하나님을 믿기 위해 황제에게 허가를 얻었습니다. 그것 때문에 세금을 내긴 하지만요. 우리는 그렇지 않습니다. 그래서 공식적인 제국의 종교를 받아들이지 않기 때문에 신성 모독으로 고소당하는 것입니다.

이제 당신의 질문으로 돌아가 보죠. 제국 곳곳에 그리스도인이 있습니다. 아주 많은 도시에 말입니다. 그렇지만 이 일곱 도시는 황제를 경배하는 황실 숭배의 주요 거점입니다. 그래서 이 일곱 교회가 제국을 숭배하지 않고 그리스도이신 예수께 충성한다는 이유로 핍박을 당하고 있는 모든 그리스도인을 대표하는 것입니다."

지도자는 다시 본문으로 돌아가 예수께서 일곱 교회에 전하라며 요한에게 주신 각 메시지를 읽어 주었다. 그리고 이렇게 설명을 덧붙였다. "각 메시지는 비슷한 구조를 갖고 있습니다. 먼저 예수께서는 계시록의 첫 부분을 반복하는 방식으로 그분이 어떠한 분인지를 나타냅니다. '처음이요 마지막', '하나님의 아들', '거룩하신 분, 참되신 분', '아멘이신 분, 신실하고 확실한 증인이신 분.' 그리고 나서 예수께서는 각 교회에 그분이 그들의 상황을 알고 있다고 말씀하십니다. 몇몇 교회는 칭찬하시지만, 몇몇 교회는 꾸짖으십니다. 예수께서는 각 교회에 훈계하시고 약속하신 뒤 같은 글로 메시지를 마치십니다. '너의 귀는 지금 깨어 있느냐? 귀 기울여 들어라. 교회들 가운데 불어오는 그 성령에 귀를 기울여라.'"

"잠깐만요!" 헤라가 말했다. "제가 생각하기에는 지금 예수가 말하고 있는 거 같은데, 아닌가요? 그렇다면 성령은 뭐죠?"

지도자가 웃었다. "맞습니다. 당신처럼 처음 듣는 사람에게는 혼란스러운 이야기일 겁니다. 저도 그랬으니까요. 우리는 예수께서 성령으로 우리와 함께 계시다고 믿습니다. 그분이 하나님 아버지 우편에 앉아 계시듯이 말입니다." 지도자는 다시 한 번 자신이 여러 신을 섬기는 누군가에게 관계를 지닌 공동체로 존재하시는 유일한 하나님이라는 개념을 설명해야 하는 어려운 임무를 감당하고 있다는 것을 깨달았다.

무리는 다시 교회에 전하는 메시지를 토론하고 있었다. 아브라함의 후손들은 이번에도 다니엘 선지자에게 들은 메시지와 비슷하다는 말을 운운했다. "이 편지를 읽어 보면," 노인이 말했다. "계시록의 메시지는 네 부류의 집단에게 향하는 것처럼 보입니다. 확신이 흔들리는 부류에게 계시록은 신실하라고 조언합니다. 하나님께 굳건히 복종하는 부류에게는 인내하라고 격려하며, 순교로 생명을 잃은 부류에게는 상급을 약속합니다. 신실한 자들을 핍박하는 부류에게는 심판을 선언합니다."

헤라는 친구를 쳐다보며 다시 한 번 똑똑히 말했다. "당신네 하나님이 우리를 심판하러 온다고요? 어쨌든 지금까지 우리는 황제에게 복종하고 당신네 그리스도인들과는 아무 상관이 없었는데, 우리도 당신들을 핍박한 사람들에 해당하나요?"

지도자가 몸을 앞으로 숙였다. 헤라가 한 질문은 매우 중요했기 때문이다. "헤라, 우리가 읽은 메시지는 교회를 향한 것이라는 사실을 기억하세요. 하나님은 우리 모두를 심판하실 겁니다. 이방인과 그리스도인 모두를요. 계시록 나머지 부분을 듣고 나면, 당신은 예수께서 우리에게 제기하시는 진짜 중요한 한 가지 질문이 있다는 것을 알게 될 겁니다. 바로 '너는 어디에 충성하느냐?'입니다.

이 편지에 담긴 예수의 말을 듣는 동안, 교회에 속한 우리 가운데 어떤 사람들은 사실 우리가 결국 하나님 편에 있지 않다는 것을 발견하고 놀랄 것입니다. 계속 들으면서 당신은 이 세상 왕국이 종종 하나님 나라와 반대편에 서 있다는 사실을 알게 될 거고요.

그리고 하나님 나라보다는 제국 체제에 더 많이 투자한 사람은 더 위태로운 자리에 서 있다는 것도요. 그들이 교회에 속한 사람일지라도 말입니다."

헤라가 이해할 수 없다는 듯 팔을 치켜들고 소리쳤다. "그러면 누가 구원받을 수 있나요?"

지도자가 다시 두루마리를 집어 들더니 읽으려는 부분을 찾기 위해 두루마리를 앞으로 둘둘 말았다. "이 말씀이 설명해 줄 수 있을 것 같군요. '그때 나는 하늘에서 큰 음성을 들었습니다. "이제 구원과 권능이, 우리의 하나님의 나라가, 하나님의 메시아의 권위가 굳게 섰다! 우리 형제자매를 고발하던 자, 하나님 앞에서 그들을 밤낮으로 고발하던 자가 쫓겨났다. 우리의 형제자매는 어린양의 피와 그들의 담대한 증언을 힘입어 그를 이겼다. 그들을 자기 자신을 사랑한 것이 아니라, 그리스도를 위해 기꺼이 죽고자 했다."'

헤라, 일곱 교회에 전하는 각 메시지를 들어 보면 예수의 계시는 우리에게 이기라고 요청합니다. 우리는 하나님의 통치에 맞서는 그 모든 힘을 이기도록 부름받았습니다. 그들이 아무리 매혹적이라 할지라도 말이죠. 로마는 세상이 이제껏 보아 온 가장 강력한 제국입니다. 그러나 그들이 이룬 영광과 부는 정복당한 사람들을 군사력과 경제력으로 압박하여 얻어 낸 것입니다. 예수의 계시록은 우리에게 '역사 뒷면'의 관점, 로마의 힘과 영광에 희생된 사람들의 시선을 보여 줍니다. 하나님은 하나님 나라를 찾으시고 그곳으로 들어오라고 우리를 초청하십니다. 이것은 우리가 다른 어떤 신도 섬겨서는 안 된다는 뜻입니다. 우리에게 충성을 요구하는 어떤 제국도, 어떤 나라나 국가도 말이죠. 그들은 다른 사람들을 희생하여 자기네 이익을 더 많이 챙기기 위해 경제력과 군사력을 사용합니다. 우리가 그렇게 한다면, 그러한 우상들에게 절하기를 거부한다면, 우리는 비방당하고 학대당하겠지요. 당신이, 그리고 우리가 아주 잘 알고 있듯이 우리는 하나님께 신실하다는 이유로 생명을 잃을지도 모릅니다.

그러나 우리가 죽는 것은 패배가 아닙니다! 바로 그 점이 계시록에 담긴 소망입니다. 이 편지는 우리의 상상력을 자극하기 때문입니다. 이 편지는 우리 눈에서 휘장을 걷어 올려 우리가 처한 상황을, 그리고 모든 역사를 보게 해 줍니다. 하나님의 관점으로 말이지요.

우리 상황을 바라보고, 근본적으로 그 상황을 올바르게 보는 사람들에게 계시록은 상황을 있는 그대로 보도록 도전합니다. 상황이 끔찍하다고 보는 사람들에게는 힘을 북돋워 줍니다. 하나님의 영원한 관점에서 상황을 보는 것은 우리에게 대응하라고, 이겨 내라고, 하나님이 우리에게 주신 승리의 무기를 들라고 요청합니다. 그 무기는 칼과 창이 아니라 참고 견디는 인내와 신실함입니다. 비록 우리가 진 것처럼 보일지라도 이미 승리한 전쟁이라는 사실을 아는 것입니다. 기억하십시오. 하나님은 보좌에 앉아 계십니다."

여자가 이마를 찌푸렸다. "그러니까 '하늘'에 있는 상급에 집중하면 지금 당신네들을 둘러싸고 일어나는 모든 상황에서 벗어날 수 있을 거라는 말인가요?"

"아닙니다!" 노인이 진지하게 대답했다. "제 말은 앞으로 일어날 신비로운 사건을 믿는 것이 지금 여기(here-and-now)의 현실을 뒷전으로 밀어 둔다는 뜻이 아닙니다. 오히려 오늘을 신실하게 살아가라고 요청하는 영원의 관점이 열리면 지금 여기의 현실이 상당히 달라 보일 것입니다."

사람들이 노인의 말을 저마다 곰곰이 돌이켜 보는 동안 잠시 침묵이 흘렀다. 헤라가 또다시 그 침묵을 깨뜨렸다. "어르신이 방금 읽은 부분이요, 어린양의 피에 관한 부분은 뭔가요? 무슨 뜻이죠? 어르신이 말씀하신 것처럼, 누군가가 이기도록 그 피가 어떻게 돕죠?"

에클레시아의 한 구성원이 큰 소리로 설명했다. "편지에서 하늘에 있는 두루마리를 설명하는 부분 같은데요. 누구도 그 두루마리를 펴서 읽을 수 없었죠. 그래서 요한은 울고 울었습니다."

"맞습니다." 지도자가 말했다. "당신에게 그 부분을 읽어 드리죠." 그가 그 부분을 찾더니 읽기 시작했다. "'장로들 가운데 하나가 내게 말했습니다. "울지 마라. 보아라. 유다 지파에서 나신 사자이신 분, 다윗 나무의 뿌리이신 분께서 승리를 거두셨다. 그분은 저 두루마리를 펴실 수 있고, 일곱 봉인을 떼실 수 있다."'"

"사자가 누구죠?" 헤라가 물었다.

지도자는 대답을 하기 전에 좀 더 편지를 읽어 주었다. "'그래서 내가 보니, 한 어린양이 보좌와 동물과 장로들로 둘러싸여 계셨습니다. 그분은 전에 도살되었으나 이제 우뚝 서 계신 어린양이었습니다. 그분은 일곱 뿔을 가졌고 또 일곱 눈을 가졌는데, 그 눈은 모든 땅에 보내진 하나님의 일곱 영이었습니다.'" 노인이 헤라를 쳐다봤다. "그 사자가 바로 예수님입니다."

"잠깐만요, 우리는 사자에 대해서 듣고 있는 줄 알았는데요? 지금은 또 어린양이라뇨? 뭐가 뭔지 하나도 모르겠어요!"

지도자가 측은한 눈빛으로 헤라를 바라봤다. 그는 오래전, 한 여자가 그 여자의 집에서 모이던 에클레시아로 그를 초대하여 그에게 처음 **이야기**를 들려준 날이 떠올랐다. "계시록의 나머지도 상당 부분은 이해하시기 힘들 겁니다, 헤라. 당신은 하나님 백성의 이야기도, 우리 '성서'도 알지 못하니까요. 계시록은 '종말'의 형태로 우리에게 옵니다. 그런 방식에 완전히 젖어 있는 사람들 말고는 거의 대부분 그것을 이해할 수 없습니다. 어떤 사람들은 이 종말의 모습이 세월이 흘러도 변함없는 영원한 상징이라고 믿습니다. 각 세대가 스스로 재해석해야만 하는 상징인 것입니다. 또 어떤 사람들은 그 모습을 해독하면 앞으로 일어날 일을 예견할 수 있다고 믿습니다. 그러나 실제로 계시록에 나타난 기묘하고도 경이로운 모습은 성서의 암시로, 그리고 지금 우리 문화의 암시로 가득 차 있습니다."

"예를 들어 설명해 주세요. 그러면 조금은 이해할 수 있을 것 같아요."

"음, 쉬운 예로 계시록에서 찾을 수 있는 숫자를 들어 보죠." 누군가가 끼어들었다. "계시록에는 숫자가 많이 나옵니다. 셋, 여섯,

일곱……. 특히 일곱이 많이 나오죠! 열둘, 그리고 십사만 사천도 있습니다."

헤라가 목소리가 들리는 쪽을 바라보았다. "그 숫자들이 뜻하는 게 뭔가요?"

노인이 대답했다. "제 생각에 그 숫자들은 사실 숫자들과 아무 상관이 없는 것을 뜻하는 것도 같습니다. 그 숫자들은 어떻게든 이해하기 위해서 해독해야만 할 만큼 정확한 수치가 아니거든요. 숫자가 지닌 **중요성**은 그것이 계시록에서 설명하는 대상에게 신성한 특징을 부여한다는 것입니다. 종종 숫자의 패턴이 되풀이되는 것은 우리가 혼돈의 세상에서 사는 것이 아니라 하나님이 명하신 우주, 하나님이 의도하신 방식대로 펼쳐진 우주에 거한다는 사실을 상기시켜 줍니다. 바로 **이야기**를 시작하면서 우리가 본 우주처럼 말이죠. 그렇기 때문에 지금처럼 끔찍한 시절에도 우리는 계속 하나님이 그분의 목적대로 일하고 계시다는 것을 신뢰할 수 있습니다. 우리는 하나님이 모든 것을 끝마치실 때까지 앞으로 계속 그분을 신뢰할 것입니다."

헤라가 소리쳤다. "글쎄요, 제가 당신들이 말하는 숫자를 이해하지 못한다면, 당신이 말하는 지금 우리 문화의 암시라는 건 어때요? 어쩌면 그 부분은 조금 이해할 수 있지 않을까요?"

"그래요, 헤라. 제 생각에도 그렇게 하는 게 좋을 것 같네요. 그 부분은 당신도 이해할 수 있을 거예요. 계시록에 담긴 '비밀'은 대부분 사실 다른 곳에 나타나 있습니다. 지난 몇 주 동안 우리는 두루마리에 묘사된 '짐승'에 대해 이야기했습니다. 아마도 당신은 그것이 무엇인지 정체를 발견할 수 있을지도 모르겠네요. 우선 '용'에서 시작해 볼까요?"

노인은 자신이 염두에 둔 곳을 찾기 위해 두루마리를 말더니 읽어 내려갔다. "'그 용은 자기가 땅으로 내쫓긴 것을 알고서, 남자아이를 낳은 그 여자를 쫓아갔습니다. 그래서 그 용은 그 여자의 남은 자녀들, 곧 하나님의 계명을 지키며 예수의 증언을 굳게 지키는 자녀들과 전쟁을 하러 나갔습니다. 그리고 그 용은 바닷가에 섰습니다. 나는 짐승 하나가 바다에서 올라오는 것을 보았습니다. 그 용은 자기 권능과 보좌와 큰 권세를 그 짐승에게 넘겨주었습니다.'

헤라, 성경이 말하는 바를 잘 아는 우리와 비교한다면 아마도 당신은 이 용이 누구인지를 아는 데 아무래도 시간이 걸릴 거예요. 이 용은 사탄입니다. 하나님이 세상을 향해 세우신 목적에 반대하는 마귀, 하나님을 대적하는 행동을 하는 온 열방과 제국 뒤에 서 있는 자입니다."

헤라의 얼굴에 이해한다는 기색이 비치기 시작했다. "용이 바닷가에 서 있다는 건, 악의 끝에 있다는 거 같은데, 맞나요? 바다는 혼돈을 의미하고, 악한 힘은 세상을 제멋대로 하니까요."

"맞아요, 헤라. 정확합니다. **우리 이야기**가 말하는 바가 바로 그거예요. 용이 악의 끝에 서 있고 바다에서 올라오는 짐승을 맞이해서 자신의 권능과 보좌와 권세를 준다는 것은……."

"그렇다면 그 짐승은 바로 로마를 말하는 거군요!" 여자가 외쳤다. "바다를 건너 우리를 정복한 자가 또 누가 있겠어요? 게다가 엄청난 힘과 권위도 가졌다면서요?"

"우리도 그렇게 생각합니다, 헤라. 자, 계시록에서는 뭐라고 하는지 들어보세요. '나는 또 다른 짐승이 땅 밑에서 올라오는 것을 보았습니다. 그 짐승은 어린 양처럼 두 뿔을 가졌으나, 말할 때는 용 같은 소리를 냈습니다. 그 짐승은 첫 번째 짐승의 꼭두각시였고, 땅과 그 위에 사는 모든 이들로 하여금 그 첫 번째 짐승에게 경배하게 했습니다.'"

"요한은 제국 숭배를 이야기하고 있군요. 황제를 숭배하는 것 말이에요. 그는 용이지만 어린 양처럼 보인다……. 우리는 속고 있는 거네요!" 여자가 또다시 이마를 찌푸렸다. "그런데 계속 '양'이 나오네요. 이 양은 먼저 말한 양과 같은 양인가요?"

"아닙니다, 헤라. 기억하세요. 이 양은 양처럼 생긴 짐승입니다. 진짜 어린양은 하나님 보좌 가운데 서 계신 오직 한 분이십니다. 하늘에 있는 장로들이 그분을 향해 '죽임 당하신 어린양은 합당하시다! 권능과 부와 지혜와 능력을 받으소서! 존귀와 영광과 찬양을 받으소서!'라고 노래했습니다. 그분 앞에서 장로들은 엎드려 경배했습니다. 그분은 바로 예수님입니다. 당신은 이곳에 와서 그분에 대해 많은 것을 배웠습니다. 이제 당신들에게 그분 이야기를 소개할 때가 된 것 같군요."

노인은 토라를 읽으며 태초 이야기를 시작했다. 그리고 모든 선지자 이야기를 거쳐 성서에서 예수를 나타내는 모든 부분을 짚어 주었다. 노인이 이야기를 마치자 두 여인의 눈에 눈물이 맺혀 있었다. "우리는 속고 있었어요! 황제는 신이 아닙니다. 우리가 섬기는 다른 모든 신도 진정한 힘을 지니지 않았습니다. 우리는 당신들 그리스도인을 죽였습니다. 예수를 죽인 것처럼요. 우리는 그들의 피를 흘리는 죄를 범했습니다! 하나님은 분명히 우리를 심판하실 거예요!"

"아니에요, 헤라. 그렇지 않아요. 당신은 심판받지 않을 겁니다. 몰랐으니까요. 우리 모두가 그렇듯이, 당신이 심판받게 된다면 그것은 당신이 이 세상에서 하나님의 목적을 대적하는 제국 체제에 기꺼이 참여하는 방식들 때문일 것입니다. 로마는 하나님의 뜻을 대적하는 강력한 나라들의 긴 대열에서 가장 마지막에 서 있으니까요. 그리고 로마가 멸망한 뒤, 더 많은 나라가 일어날 것입니다.

계시록은 로마를 이렇게 묘사합니다. '큰 바빌론'이라고요. '일곱 언덕 위에 세워진' 이 도시는 음행의 포도주로 모든 나라를 취하게 만들고, 이 땅의 왕들이 함께 음행하게 만들며, 이 땅의 장사꾼들이 그와 함께하여 부유해지게 만든다고 말입니다. 우리는 '바빌론'에 속할 것인지, 바빌론의 길에서 떠날 것인지 선택해야 합니다. 우리 뒤에 올 자들도 우리와 똑같은 선택의 길을 마주하게 될 것입니다. 바빌론이 옳다고 여기는 사회는 순순히 그 길을 받아들일 것이기 때문입니다. 다른 사람을 희생하여 경제적 부를 절대화하는 사회는 어느 곳이든 바빌론이 받는 비난을 똑같이 받을 것입니다. 교회에 속한 우리도 군사력에 힘입어 억압적인 경제 관행에서 기꺼이 이익을 취하기로 선택한다면, 그리고 이 편지에서 '짐승의 표'라고 표현한 것을 지닌 자들이라면 바빌론과 같은 비난을 받을 것입니다.

이 표는 '666'이라는 숫자로 상징화되어 있습니다. 누군가가 길을 잃어서 하나님을 대적하는 행동을 하는 것을 말하는 방식이지요." 그가 잠시 말을 멈추었다가 다시 이었다. "우리 가운데 바빌론의 관행을 대적하고 로마의 압제 체제와 분리된 채 우리 이야기가 시작된 뒤로 하나님이 하나님의 백성에게 주신 관행대로 살기로 결정한 사람들은 대가를 치를 것입니다."

이 말을 할 때, 지도자가 고개를 떨어뜨렸다. 다른 사람들과 마찬가지로 그 관행을 지키기 위해 대가를 치른 사람들, 예수를 충성스럽게 믿은 대가로 엄청난 희생을 치른 친구들의 얼굴이 떠올랐기 때문이다. 그러나 잠시 뒤, 다시 고개를 들고 이야기를 계속하는 그의 목소리에는 힘이 실려 있었다.

"그렇지만 우리가 기대해야 하는 것은 이것이 아닙니까? 이 땅의 권력자는 그들의 권위에 도전한다는 이유로 예수를 죽이지 않았습니까? 그러나 그분의 죽음은 끝이 아닙니다! 네, 그것은 시작입니다. 죽임 당하신 어린양은 살아나셨기 때문입니다. 그리고 끝까지 신실하게 남아 있는 자들은 죽음을 이기신 그분, 용을 물리치신 그분의 승리에 함께할 것입니다." 노인이 다시 두루마리를 읽어 내려갔다.

"'나는 또 보았습니다. 거대한 무리의 사람들, 헤아릴 수 없이 많은 수의 사람들이 보였습니다. 모두가 그곳에 있었습니다. 모든 나라, 모든 지파, 모든 종족, 모든 언어가 그곳에 있었습니다. 그들은 서 있었습니다. 그들은 흰 옷을 입고 종려나무 가지를 흔들며, 보좌와 어린양 앞에 서서 전심으로 노래를 불렀습니다. "구원은 보좌에 앉아 계신 우리 하나님께! 구원은 어린양께 있도다!" 보좌 주위에 서 있는 모든 이들, 즉 천사들, 장로들, 동물들이 보좌 앞 바닥에 얼굴을 대고 엎드려서, 하나님께 경배하며 노래했습니다.

바로 그때 장로들 중 하나가 나를 불렀습니다. "저기 흰 옷을 입은 이들은 누구인가? 그들은 어디서 온 이들인가?" 흠칫 놀란 나는 말했습니다. "장로님, 저는 도무지 모르겠습니다. 하지만 분명 장로님은 아실 것입니다." 그러자 그가 내게 말했습니다. "저들은 큰 환난을 겪은 이들인데, 그들은 어린양의 피로 자기들의 옷을 빨아 희게 만들었다. 그래서 그들이 하나님의 보좌 앞에 서 있는 것이다. 그들은 하나님의 성전에서 밤낮으로 하나님을 섬기고 있다. 그 보좌에 앉아 계신 분께서 그곳에 그들을 위해 그분의 장막을 쳐 주실 것이다. 더 이상 굶주림이나, 목마름이나, 불볕이 없을 것이다. 그 보좌에 앉아 계신 어린양이 그들의 목자가 되셔서, 생명수 솟아나는 샘으로 그들을 인도하실 것이다. 하나님께서 그들의 눈에서 눈물을 말끔히 씻어 주실 것이다.'"

지도자가 다 읽고 나자 피곤해하는 이 무리들, 지쳐 있는 형제자매들의 뺨 위로 하염없이 눈물이 흘러내렸다. 그러나 그 눈물은 고통의 눈물이 아니었다. 기쁨과 희망이 뒤섞인 눈물이었다. 순교라는 대가를 치른 그들의 친구들이 이제 이 말의 진리를 경험하고 있기 때문이다.

헤라의 두 눈에도 눈물이 반짝였다. "아름다워요. 그러면 당신네들이 할 수 있는 거라고는 약속받은 것, 그러니까 하늘에서 누리게 될 평화를 바라는 것뿐인가요? 용은 늘 하나님과 싸우고 있고, 열방을 속이고, 하나님의 백성을 죽이는 거고요? 이 마귀는 당신네 하나님만큼 힘이 센가요?"

지도자가 다시 두루마리를 집어 들더니 끝까지 둘둘 말았다. "아닙니다, 헤라. 사실 이미 승리는 정해졌습니다. 예수께서 죄와 사망의 힘, 하나님을 대적하는 모든 힘을 이기셨으니까요. 십자가에 달리시고 부활하셔서 승천하시고 하나님 우편에 계심으로써 말이지요. 우리는 하나님을 신실하게 예배하고 참고 견뎌 내며 제국의 폭력에 저항하도록 부름받았습니다. 계시록을 보면 예수를 따르는 자들은 결코 스스로 무기를 들지 않습니다. 그들은 제국이 의존하고 있는 '구원하는 폭력'이라는 신화를 결코 받아들이지 않습니다. 로마가 '평화'를 가져올 때 땅은 황폐해집니다. 그러나 평화의 왕자 예수께서는 언젠가 폭력을 끝내실 것입니다.

계시록에서 예수는 주로 희생자, 죽임 당한 어린양으로 그려져 있습니다. 제국은 우리에게 숭배와 절대적인 충성을 요구합니다. 그러나 진정으로 우리에게 경배와 충성을 받기 합당하신 그분은 폭력에 시달리시고 제국의 손에 명백하게 패한 어린양이십니다. 하나님이 어린양을 신원하시는 방법은 **이야기**가 시작된 첫날부터 인류를 괴롭혀 온 폭력을 기소하는 것입니다.

그렇기 때문에 계시록에 나타난 제국의 종말에서 어린양의 무기는 그분의 피와, 그분의 입에서 나오는 검, 즉 하나님 말씀입니다. 하나님 나라를 선포하는 말씀이지요. 이사야 선지자가 보았듯이, 그분의 왕권은 점점 더 커져서 평화로운 나라가 끝없이 이어질 것입니다.

이제 계시록이 어떻게 끝나는지 들어 보십시오. '나는 새로 창조된 하늘과 땅을 보았습니다. 처음 하늘은 사라졌고, 처음 땅도 사라졌고, 바다도 사라졌습니다.' 역사의 마지막에 혼돈의 바다, 전형적인 악을 대표하는 그 바다는 사라질 것입니다."

"그러면 이 땅도," 헤라가 끼어들었다. "이 땅도 파괴되는 거고요? 그리고 새로운 땅으로 바뀌는 건가요?"

"아니요." 노인이 대답했다. "창조주 하나님은 노아, 그리고 모든 피조물과 언약을 맺으셨습니다. 다시는 창조세계를 파괴하지 않으시겠다고요. 하나님은 피조물과 맺으신 언약에 신실하신 분입니다. 그렇기 때문에 하나님은 마침내 혼돈의 바다를 폐지하셔서 또 다른 홍수의 위협을 제거하실 것입니다. '새 땅'은 첫 창조세계입니다. 결국 처음 상태를 회복하는 것이지요."

노인이 중단한 곳을 다시 찾아 읽기 시작했다. "'나는 새로 창조된 거룩한 예루살렘이, 남편을 위해 단장한 신부처럼 하나님을 위해 단장한 빛나는 모습으로 하늘에서 내려오는 것을 보았습니다.'" 그가 고개를 들어 사람들을 쳐다보았다. "우리, 그러니까 교회는 하나님의 도시가 될 것입니다. 이야기 내내 그랬듯이 하나님은 하나님의 백성 가운데 거하실 것입니다.

우리는 그리스도의 신부입니다. 요한계시록에서 우리는 '어린양의 혼인날'에 대해 읽을 수 있습니다. '어린양의 혼인날이 임했다. 그분의 신부가 단장을 마쳤다'라고 적혀 있지요. 천사가 '어린양의 혼인 축하연에 초대받은 사람들은 복되다'라고 선언합니다. 이야기는 에덴동산의 결혼에서 시작했습니다. 하나님은 하나님의 백성 이스라엘과 시내 산에서 결혼 언약을 맺으셨습니다. 그리고 예수께서 처음 행하신 사역은 혼인 잔치에서였습니다. 이렇게 이야기는 결혼으로 끝납니다. 이야기는 사랑의 언약으로 시작해서 사랑의 언약으로 끝납니다. 처음부터 끝까지 죽 사랑의 이야기였던 것입니다."

노인이 계속 읽어나갔다. "'그때에 나는 보좌에서 큰 음성이 울려 나오는 것을 들었습니다. "보아라, 하나님의 장막이 모든 사람 가운데 있다. 하나님이 그들과 함께 계실 것이요, 그들은 하나님의 백성이 될 것이다. 하나님께서는 그들의 눈에서 눈물을 말끔히 씻어주실 것이다. 죽음은 영원히 사라졌다. 눈물도 사라지고, 통곡도 사라지고, 고통도 사라졌다. 만물의 처음 질서는 다 사라졌다." 그때에 보좌에 앉으신 분이 말씀하셨습니다. "보아라, 내가 모든 것을 새롭게 한다." 또 내게 말씀하셨습니다. "다 이루었다. 나는 알파며 오메가, 곧 처음이며 마지막이다. 이기는 사람은 이것들을 상속받을 것이다."'"

노인이 큰 소리로 선포했다. "교회, 즉 새 예루살렘은 하나님이 아브라함과 맺은 언약이 마침내 온전하게 실현되는 것을 볼 것입니다. 예수께서 이렇게 말씀하셨듯이 말이죠. '새 예루살렘 안에서 성전을 볼 수 없었습니다. 그것은 전능하신 주 하나님과 어린양이 그 도성의 성전이시기 때문입니다. 그 도시에는 빛을 비추어 줄 해나 달이 필요 없습니다. 거기서는 하나님의 영광이 빛이며, 어린양이 등불이시기 때문입니다! 민족들이 그 빛 가운데로 다니고, 땅의 왕들이 자기 영광을 가지고 들어올 것입니다.'

이야기가 창조에서 시작된 것처럼 이야기는 새 창조를 완성하며 끝납니다. 다시 한 번 동산에 있는 생명나무 주위로 모든 인류가 모여드는 것입니다. '생명나무는 열두 종류의 열매를 맺으며 달마다 열매를 내었습니다. 생명나무의 잎사귀는 민족들을 치유하는 데 쓰였습니다. 결코 다시는 저주가 없을 것입니다.' 이렇게 해서 포로 생활에서 온전하고 최종적으로 귀환하는 것입니다."

방 안은 경외감으로 가득했다. 헤라가 떨리는 목소리로 다시 한 번 말했다. "그 일이 언제 일어날까요?"

지도자가 예수의 계시록 마지막 말씀으로 눈을 돌렸다.

"보아라, 내가 곧 가겠다. 나는 각 사람에게 그 행위대로 갚아주려고 상을 가지고 간다. 나는 알파며 오메가, 곧 처음이며 마지막이요, 시작이며 끝이다. 자기 옷을 깨끗이 하는 사람은 얼마나 복된지! 생명나무가 영원히 그들의 것이 될 것이며, 그들은 대문을 통해 그 도성에 들어갈 것이다.

내가 가고 있다! 내가 곧 갈 것이다!

아멘. 오십시오, 주 예수님!"

노인이 두루마리를 내려놓고 새로 온 사람들에게로 돌아섰다. "헤라, 당신과 당신 친구는 우리 삶에 대한 소유권을 주장하는 하나님 이야기 가운데 일부를 들었습니다. 틀림없이 당신은 질문하고 싶은 것이 많을 것입니다. 우리도 모두 그랬으니까요. 그렇지만 예수 그리스도의 계시록이 전하는 메시지는 우리 모두를 똑같은 두 갈래 길 앞에 데려다 놓습니다. 누구에게 우리의 충성스런 믿음을 드릴 것인가? 우리는 어느 이야기를 따라 살기로 결정할 것인가?

당신이 하나님 이야기를 선택하고, 새 창조세계 안에서 풍성한 생명을 경험하길 기도합니다. 그것은 죄를 용서받고, 유배된 채 떨어져 지낸 상태에서 되돌아오는 것입니다. 아름다운 하나님 나라에서 깨어진 모든 것에게 샬롬을 회복하고 치유하는 하나님의 사역에 동역하는 소명이기도 합니다."

노인이 일어서서 그 자리에 모인 다른 사람들에게도 똑같은 것을 행하도록 초청했다. 그는 축복하는 작별 인사로 계시록 마지막 말씀을 읽어 주었다.

"주 예수의 은혜가 모든 사람에게 있기를 빕니다. 아멘."

당신에게 덧붙이는 말

"기억하라…… 기억하라…… 기억하라."

하나님은 하나님의 백성에게 끊임없이 기억하라고 말씀하신다. 우리는 그만큼 쉽게 잊어버리는 존재이기 때문이다! 그러나 **하나님의 이야기**를 들려주는 것은 단순히 성경의 메타내러티브가 아니라는 사실을 기억하라. 이것은 **우리가** 이해한 메타내러티브이며, 레베카와 내가 다른 사람들과 함께 **이야기** 속을 거닐 때마다 이 이해는 계속해서 더 깊어졌다.

다른 사람과 함께 이 책을 읽고 우리와 언약을 맺으신 하나님께 신실하다는 것이 무엇을 뜻하는지와 같은 까다로운 질문을 토론하는 동안, 이 책이 당신을 거대한 "성경 이야기" 속으로 깊숙이 이끌어 가기를 바란다. 이 책을 통해 당신이 처음 **이야기**를 듣는 것이든, 백한 번째 듣는 것이든, 당신을 이 내러티브 속으로 부르시고, 새 창조를 이루는 하나님의 동역자로 다정하게 초청하시는 하나님의 헤세드, 그분의 인자하신 음성을 듣기를 기도한다. 샬롬.

참고 자료

각 장에 처음 등장하는 순서대로 성경 인용과 외부 자료를 정리했다. 각 장의 더 큰 맥락을 살펴보고 싶다면, "성경 읽기에 대한 제안"(388쪽)을 참고하라. 별다른 언급이 없는 한 1-8장에서 인용한 성경 구절은 NASB(New American Standard Bible, 한국어는 새번역 성경과 개역개정)에서, 9-12장은 메시지(The Message, 한국어는 「메시지」(복있는사람))에서 옮겨 왔다. 두 경우 모두, 번역은 형식과 단어 선택을 약간씩 수정하였다.

1장 창조

시편 137편
이사야 49장 15-16절
창세기 1장
신명기 6장 4절
골로새서 1장 15절
빌립보서 2장 6-7절

Walter Brueggemann, *Genesis*, Interpretation(Atlanta: John Knox Press, 1982), 35, 46쪽. 「창세기」, 한국장로교출판사. 특히 "인간이 된다는 의미 : 소명, 허용, 금기"와 관련해서 브루그만의 통찰에 많은 빚을 졌다.

창세기 2장

2장 대재앙

시편 121편

창세기 3장

Dennis Kinlaw, *Let's Start with Jesus: A New Way of Doing Theology*(Grand Rapids: Zondervan, 2005). 이 장에 있는 몇몇 자료("유혹당했을 때……", "그 순간에 그들은 한 몸으로서는 죽고……", "대재앙이 시작되었습니다.")는 킨로의 책 119쪽과 128쪽에서 그대로 또는 다른 말로 바꾸어 인용하였다.

Walter Brueggemann, *Genesis*, Interpretation(Louisville, Ky.: John Knox Press, 1982). 「창세기」, 한국장로교출판사. "그들의 행동이 인간이 된다는 의미가 지닌 모든 영역에 영향을 끼친" 방법을 묘사한 부분은 이 자료에서 수정 인용하였다.

3장 언약

시편 105편

창세기 12, 15-18, 21-22장

Paul Borgman, *Genesis: The Story We Haven't Heard*(Downers Grove, Ill.: InterVarsity Press, 2001), 41, 92, 96-97쪽.

이사야 48장

시편 41편 13절. 시편 106편 48절, 136편, 이사야 40장 28절을 참고하라.

Walter Brueggemann, *The Prophetic Imagination*, 2nd ed.(Minneapolis: Augsburg Fortress, 2001). 「예언자적 상상력」, 복있는사람.

예레미야 29장 7절

시편 105편

4장 공동체 1부 : 출애굽

출애굽기 1-14장

Rob Bell and Dan Golden, *Jesus Wants to Save Christians*(Grand Rapids: Zondervan, 2008), 특히 35, 144쪽. 「네 이웃의 탄식에 귀를 기울이라」, 포이에마.

출애굽기 15장.

Desmond Tutu, Shane Claiborne이 쓴 *Jesus for President*(Grand Rapids: Zondervan, 2008), 46쪽에서 인용. 「대통령 예수」, 살림.

5장 공동체 2부 : 시내 산

시편 119편 41-48장, *The Message*. 「메시지」, 복있는사람.

Sandra Richter, *The Epic of Eden*(Downers Grove, Ill.: InterVarsity Press, 2009).

신명기 5장

신명기 28장

6장 정복

사사기 4-5장

여호수아 1-5장

욥기 30장 16-20절

시편 137편

욥기 31장 29-30절

Lawston Stone, "The Role and Status of Women in the People of God: An Old Testament Perspective", seminar, Asbury Theological Seminary, November 2, 2001.

7장 왕관

예레미야 7장 4절

Rob Bell and Dan Golden, *Jesus Wants to Save Christians*(Grand Rapids: Zondervan, 2008), esp. 40,43쪽. 「네 이웃의 탄식에 귀를 기울이라」, 포이에마.

Walter Brueggmann, *The Prophetic Imagination*, 2nd ed.(Minneapolis: Augsburg Fortress, 2001), esp. 36쪽. 「예언자적 상상력」, 복있는사람.

시편 51편

8장 자만

시편 74편, NIV. 개역개정.

에스겔 10장

전도서 12장

이사야 36-37장

이사야 39장

예레미야 7장

에스겔 36장

이사야 54장

이사야 58장

이사야 40장

미가 6장 8절

예레미야 29장

예레미야 16장

이사야 19장 25절

이사야 65장

Rob Bell and Dan Golden, *Jesus Wants to Save*

Christians(Grand Rapids: Zondervan, 2008), esp. 2장. 「네 이웃의 탄식에 귀를 기울이라」, 포이에마.

이사야 9장

다니엘 7장

9장 그리스도

시편 118편 20-24, 26절, NASB. 새번역.

마태복음 1장 1-17절

누가복음 1장 26-56절

누가복음 2장 25-32절

말라기 3장 1절, NASB. 새번역.

미가 5장 2절, NASB. 새번역.

누가복음 3장. "하늘의 소리" voice of from heaven 라는 표현은 NIV에서 인용하였다.

이사야 61장 1-2절

Joel B. Green, *The Gospel of Luke*, New International Commentary on the New Testament(Grand Rapids: Eerdmans, 1997), 728-729쪽.

2001년 가을 애즈베리 신학교에서 조엘 그린Joel Green이 강의한 "누가복음 석의"Exegesis of Luke 내용 정리.

누가복음 9장 18-24절, NASB. 새번역.

골로새서 1장 13-17절, NASB. 새번역.

빌립보서 2장 5-8절, NASB. 새번역.

10장 십자가

누가복음 19장 41절

Sandra Richter, *The Epic of Eden*(Downers Grove, Ill.: Inter-Varsity Press, 2009), 89쪽.

Rob Bell and Dan Golden, *Jesus Wants to Save Christians*(Grand Rapids: Zondervan, 2008), esp. 144-147쪽. 「네 이웃의 탄식에 귀를 기울이라」, 포이에마.

골로새서 1장 18-23절

Philip Yancey, *Grace Notes*(Grand Rapids: Zondervan, 2009), 12월 14일

Walter Wangerin, *Reliving the Passion*(Grand Rapids: Zondervan, 1992), 145-146쪽.

James Alison, "Thoughts on the Atonement", 브리즈번에서 발표한 보고서, 호주, 2004년 8월 〈www.jamesalison.co.uk/pdf/eng11.pdf〉

이사야 53장(NASB)

"하나님의 능력은 하나님의 사랑이다"는 나중에 레이 앤더슨[Ray Anderson]이 표현한 개념으로 내 동료 매트 러셀[Matt Russell]이 나에게 거듭 나누었다.

요한복음 15장 13-14절. 이 장 대부분을 공관복음서[마태복음, 마가복

음, 누가복음에서 인용했으나, 요한복음에서 몇 가지 이야기를 인용하여 창조적으로 수정하였다. 요한복음 부분은 이 대화를 나눈 지 20-30년 뒤에 기록되었다.

11장 교회

N. T. Wright, *Surprised by Hope*(San Francisco: HarperOne, 2008). 「마침내 드러난 하나님 나라」, IVP.

누가복음 1장 52-53절, *The Message*. 「메시지」, 복있는사람.

고린도전서 15장 20절, NASB. 새번역.

마태복음 6장 10절, KJV. 새번역.

고린도전서 15장 13-14절, NASB. 새번역.

마가복음 16장 15절.

고린도전서 6장 19절, 수정하였음.

창세기 2장 18절.

창세기 11장.

Rob Bell and Dan Golden, *Jesus Wants to Save Christians*(Grand Rapids: Zondervan, 2008). 「네 이웃의 탄식에 귀 기울이라」, 포이에마.

요한복음 14장 11절.

베드로전서 4장 13절.

갈라디아서 3장 28절.

누가복음 22장 24-26절, *The Message*, 「메시지」, 복있는사람,

22장 27절, NASB, 새번역.

신명기 15장 4-5절, NASB. 새번역.

고린도전서 1장 26절.

베드로전서 2장 1-10절.

12장 완성

시편 11편 4-5절, NASB. 개역개정.

Luke Timothy Johnson, *The Writings of the New Testament*(Minneapolis: Fortress, 2002), 575-576쪽.

Richard Bauckham, *The Theology of the Book of Revelation*(Cambridge: Cambridge University Press, 1993), 8, 20, 39쪽 여러 곳에 나옴.

이사야 9장 7절

Rob Bell and Dan Golden, *Jesus Wants to Save Christians*(Grand Rapids: Zondervan, 2008), 130쪽. 「네 이웃의 탄식에 귀를 기울이라」, 포이에마.

성경 읽기에 대한 제안

소모임에서 이야기를 들려줄 때, 우리는 성경 일부를 인용하여 이야기를 들려주는 부분만 골라서 성경을 읽어 오도록 맡긴다. 다음 주까지 "숙제"로 해 오는 식으로 말이다. 적실한 성경을 미리 읽어 오면 사람들이 다른 사람들과 함께 이야기를 들을 준비를 하는 데 도움이 된다. 또한 이야기를 들으면서 특별히 질문을 하게 된다.

우리는 성경공부를 하면서 사람들에게 구약과 신약을 모두 읽어 오라고 하지 않는다(우리와 함께 이야기를 들으면서 12주 만에 성경 한 권을 통독한 사람도 있긴 하다!). 대신, 성경을 읽는 두 가지 방식을 제안한다. 바로 "전력 질주" 방식과 "마라톤" 방식이다. 전력 질주 방식으로 읽어야 하는 부분은 이야기에서 직접 언급하거나 중요한 배경이 되는 성경이다. 마라톤 방식은 각 주에 초점을 맞춘 특정한 이야기를 벗어나 훨씬 폭넓게 읽는 것이다.

자, 이제 두 가지 방식을 소개한다. 숫자는 이야기에 언급된 성경 각 권에서 읽어야 하는 장을 뜻한다. 읽을 분량이 주마다 다르다는 사실을 주목하라. 어떤 주는 전력 질주 방식으로 몇 장만 읽으면 되지만, 또 어떤 주는 전력 질주 방식과 함께 마라톤 방식으로도 읽어야 한다! 되도록 미리 읽기를 권한다. 당신은 언제든 나중에 놓친 부분으로 되돌아가 읽을 수 있다.

주(週)	전력 질주 방식	마라톤 방식
창조	창세기 1-2장	창세기 1-2장
대재앙	창세기 3-11장	창세기 3-11장
언약	창세기 12-22장	창세기 12-50장
공동체 1부 : 출애굽	출애굽기 1-15장	출애굽기 1-15장
공동체 2부 : 시내 산	출애굽기 16-24, 32-34, 40장, 민수기 9-14장, 신명기 26-34장	출애굽기 16-40장, 레위기 1-5, 8-10, 16-19, 25-26장, 민수기 9-14, 20-24장, 신명기 4-11, 15-18, 28-34장
정복	여호수아 1-8, 22-24장, 사사기 1-8, 19-21장	여호수아 1-24장, 사사기 1-8, 13-16, 19-21장, 룻기 1-4장
왕권	사무엘상 1-3, 7-20, 24-31장, 사무엘하 1-2, 5-7, 11-12장, 열왕기상 1-3, 6-11장	사무엘상 1-31장, 사무엘하 1-12, 22-24장, 열왕기상 1-11장, 잠언 1-3장, 전도서 1-6, 11-12장
자만	열왕기상 12-19장, 열왕기하 2-5, 17-25장, 이사야 1, 5-7, 38-43, 51-53, 64장, 예레미야 1-8, 11, 24-33, 52장, 에스겔 4-11, 34-37장, 다니엘 1-6장, 에스라 1, 3-6, 9-10장, 느헤미야 1-13장, 말라기 1-4장	전력 질주 방식 읽기 부분에 더하여 요나 1-4장, 호세아 1-14장, 미가 1-7장

제안

주(週)	전력 질주 방식	마라톤 방식
그리스도	누가복음 1장 1절-19장 27절	전력 질주 방식 읽기 부분에 더하여 마태복음 1-20장, 마가복음 1-10장, 요한복음 1장 1절-12장 11절
십자가	누가복음 19장 28절-24장 53절	전력 질주 방식 읽기 부분에 더하여 마태복음 21-28장, 마가복음 11장 1절-16장 8절, 요한복음 12장 12절-21장 25절
교회	사도행전 1-15장, 베드로전서 2장	사도행전 1-28장, 베드로전서 1-5장, 고린도전서 1-16장, 빌립보서 1-4장
완성	요한계시록 1-5, 12-13, 19-22장	시편 95-100편, 다니엘 7-12장, 요한계시록 1-22장

선별한 참고 문헌

이 책에 사용한 성경 번역

The New American Standard Bible. La Habra, Calif.: Lockman Foundation, 1995.

Peterson, Eugene H. *The Message*. Colorado Spring: NavPress, 1993. 「메시지」, 복있는사람.

이 책의 근간이 되는 도서

Wright, N. T. *The Challenge of Jesus*. Downers Grove, Ill.: InterVarsity Press, 1999. 「Jesus 코드」, 성서유니온선교회.

"하나님 이야기"를 다룬 탁월한 입문서

Erlander, Daniel. *Manna and Mercy*. Freeland, Wa.: 자체 출판, 1992.

Richter, Sandra L. *The Epic of Eden*. Downers Grove, Ill.:

InterVarsity Press, 2008.

"하나님 이야기" 읽는 방식을 형성하는 데 특별히 도움을 준 도서

Bauckham, Richard. *The Theology of the Book of Revelation*. Cambridge: Cambridge University Press, 1993.

Borgman, Paul. *Genesis: The Story We Haven't Heard*. Downers Grove, Ill.: InterVarsity Press, 2001.

Brueggmann, Walter. *Genesis*. Interpretation series. Atlanta: John Knox Press, 1982. 「창세기」, 한국장로교출판사.

_____. *The Prophetic Imagination*. Minneapolis: Augsburg Fortress, 2001. 「예언자적 상상력」, 복있는사람.

Green, Joel B. *Luke*. New International Commentary on the New Testament. Grand Rapids: Eerdmans, 1997.

Myers, Ched. *Binding the Strong Man*. Maryknoll, N.Y.: Orbis, 1988.

Wright, N. T. *The New Testament and the People of God*. Minneapolis: Fortress Press, 1992. 「신약성서와 하나님의 백성」, 크리스챤다이제스트.

다시 쓰는 과정에서 유용하게 활용한 도서

Bauckham, Richard. *Bible and Mission*. Grand Rapids: Baker, 2003. 「세계화에 맞서는 기독교적 증언」, 새물결플러스.

Bell, Rob, and Don Golden. *Jesus Wants to Save Christians*. Grand Rapids: Zondervan, 2008. 「네 이웃의 탄식에 귀를 기울이라」, 포이에마.

Hirsch, Alan. *The Forgotten Ways*. Grand Rapids: Brazos, 2006.

Kinlaw, Dennis F. *Let's Start with Jesus*. Grand Rapids: Zondervan, 2005.

Roberts, Vaughan. *God's Big Picture*. Downers Grove, Ill.: InterVarsity Press, 2002.

Sleeth, J. Matthew. *Serve God, Save the Planet*. Grand Rapids: Zondervan, 2006.

Wright, N. T. *Surprised by Hope*. New York: HarperCollins, 2008. 「마침내 드러난 하나님 나라」, IVP.

내게 내러티브 신학을 알려 준 도서

McLaren, Brian D. *The Story We Find Ourselves In*. San Francisco: Jossey-Bass, 2003.

Theissen, Gerd. *The Shadow of the Galilean*. Minneapolis: Fortress Press, 1987.

Walsh, Brian J., and Sylvia Keesmaat. *Colossians Remixed*. Downers Grove, Ill.: InterVarsity Press, 2004. 「제국과 천국」, IVP.

성경 읽기를 다룬 책 가운데 내가 가장 좋아하는 도서

Peterson, Eugene H. *Eat This Book*. Grand Rapids: Eerdmans, 2006. 「이 책을 먹으라」, IVP.

더 스토리

초판 발행	2012년 12월 22일
2판 3쇄	2022년 10월 30일
지은이	숀 글래딩
옮긴이	신현정
발행인	손창남
발행처	죠이선교회(등록 1980. 3. 8. 제5-75호)
주소	02576 서울시 동대문구 왕산로19바길 33
전화	(02) 925-0451(출판부)
	(02) 929-3655(영업팀)
팩스	(02) 923-3016
인쇄소	송현문화
판권소유	ⓒ죠이선교회
ISBN	978-89-421-0338-6 03230

책값은 뒤표지에 있습니다.
잘못된 도서는 교환하여 드립니다.
이 책 내용을 허락 없이 옮겨 사용할 수 없습니다.